모종삼 교수의 노자철학 강의

老子『道德經』講演錄
by
牟宗三

모종삼 교수의 노자철학 강의

모종삼 지음 | 임수무 옮김

서광사

이 책은 아호(鵝湖)월간(Legein Monthly) 제334(2003/4)기부터 제343(2004/1)기까지 연재되었던 「노자 『도덕경』 강연록」 모종삼 주강(牟宗三 主講), 노설곤 기록(蘆雪崑 記錄)을 완역한 것이다.

모종삼 교수의 노자철학 강의

모종삼 지음
임수무 옮김

펴낸이 | 김신혁, 이숙
펴낸곳 | 도서출판 서광사
출판등록일 | 1977. 6. 30.
출판등록번호 | 제 406-2006-000010호

(10881) 경기도 파주시 회동길 77-12
Tel: (031) 955-4331 | Fax: (031) 955-4336
E-mail: phil6161@chol.com
http://www.seokwangsa.co.kr | http://www.seokwangsa.kr

제1판 제1쇄 펴낸날 · 2011년 12월 20일
제1판 제2쇄 펴낸날 · 2020년 3월 10일

ISBN 978-89-306-2939-3   93150

친구 임수무(林秀茂) 교수가 모종삼(牟宗三) 선생님의 「노자『도덕
경』강연록」의 한글 번역을 완성하고 나에게 몇 구절 서문을 지어
달라고 하니 매우 영광스럽게 생각한다.

　모종삼 선생의 노자철학에 관련되는 저작으로, 비교적 중요하고
또 체계적인 것이 세 개 있다. 그중『재성과 현리』(才性與玄理)에서
왕필(王弼)의 노학(老學)을 언급한 장(章)에서는 매우 체계적으로
왕필의 주해(註解)를 따르면서 노자의 사상을 진술한다. 그(왕필)는
노자의 도(道)에 대해서 비록 본체론(本體論) 및 우주론(宇宙論)으
로 풀이하고 있어서, 도(道)가 마치 객관실유성(客觀實有性)이 있고
만물생성(萬物生成)의 작용이 있는 것 같지만; 그러나 모종삼 선생
께서 생각하기로는 이것은 다만 하나의 자태(姿態)라는 것이다. 노
자 사상은 반드시 주관(主觀) 경지(境界)의 형이상학이라고 그 자
리를 규정해야 한다는 것이니, 도(道)의 의의는 사람의 허정(虛靜)
한 마음 가운데서 나타나는바(呈現), 도(道)를 반드시 하나의 객관
적 실유(實有)라고 보지 않아야 하고, 또 도(道)의 만물생성 역시
만물과 접촉하지 않는 불생지생(不生之生)이니, 즉 말하자면 도(道)

는 만물을 낳지(生) 않는다는 것이다. 그래서 만물로 하여금 자생 (自生)하게 한다. 이것이 이른바 한 걸음 양보해 열어 두는 무(無) 의 지혜이다. 모종삼 선생의 이 학설은 아주 충분히 정묘(精妙)하 니, 그의 이러한 말은 왕필의 주해를 따라 더욱 명백하게 규정해 주는 것이다. 『중국철학십구강』(中國哲學十九講)[1]의 5~7강에서 모 종삼 선생께서는 노자 사상을 위주로 해서 도가(道家)의 현리(玄 理) 성격을 설명하여 더더욱 분명하고 깊이 있게 도가의 사상형태 에 대해 규정한다. 위에서 설명한 것을 제외하고 모종삼 선생께서 는 또 종관횡강(縱貫橫講)을 가지고 노자 형이상학의 성격을 설명 하면서 유가(儒家)의 종관종강(縱貫縱講)과 비교하여, 유가-도가로 하여금 그 사상의 정밀한 의의(精義) 및 그 같은 점과 다른 점에 대해 전에 없이 명백히 전개해 보인다. 모종삼 선생께서는 일찍이 1986년 홍콩의 신아연구소(新亞研究所)에서 한 학기 동안 노자 『도 덕경』을 강의하셨다. 뒤에 노설곤(盧雪崑) 교수가 녹음에 근거한 내용을 정리하여 월간(月刊) 『아호』(鵝湖)에 등재하였다. 이 강의 원고는 간출(刊出)되기 전에 내(楊祖漢)가 마지막 교정의 책임을 맡았다. 이 「노자 『도덕경』 강연록」은 대개 십만(十萬) 자(字)의 분 량으로 구성되어 있으며, 모종삼 선생이 거듭 노자 사상형태의 이 해를 표명한 것 외에 또 많은 노자 원문에 대해서 모종삼 선생 자 신의 해석(詮釋)을 하고 있으니, 그 안에 있는 많은 내용은 『재성과 현리』(才性與玄理)와 『중국철학십구강』에서 제시해 보이지 않았던 것이다. 이 강연록 덕분에 문장 서술이 더욱 생동감 있고 자연스러 우며, 구체적이고 알기 쉽다. 읽어 보면 친절하고 또 의미가 있어서

---

1 정인재, 정병석 역, 『중국철학특강』, 형설출판사, 1985년, 번역출판.

그 표현이 모종삼 선생의 강의실에서 풍겨나는 모습과 영감을 직접 맛보는 것 같아, 쉽게 얻을 수 없는 분위기이다. 독자들이 이 강연록을 통해 노자 및 모종삼 선생의 사상을 이해하기가 쉬울 것이라고 믿는다.

임수무 교수는 모종삼 선생에게 다년간 학문의 길을 물은 사람이다. 또 한때는 대만사대(臺灣師大)의 교수숙사(敎授宿舍)에서 이웃하여 거주하면서 조석으로 문학(問學)하였다. 내가 믿기로는 그가 모종삼 선생의 사상에 대해 매우 타당(恰當)하고 또 깊은 이해를 한다고 본다. 모종삼 선생의 노자전석(老子詮釋) 외에도 임수무 교수는 중국당대신유가(中國當代新儒家)의 또 다른 한 분 대사(大師) 당군의(唐君毅) 선생의 노자학(老子學)에 대해서도 대단히 깊이 이해하고 있다. 당군의 선생은 노자의 도(道)에 대해서 형이상학적 실체의의(形而上學的 實體意義)를 중시하여, 모종삼 선생의 이야기와는 서로 같지 않다. 당군의, 모종삼 두 분 선생님의 노자해석(老子詮釋)은 당대 중국철학계의 노자 이해를 대표하는 두 개의 중요한 형태이다. 임수무 교수는 이 두 종류의 서로 같지 않은 점을 깊이 알고 있고, 이로 말미암아 그 자신이 노자에 대한 독특한 견해를 가진다. 노자 연구에 대한 이해가 깊은 임수무 교수가 모종삼 선생의 이번 강연록에 대해 반드시 적절한 번역과 해석(詮釋)을 해낼 것으로 믿는다. 이 강연록이 한글로 번역 출판되면 한국 학계에서 모종삼 선생의 이러한 형태의 노자해석(老子詮釋)을 정확히 이해하게 될 것이다.

2010년 12월 12일
중앙대학 양조한(楊祖漢)

『老子道德經講演錄』序

友人林秀茂教授將牟宗三先生的老子道德經講演錄譯成韓文,要我寫幾句話作爲序文,甚感榮幸.

牟先生有關老子哲學的著作,比較重要而有系統的有三種,在才性與玄理的王弼的老學章很有系統的順著王弼的註解,陳述老子的思想.他認爲老子對道雖然有本體論及宇宙論的講法,道似乎有客觀實有性及生成萬物的作用;但牟先生認爲,這只是一種姿態,老子的思想應該定位爲主體境界的形上學.道的意義在人的虛靜心中呈現,不必視道爲一客觀的實有,而道的生成萬物也是不接觸萬物的不生之生.卽是說道不生萬物,而讓萬物自生.這是所謂讓開一步的無的智慧.牟先生此說十分精妙,他此一說法是順著王弼的註解而作更明白的規定,可以說是大暢老子的玄理.在中國哲學十九講的五・六・七三講中,牟先生以老子的思想爲主,說明道家玄理的性格,更明白而深入的對道家的思想型態做了規定.除了上述的說法外,牟先生又用縱貫橫講來說明老子的形上學的性格,以與儒家的縱貫縱講作比較,使儒道二家的思想的精義及其異同有前所未有的明白展示.牟先生曾於1986年在香港新亞研究所,講了一個學期的老子道德經,後來由盧雪崑教授根據錄音作了整理,刊登在臺北鵝湖月刊上,此一講稿在刊出前,我負責做最後的校訂.這一部分的講課錄,大概有十萬字,內容除了重述他對老子思想型態的了解外,又就許多老子原文給出了牟先生自己的詮釋,裡頭很多內容是才性與玄理與中國哲學十九講沒有提到的.由於是講課錄,所以文字生動自然,具體易懂,讀起來非常親切而有意味.常表現了牟先生在課堂上講學時的神采與靈感,十分難得.如果讀者從這個講稿來契入老

子及牟先生的思想,相信是比較容易的.林秀茂教授問學於牟先生多年,有一段時間,他與牟先生在臺灣師大宿舍比鄰而居,得以朝夕問學,我相信他對牟先生的思想是有很恰當且深入的了解的.

　　除了牟先生的老子詮釋外,林教授對於中國當代新儒家另外一位大師唐君毅先生的老子學也非常有了解.唐先生比較看重老子的道的形上實體意義,和牟先生的講法不同.唐‧牟二先生對老子的詮釋,代表了當代中國哲學界對老子理解的兩個重要型態.林教授深悉此二種型態的不同,由此而產生出他自己對老子的獨特見解.我相信,以他對老子研究的深入,一定能夠對牟先生此一講學錄做出恰當的飜譯與詮釋.此一講錄的韓文飜譯之出版,應可以使韓國學界正確的了解牟先生此一型態的老子詮釋.

2010年 12月 12日

中央大學　陽祖漢

【차례】

제 1 강

내가 노자(老子)를 강의하는 것은 문헌을 강의하는 것이다. 칸트 (Kant)를 강의하면서 문헌을 강의할 수는 없다. 왜냐하면 칸트의 저 작은 너무 많아 나는 그의 계통적인 구조를 강의했다. 본래 대학원 수업 방식은 반드시 좌담(세미나) 방식이어야 하고 강연을 위주로 하는 것은 아니다.

　중요한 것은 여러분 자신들이 책을 봐야 한다는 것이다. 순전히 강의를 듣는 것에 의존할 수는 없다. 내가 대만대학에서 『중서 철학 의 회통』(中西哲學之會通)을 강의했는데 모두 14강이었다. 『중국문 화월간』(中國文化月刊)에 등재되어 있다. 여러분들이 찾아서 읽어 보기 바란다. 그 제목이 『중서 철학의 회통』인데 그것은 칸트를 전 문적으로 강의한 것이다. 중서 철학이 어떻게 회통을 하는가? 어디 서부터 회통의 가능성을 찾을 수 있을까? 누구를 교량으로 삼을까? 다만 칸트가 교량이 될 수 있을 것이다. 여러분들은 노사광(勞思光) 이 쓴 칸트의 책을 한 번 읽어 보기 바란다. 그 책은 한 번 볼 만하 다. 단 그 책은 30여 년 전에 쓴 책이다. 그런데 동해대학(東海大學) 의 『중국문화월간』(中國文化月刊)에 실린 『중서 철학의 회통』을 여러분은 왜 읽지 않는지? 그것은 가장 최근의 것으로, 가장 구체적이며, 가장 생동적이다.

지금 내가 노자를 강의하고 도가(道家)를 강의하는데, 도가는 선진(先秦)에서 중요한 한 학파의 사상이다. 선진철학(先秦哲學)에서 주요한 것이 유가(儒家)와 도가인데, 나는 여러분에게 문헌을 강의했다. 예컨대 지난해 유가를 강의할 때 나는 여러분에게 『맹자』(孟子) 「고자편」(告子篇)을 강의했다. 그것은 곧 유가의 기본 의리(義理)이다. 강의를 한 뒤에 여러분들은 「고자편」을 외우면 되는 것이다. 문구(文句)를 외운 뒤에 의리(義理)에 통해야 한다. 의리 방면에는 나의 『원선론』(圓善論)을 보면 된다. 그것은 한 구절 한 구절 강의한 것으로 문헌의 방식으로 강의한 것이다. 즉 경전의 원문을 강의한 것이다.

평상시에 강의할 때 문헌의 방식으로 강의하지는 않는다. 큰 뜻만 강의한다. 뭉뚱그려서 강의한다. 무엇이 유가인지 강의한다. 그러한 것은 빈 것이다. 지난 학기에는 『재성과 현리』(才性與玄理)를 강의했다. 그것은 도가에서부터 강의한 것이다. 위진시대(魏晉時代)를 강의한 것이다. 그것 역시 큰 뜻을 강의했다. 지난해 하학기(下學期)에는 송명리학(宋明理學)을 강의했는데 그것 역시 문헌을 강의한 것은 아니다. 각 시대의 대체적인 개념, 문제 등을 말하는 강연(lecture)의 방식으로 강의했다.

유가를 이해하려면 저 몇 권의 기본 문헌을 이해해야 한다. 영원히 구멍 뚫린 강연(lecture)의 방식으로 강의할 수는 없는 것이다. lecture는 큰 뜻을 강의하는 것이다. 큰 뜻을 강의한다는 것은 결국은 근거가 있어야 한다. 근거는 곧 문헌이다. 문헌은 허다히 많은 것은 아니다. 경전성(經典性)의 문헌은 그다지 많지 않다. 즉 『논어』

(論語) 『맹자』(孟子) 『중용』(中庸) 『역전』(易傳) 『대학』(大學)이다. 가장 중요한 것은 먼저 『논어』를 이해하는 것이다. 『논어』는 하나의 의리(義理 = 철학) 계통이 아니다. 의리 계통을 강의하려면 『맹자』 에서부터 강의해야 한다. 『논어』에서부터 강의하는 것이 아니다. 공 자는 유가의 개산조(開山祖)이다. 왜 유가의 의리 계통은 공자의 『논어』부터 (의리를) 강의하지 않는가? 『논어』는 성인(聖人)의 생명 을 기록한 것이다. 그것은 지혜의 표현이다. 하나의 의리 계통의 표 현이 아니다. 이 말은 당신에게 『논어』를 읽지 말라는 것은 아니고, 하나의 철학으로 이해하려면, 즉 하나의 의리 계통으로 이해하려면 먼저 『맹자』를 이해하라는 이야기이다. 여러분이 『맹자』와 『논어』를 이해하게 되면 내재(內在)적인 것으로 끌어당겨져서 연결된다. 당신 은 그 의미를 알게 될 것이다.

신아연구소(新亞研究所 = 옮긴이 주: 모종삼 교수, 당군의 교수 등이 설립한 작은 단과대학. 지금은 홍콩의 중문대학으로 흡수됨) 는 중국철학을 위주로 연구한다. 논리(邏輯)를 공부하고, 서양철학 을 공부하면 이해력이 높아진다. 여러분이 이해력을 높이지 않으면, 날마다 읽어도 역시 알지 못한다. 여러분은 여러분이 읽은 서양철 학을 통해 중국철학의 문제를 이해하면 그것은 더더욱 좋다. 참고 서를 보고 자료를 찾고, 이러한 것도 모두 알아야만, 당신은 연구논 문을 작성할 수 있다. 아무런 근거도 없이 작성할 수는 없다. 근거 없이 작성한 것은 연구논문이라고 할 수 없다. 노자가 『도덕경』을 쓸 때 연구논문을 쓴 것은 아니다. 가령 당신이 연구논문을 작성한 다고 하면서, 노자의 방식으로 써 낸다면 그건 안 될 일이다. 노자 는 성숙한 사상가이다. 여러분들은 연구의 과정 중에 있다. 학습의 과정 중에 있다. 당신 스스로의 사상이 성숙되었을 때 당신 자신도 하나의 경전을 쓰려고 한다면 노자가 쓴 『도덕경』의 방법을 사용해도 좋다.

우리가 고전문헌을 강의하는 것은 곧 여러분들로 하여금 경문을 이해하게 하려 함이다. 중국 사상 안에서 유가라는 이 지혜개시의 단초(開端)는 공자-맹자이다. 도가의 개시의 단초는 노자의 『도덕경』부터 시작한다. 『장자』를 강의하는 데 중요한 것은 「소요유」(逍遙遊), 「제물론」(齊物論) 두 편이다. 「제물론」은 더더욱 중요하다. 당신은 「제물론」을 한 자씩, 한 구씩 강의해야 한다. 문헌을 이야기한다는 것은 곧 문구(文句)를 강의하는 것이니, 매 한 구절의 문구를 모두 통해야 한다. 문구를 이해한 뒤에 비로소 한 걸음 더 나아가서 관념을 이해해야 한다. 철학을 공부하는 사람들은 근거 없이 의론(議論)을 제기(發)하기를 좋아한다. 이것은 나쁜 습기(習氣)이다. 당신 자신의 사상은 자유이다. 단 늘 근거가 없다. 그러므로 문헌을 강의하는 데 당신의 사상과 문헌을 끌어와서 관계를 맺어야 하고 그 위에 결합시켜서 당신으로 하여금 근거가 있도록 하여야 한다.

우리가 『도덕경』을 강의함에 주로 왕필(王弼 = 226~249)의 주(註)를 보려고 한다. 왕필의 주를 표준으로 삼고, 기타 노자를 이야기한 것을 참고로 하려 한다. 왜냐하면 2천여 년 전에 강의한 것이지만 왕필의 것은 아직까지 『도덕경』에 대한 가장 좋은 주(註)이기 때문이다. 우리는 고거(考據)의 문제는 이야기하지 않는다. 『도덕경』이라는 이 책이 진짜냐 아니면 가짜냐의 문제도 이야기하지 않는다. 『장자』 이전이냐 『장자』 이후냐 이런 문제도 우리는 이야기하지 않는다. 우리가 이야기하는 동안 이러한 말은 의미가 없다. 아무튼 이러한 책이 여기 있다. 당신은 매 구절마다 하나하나씩 분명히 이야기해야 한다.

민국(民國＝중화민국 성립) 이래로 학풍은 고거를 중시했다. 한 번 노자 『도덕경』을 이야기하게 되면 곧 노자라는 사람이 누구인지를 고증해야 한다고 여겼고, 『도덕경』이라는 이 책이 도대체 누구의 저작이며, 이 책이 진짜인지 가짜인지 말하면서 이러한 문제를 토론하는 것이 비로소 참된 학문이라고 여겼다. 이런 관념이 사회에서는 지금까지도 줄곧 유지되고 있다. 이러한 분위기는 청조(淸朝)에서부터 시작된 것이다. 청조 건가(乾嘉＝건륭乾隆 가경嘉慶) 연간(年間)에는 고거를 이야기했다. 이것은 당신에게 뛰어난 학문이 있음을 표시하는 것이다. 가령 당신이 이러한 고거를 알지 못하면 당신은 곧 학문이 없는 것이 된다. 우리의 지금 관념은 이와 정반대이다. 이러한 고거는 어떤 학문도 아니다. 이것은 모두 쓸데없는 말이다. 온 하늘에 천둥이 울려도 한 점의 빗방울도 내리지 않았다. 민국(民國) 이래의 학술계는 바로 이러한 모양을 이루고 있었다. 하나도 이룬 것이 없다. 노자에 관한 저러한 고거들도 저들이 아는 것은 많고 많았다. 판본(板本)도 아는 것이 많았다. 그러나 사실상 노자의 말은 한마디도 알지 못하였다.

내가 북경대학에서 공부할 때에 이러한 「점아작설」(粘牙嚼舌)하는 것을 잘 알면 「학문」(學文)이 있다고 여겼다. 「점아작설」 이것은 육상산(陸象山)이 한 말이다. 우리 고향의 말로 하자면 「한마아」(閒磨牙)이니 한가하고 일이 없어서 덮어놓고 하는 말이다. 눈먼 이야기이다.

예를 들면 전빈사(錢賓四＝錢穆) 선생은 노자가 장자의 뒤라는 주장을 견지한다. 그렇다면 먼저 하나의 문제가 생기는데 도가는 장자를 개산조(開山祖)로 하는가? 하지 않는가? 이렇게 되면 당신은 금방 알 수 있는 것이다. 노자를 장자의 뒤라고 한다면 그것은 통하지 않는 말이다. 당신은 마침내 도가는 장자를 개산조로 삼는 다고 할 수는 없다. 그래서 당신이 하는 말에 문제가 생긴다. 그렇 지만 전빈사 선생은 노자는 장자의 뒤라고 견지한다. 이것은 곧 고 거의 문제이다. 계속해서 이 문제를 가지고 쟁론한다. 아무도 분명 하게 말하는 이가 없다. 눈감고 변론한다. 이것이 학문이 있음을 표 시하는 것인가? 가령 당신이 그에게 묻기를 무엇을 「도가도, 비상 도.」(道可道, 非常道.)라고 합니까? 라고 물으면 그는 이야기해 내지 못한다. 그렇다면 이것을 학문이 있다고 해야 하는가?

우리는 『도덕경』이라는 바로 이 책을 이해하려고 한다. 그러므로 우리는 저러한 종류의 고거는 학문을 대표할 수 없다고 여긴다. 그 래서 나는 감히 말한다. 뒷날의 중화민족 사람들은 사고력이 없다. 옛 사람에게 미안할 뿐이다.

지금 『도덕경』의 본문을 강의하자. 먼저 제1장을 이야기하자.

道可道, 非常道; 名可名, 非常名.
도 가 도 비 상 도 명 가 명 비 상 명

無名天地之始, 有名萬物之母.
무 명 천 지 지 시 유 명 만 물 지 모

故常無欲以觀其妙; 常有欲以觀其徼.
고 상 무 욕 이 관 기 묘 상 유 욕 이 관 기 요

此兩者, 同出而異名, 同謂之玄. 玄之又玄, 衆妙之門.
차 양 자 동 출 이 이 명 동 위 지 현 현 지 우 현 중 묘 지 문

도(道)는 말할 수 있다. 그러나 말해진 것은 항상(恒常)의 도는 아니다.
이름은 부를 수 있다. 그러나 불린 이름은 항상(恒常)의 이름은 아니다.
아직 불리기 전 (그 분별되지 않은 상태는) 천지의 본원(本源)이고, 이미
불린 (이 분별의 상태는) 만물(생장)의 모친이다.

항상(恒常)의 무분별의 상태로 돌아가면 도체(道體)의 오묘를 볼 수 있고, 항상(恒常)을 지나서 나타나는 적향(跡向)으로 도체(道體)의 표현을 볼 수 있다.

분별의 상태와 무분별의 적향(跡向) 양자(兩者)는 모두 항상(恒常)의 도체(道體)에서 나왔으나, 불리는 이름은 오히려 (서로) 다르다. 이렇게 다르면서 또 같으니 우리는 「현동」(玄同)이라 부른다. 현동(玄同)은 생명의 먼 근원과 서로 통하니, 이것이 도(道)다. 도는 만물이 의귀(依歸)하고, 또 열리는 오비(奧秘)의 문(門)이다.

이것이 『도덕경』 제1장이다. 문구가 매우 정제하다. 고거의 문제가 대단히 적다. 고거의 문제가 있다고 하는 어떤 사람들은 「무명」(無名) 다음에 반드시 쉼표를 찍어야 한다고 말한다. 즉 「무명, 천지지시.」(無名, 天地之始. = 무명(無名 = 이름 없음)은 천지(天地)의 시작.)라는 것이다. 또 어떤 사람들은 「무」(無) 다음에 쉼표를 찍어야 한다고 여기니 즉 「무, 명천지지시.」(無, 名天地之始. = 무(無)는 천지의 시작의 이름이다.)라고 한다. 다음 한 구절도 역시 마찬가지이다. 「고상무, 욕이기관묘.」(故常無, 欲以觀其妙.)라고 하여도 되고, 「고상무욕, 이관기묘.」(故常無欲, 以觀其妙.)라고 하여도 된다. 이런 것이 곧 훈고(訓詁)이다. 그것은 엄격한 고거 문제가 아니며, 이러한 문제는 대의(大意)에 큰 영향을 미치지 않는다.

제1장은 네 단락으로 나뉜다. 이것 역시 중국철학의 가장 기본이 되는 한 면이다. 맹자 역시 기본이 되는 한 면이 있다. 그것은 유가를 대표한다. 노자의 이 네 단락의 말도 기본이 되는 한 면이다. 그것은 도가를 대표한다. 도가가 말하는 「도」(道)는 이 제1장을 통해서 이해해야 한다. 분명히 유가는 이와 같이 말하지는 않는다. 단

그것도 밖에서 온 것은 아니다. 서양에서 온 것이 아니다. 역시 중국문화 속에서 피어난 하나의 뿌리이다.

「도가도, 비상도; 명가명, 비상명.」(道可道, 非常道; 名可名, 非常名.) 이것은 첫 단락이다. 당신이 보기에는 이 단락에서는 무엇을 말하는가? 어떤 관념을 표시하는가? 당신은 문구(文句)에 비추어 이해해야 한다. 온 하늘에 천둥이 치는 빈말을 해서는 안 된다. 당신은 이것이 도체(道體)를 표시하는 것이라고 말해서도 안 된다. 그러면 쓸데없는 말이 된다. 이것은 문구(文句) 밖의 말이다. 어떤 때에라도 끌어올 수도 있다. 노자도 「도체」(道體)라고 말하지 않았다. 그런데 당신이 어떻게 함부로 하나의 「체」(體) 자를 보태었는가? 이것이 곧 지혜인 것이다. 이것이 곧 철학인 것이다. 그러므로 노자는 대단한 철학가이다. 이천 년 전에 한 늙은이가 갑자기 이러한 말을 할 수 있어서, 몇 천 년 동안 중국인의 사상을 지배하고 있고 또 전 세계 인류의 사상을 지배하고 있다. 지금에 이르기까지 유효하다. 지금도 그렇게 말할 수 있다. 이천 년 전 춘추시대에만 이야기하는 것이 아니다. 지금 사람들은 변했으니 말할 수 없다고 할 수도 없다. 유물사관은 쓸모없으나 『도덕경』은 여전히 이야기되고 있다.

의리(義理)를 이야기함에는 근거가 되는 문헌이 있어야 한다. 뭉뚱그려서 이것은 도체(道體)라고 말할 수 없다. 당신이 이 구절을 도체라고 말한다면 그러면 다음 구절은 도체가 아니란 말인가? 「도가도, 비상도.」(道可道, 非常道.) 이것은 두 종류의 도(道)를 말하는 것인데, 한 종류는 상도(常道)이고, 다른 하나는 비상도(非常道)이다. 상도(常道)-비상도(非常道)는 무엇으로 규정하는가? 말할 수 있는 것(可以道說)과 말할 수 없는 것(不可以道說)으로 규정한다. 이러한 규정은 대단히 빈 것이다. 말하자면 철학화된 것이다. 일반 사람들이 보기에는 무엇이 상도(常道)인가? 당신이 말하는 상도(常道)는 곧 말할 수 없는 것이라면, 그렇다면 궁극적으로「말할 수 없는」(不可說) 것은 무엇인가? 그것이 무엇인지 알지 못한다. 이 말은 매우 어리석은 말이다. 왜냐하면 일반 사람들은 어떤 하나를 이해할 때 매우 구체적으로 이해한다.

여러분은 그냥 말할 수 있는(可說)-말할 수 없는(不可說)이라고 말해 버린다. 그러나 무엇을 가지고 말할 수 있는(可說) 것이라고 하며, 무엇을 가지고 말할 수 없는(不可說) 것이라고 하는가? 나는 아직도 모르겠다. 어디에 말할 수 없는(不可說) 것이 있는가? 그것은 무슨 모양인가? 내 머리로는 생각할 수 없다. 이것이 어리석은 것이 아니고 무엇이란 말인가? 일반인들이 구체적인 두뇌를 가지고 보자면 그것은 어리석은 것이다. 그러나 당신이 만약 노자와 같은 지혜가 있다면 당신은 이 구절을 한번 보기만 하면 곧 생각이 떠오를 것이고, 쉽게 이해할 것이다. 당신은 곧장 무엇이「상」(常)이고, 무엇이「불상」(不常)인지 연결하게 될 것이다. 무엇이 말할 수 있는 것이고, 무엇이 말할 수 없는 것인지 연결하게 된다. 다시 한 걸음 나아가 천지(天地) 사이에 말할 수 없는 것이 있는지, 없는지 묻게 될 것이다.

「도가도, 비상도; 명가명, 비상명.」(道可道, 非常道; 名可名, 非常名.) 이 한 단락의 중심 관념은 진리를 두 종류로 나누는 것이다. 그 말의 뜻은 바로 이러하다. 노자는 시작하자마자 천하(天下)의 도리(道理)를 두 종류로 나눈다. 이것이 대단한 것이다. 즉 불교에서 말하는「일심개이문」(一心開二門)과 같다.「일심개이문」(一心開二門)은 (모든) 철학에 (다 있는) 하나의 공동 모형이다. 인류의 지혜가 개발한 하나의 공동의 방식이다. 고대 그리스의 플라톤도 두 세계

(intelligible world와 sensible world)로 나누었으니, 두 세계는 곧 이분(二分)이다. 불교에서는 즉 「일심개이문」(一心開二門)을 말하는데 「이문」(二門)은 곧 두 방면(方面)이다. 두 개의 계역(界域)이다. 칸트는 noumena와 phenomena를 말한다.

「일심개이문」(一心開二門) 이 말은 『대승기신론』(大乘起信論)에서 왔다. 이것은 하나의 원칙이다. 철학에서 하나의 공동의 격식(格式)이다. 플라톤은 다만 두 개의 세계를 나누었을 뿐이고, 그 또한 「일심개이문」(一心開二門)은 말하지 않았다. 노자도 다만 말할 수 있는 도(可道之道)와 말할 수 없는 도(不可道之道)를 말했을 뿐이다. 노자는 「일심개이문」(一心開二門)은 말하지 않았다. 그러나 말할 수 있는 도(可道之道)와 말할 수 없는 도(不可道之道)는 곧 일심개이문(一心開二門)이다. 인류의 지혜는 눈앞에 있는 것, 접촉할 수 있는 것을 먼저 표현한다. 그것은 말할 수 있는 도(可道之道)이다. 우리 눈앞에 24시간 생활에서 표현되는 것은 모두 「생멸문」(生滅門)이다. 일체의 현상은 모두 생(生)이 있고, 멸(滅)이 있다. 하루 24시간에 낮이 있고 밤이 있다. 그것이 곧 생멸의 과정이다.

그러나 옛 사람들은 사람과 동물이 같지 않다는 것을 알았다. 그는 생멸(生滅)에서 금방 불생불멸(不生不滅)을 생각하게 되었으니, 불교에서는 「진여문」(眞如門)이라고 부른다. 플라톤의 그 불생불멸(不生不滅)의 세계는 곧 intelligible world이다. 당신은 어떻게 intelligible world를 이해할 수 있는가? 이 말을 어떻게 중문(中文)으로 번역할 수 있는가? 이 말을 「이지계」(理智界)로 번역할 수 있지만, 엄격히 말해서 아주 타당한 번역은 아니다.

intelligible과 intellectual은 같지 않다. intelligible이라고 말하면 그것은 대상을 이해할 수 있다는 것으로 이해할 수 있으며, 생각할 수

도 있다. intellectual이라고 말하면 주체(主體)의 측면에서 말하는
것이다. intelligible이라고 말하는 것은 대상의 측면에서 말하는 것
이니, 이것을 이해할 수 있다고 말하는 것이다. 이해할 수 없는 것
은 곧 unintelligible이다. 그것은 객관의 측면에서부터 말하는 것이
다. 칸트는 noumena와 phenomena를 구분한다.

　intelligible world를 나는 계속하여 「지사계」(智思界)라고 번역하였
다. 이 말이 표시하는 것은 순리지(純理智)가 사유하는 바의 어떤
것들이다. 그것은 순지(純智)가 사유하는 바로서 그 안에 감성(感
性)의 성분이 없다. 이러한 말은 모두 확정적 인식이 있을 때 비로
소 가능하다.

　가령 당신이 말하기를: 노자가 「도가도, 비상도.」(道可道, 非常道.)
라고 말했는데, 이 안에는 심(心)을 말하지 않았다라고 해 보자. 그
렇다면 우리는 잠시 심(心)을 말하지 않기로 하고, 심(心)을 놓아두
자. 노자의 이 구절은 도(道)를 두 종류로 나눈 것이니, 하나는 말할
수 있는 도(可道的道)이고, 하나는 말할 수 없는 도(不可道的道)이
다. 그렇다면 당신은 어떻게 그것을 「일심개이문」(一心開二門)으로
개괄하는가? 칸트도 「일심개이문」(一心開二門)을 이야기하지 않았
다. 칸트는 순수이성에서부터 이야기한다. 인지(認知)의 대상(對象)
측면에서 이야기한다. 그러나 그 결과는 심(心)을 통하여 도달한다.
그 「심」(心)은 곧 성심(成心)이다. 말할 수 없는 도(不可道之道)가
심(心)을 통하여 도달하는 것을 이야기한다면 그것은 도심(道心)이
다. 이것 역시 두 종류의 심(心)이다. 불교에 의하면 진여심(眞如心)
이 있고, 생멸심(生滅心)이 있다. 진여심은 진여문(眞如門)을 열고,
생멸심(生滅心)은 생멸문(生滅門)을 연다.

　『도덕경』에 「위학일익, 위도일손.」(爲學日益, 爲道日損.＝ 학문을 하

면 날마다 더 보태고, 도를 하면 날마다 덜어 낸다. ―『도덕경』 제
48장)이라는 구절이 있다. 말할 수 있는 도(可道之道)는 「위학」(爲
學)에 속하고, 말할 수 없는 도(不可道之道)는 「위도」(爲道)에 속해
서 「위도일손」(爲道日損)이다.

「일심개이문」(一心開二門)을 칸트에 응용하면 조금 번거로워진다.
왜냐하면 noumena 역시 말할 수 있다. 칸트에 비추어 말해 보면
noumena는 물자체(物自體), 상제존재(上帝存在 = 하나님의 존재),
영혼불멸(靈魂不滅), 의지자유(意志自由)를 포괄한다. 이러한 것들은
intelligible world에 속한다. 「상제존재」(上帝存在)를 말할 수 있는가?
말할 수 없는가? 이것은 말하기가 대단히 어렵다. 칸트의 생각에 가
장 분명한 것은 물자체는 말할 수 없다는 것이다. 왜 물자체는 말할
수 없는가? 왜냐하면 그것은 감성을 가지고 직각(直覺)할 수 없는
것이기 때문이다. 즉 말하자면 우리의 감성은 거기에 도달할 수 없
기 때문이다. 감성이 도달할 수 없으면 곧 말할 수 없다. 그러므로
물자체는 말할 수 없고(不可道), 이름 붙일 수 없는(不可名) 것이다.

우리가 먼저 물어보아야 하는 것은: 이 물자체를 시간과 공간이
라는 형식조건으로 표현할 수 있는가? 하는 것이다. 안 된다. 이것
은 곧 그것이 sensible intuition 중에 있지 않음을 표시하는 것이다.
왜냐하면 sensible intuition은 반드시 시간과 공간이라는 형식조건이
있어야 한다. 다시 한 걸음 더 나아가서 물어보면: 이 물자체는 개
념을 사용하여 그것을 논위(論謂)할 수 있는가? 그렇지 않은가? 라
고 하는 것으로 이 점이 가장 중요하다. 말할 수 있으려면 반드시
개념을 사용하여 표준으로 삼아야 한다. 하나의 어떤 것을 논하여
말하려면 곧 개념을 사용한다. 가장 기본이 되는 개념은 범주이다.
범주는 pure concept이다.

그러므로 물자체를 말할 수 없는 까닭(所以)은 왜냐하면 개념을 사용할 수 없기 때문이다. 이것은 칸트의 이론에 근거한 것이다. 순수한 개념-범주라는 이런 선험개념을 물자체에 응용할 수 없다. 경험이라는 개념은 더더욱 사용할 수 없다. 개념을 물자체에 사용할 수 없는 까닭에 물자체는 말할 수 없다.

「일심개이문」(一心開二門)에서 「생멸문」(生滅門)은 과학적이다. 저 「진여」(眞如)는 말할 수 없다. 칸트의 「물자체」(物自體)는 이전에는 「물여」(物如)로 번역했다. 「물여」(物如)는 불교의 이름이다. 「진여」(眞如)는 말할 수 없는 것이다.

상제(上帝 = 하나님)는 말할 수 있다. 말할 수 있으면서 또한 말할 수 없다. 「자유」(自由) 역시 말할 수 있으면서 또한 말할 수 없다. 영혼불멸 역시 말할 수 있으면서 또한 말할 수 없다.

어떤 일정한 개념을 사용하여 논하거나 이야기하는 것은, 이름하여 과학계라고 하며, 이러한 도리(道理)를 일컬어 과학의 도리라고 말한다. 그렇다면 말할 수 없는 도리는? 바로 상반되는 것이다. 이것은 대단히 명확하고 개념이 분명한 것이다. 「말할 수 없는」(不可道) 것은 곧 일종의 도리를 어떤 개념을 사용하여 그것을 논위할 수 없다는 것이다. 만약 어떤 일정한 개념을 사용하여 이 도리를 논위한다면 그 도(道)는 곧 상도(常道)가 아니다.

「상」(常)은 두 종류로 이야기할 수 있으니, 첫째로 항상불변(恒常不變)의 뜻이다. 「항상불변」(恒常不變)은 어떤 때는 말할 수 있다. 예를 들면 수학(數學)의 도리는 항상불변이다. 수학은 말할 수 있는 것이다. 노자가 여기서 말하는 「상」(常)은 수학과 같은 그러한 종류의 형식적인 불변을 가리켜서 말하는 것이 아니다. 그런 이유로 「상」(常)이라는 글자를 또 하나 다르게 이야기할 수 있으니: 상(常)

이라는 것은 상(尙)이다(常者, 尙也).「상도」(常道)는 곧 지고무상(至高無尙)의 도리(highest truth)이다.

　어떤 개념을 사용하여 논위하는 도리는 반드시 항상불변의 지고의 도리는 아니다. 이 항상불변은 곧 formal truth를 말하는 것이 아니다. 대체로 metaphysical한 것을 이야기한다. 곧 logos로 이야기한다. 이것이 곧 중국인들이 이전에 말하던「하늘도 변하고, 땅도 변하나, 도(道)는 불변이다.」(天變, 地變, 道不變.)라고 하는 것이다.

　경험과학-사회과학-물리학-화학 모두가 곧 경험과학이다. 모두 변하는 것으로서 항상불변의 도리는 아니다. 중세기 사람들은 모두 태양이 지구를 돈다고 믿었다. 지금은 모두 변하지 않았는가? 왜 반드시 그러한 것인가? 왜냐하면 그것은 경험에 의존했기 때문이다. 경험의 변화는 층층(層層)으로 무궁하다. 그러므로 말할 수 있는 진리는 과학의 진리이다. 과학의 진리는 변한다. 이것은 현재의 말로 말하는 것이다. 노자의 시대에는 과학이 없었다. 그러나 일반적인 지식은 아무튼 있었다. 이것은 물론 몇 천 년 전이든 혹은 몇 천 년 이후이든 별로 차이가 없다.

　중세기 사람들은 태양이 지구를 돈다고 믿었다. 그래서 이러한 도리를 천문학적 도리라고 부른다. 무릇 하나의 도리는 곧 하나의 개념이다. 현대인들은 이 개념을 믿지 않는다. 그리고 지구가 태양을 돈다고 말한다. 이렇게 되면 진리가 변한 것이 아닌가? 뭉뚱그려서 이렇게 말할 수도 있다. 그렇다면 우리는 곧장 한마디 물을 수 있으니: 진리는 궁극적으로 변하는가? 변하지 않는가? 개념은 변하는가? 변하지 않는가?

　개념은 변하지 않는다. 예컨대「사람」(人)이라는 이 개념은 변하지 않는다. 그렇지만「공자」(孔子)는 변할 수 있다. 우리는 지금 공

자를 볼 수는 없다. 그렇지만 중세기 사람들은 태양이 지구를 돈다
고 믿었다. 그것은 하나의 이론(theory)이다. 천문학 안의 하나의 이
론이고, 일종의 해설이고, 일종의 학설이다. 학설은 곧 하나의 개념
이다. 그러나 지금 우리는 지구가 태양을 돈다고 말한다. 그러므로
중세기의 그 도리는 변한 것이다. 그렇지만 중세기에는 그 이론
(theory)이 변하지는 않았다. 그 개념도 변하지 않았다. 그렇다면 이
변한다고 하는 것은 무슨 의미인가? 우리 일상의 언어는 분명하지
않다. 당신은 그것을 확정해야 한다.

그럼에도 불구하고 개념 자체는 불변한다. 이것은 오히려 노자가
말하는 바의 「비상도」(非常道)이다. 과학의 진리는 모두 비상도(非
常道)이다. 모두 상도(常道)가 아니다. 진리(truth)는 하나의 개념이
다. 분필과 책상과 같은 것이 아니다. 개념은 변하지 않으나 분필이
나 책상은 변할 수 있다. 우리는 한편으로는 과학의 진리는 개념이
라고 말하고, 개념은 불변이라고 말하지만, 다른 한편으로 또 말하
기를 무릇 과학의 진리는 모두 상도(常道)가 아니고, 항상불변의 도
리가 아니라고 한다. 항상불변의 도가 아닌 것은 곧 가변(可變)의
도(道)이다. 이 「가변지도」(可變之道)는 어떤 의미인가? 이 안에서
변(變)과 불변(不變)이 가리키는 것은 무엇인가? 당신은 자세히 생
각해 봐야 할 것이다.

공자는 하나의 구체적 개체이다. 그에게는 생노병사(生老病死)가
있다. 그는 변한다. 이것이 「변」(變)의 근본 의미이다. 변(變)은 시
간-공간 가운데에 있다. 이미 하나의 개념이라면 개념은 곧 추상적
이다. (추상적인 개념은) 시간-공간 안에 있지는 않다. 시간-공간
안에 있지 않은 것은 곧 변할 수 없다. 개념으로 이루어지면 변하지
않는다. 그러나 사실은 변할 수 있다. 그러므로 「태양은 지구를 돈

다」라고 하는 이 개념 자체는 변하지 않는다. 그렇지만 당신은 「태양은 지구를 돈다」 이것은 항상불변의 도이다라고 말할 수는 없다. 또 당신은 「지구는 태양을 돈다」 이 도리는 상도(常道)·항상불변의 도이다라고 말할 수도 없다. 당신이 꼭 알아야 할 것은, 이러한 언어분석은 대단히 어렵다는 것이다. 당신은 반드시 분명히 말해야 한다.

개념은 명제를 사용하여 표현해 내는 것인데, 곧 진리이다. 진리는 곧 하나의 이론이고, 하나의 개념이다. 사실은 변할 수 있다. 그러나 그것이 개념이 되면 변할 수 없다. 이것이 곧 사람이 논리적 사고를 훈련하는 이유이다. 논리분석은 곧 이것을 분석하는 것이다.

처음에 내가 북경대학에서 공부할 때에 나의 선생님인 김악림(金岳霖) 선생께서 바로 이 문제를 제기하셨다. 그분이 말하기를: 「태양은 지구를 돈다」라는 명제는 변하지 않는다. 그런데 왜 우리는 진리는 변한다고 말하는가? 그것은 이 명제에 대한 현재 우리들의 태도가 변했기 때문이다. 이 명제 자체는 변하지 않았다. 중세기의 과학명제는 태양과 지구의 관계를 표현했을 뿐이다. 그 표현이 잘못된 것이다. 중세기 사람들은 잘못된 해석을 믿었을 뿐이다. 그러므로 우리는 지금 그 말을 믿지 않는다. 다시 다른 말로 태양과 지구 사이의 관계를 말한다. 이 관계는 말할 수 있는 범위 안에서이다. 사람은 잘못 말할 수도 있지만, 반드시 틀리지 않아야 한다. 증명을 통하는 것은 경험사실에 속한다. 단 장래에 새로운 차서(次序)가 출현하면 그것은 또 변할 것이다. 그러므로 한편으로는 불변(不變)이고, 다른 한편으로는 변(變)이다. 이것은 모두 가변(可變)과 불가변(不可變), 가도(可道)와 불가도(不可道)의 범위 안에 있다.

변할 수 있는 것과 변할 수 없는 것, 말할 수 있는 것과 말할 수 없는 것은 두 개의 세계이다. 이 두 세계를 분명히 나누는 것은 본래 쉽지 않은 일이다. 이것은 매우 추상적인 도리이다. 「일심개이문」(一心開二門)은 간단한 것이 아니다. 당신이 어떻게 쉽게 이해할 수 있겠는가? noumena와 phenomena로 나누는 것 역시 매우 쉽게 이해되는 것은 아니다. 칸트의 전체(整個) 계통이 이러한 구분을 증명하여 준다. 이로 보아서 말할 수 있는 도와 말할 수 없는 도를 구별하고 상도(常道)와 비상도(非常道), 이 두 세계를 구별하려면 그것은 이해하기가 대단히 어렵다. 당신이 모두 이해한다면 모든 철학을 이해한 것과 같다.

그러므로 먼저 이 두 세계를 구분하고, 두 종류의 진리를 구분한다. 『도덕경』에서는 말할 수 있는 도에 관해서는 이야기하지 않는다. 『도덕경』은 말할 수 없는 도를 이야기하려고 하며, 항상불변의 도(道)를 이야기하려고 한다. 『도덕경』에서는 「도」(道)와 「덕」(德)은 두 개의 글자이다. 도가에서 「도」(道)는 하나의 개념이고, 「덕」(德)도 하나의 개념이다. 이 「도덕」(道德)과 우리가 평상시에 이야기하는 도덕은 서로 같은 것이 아니다. 유가에서 말하는 도덕(moral)과 같은 것이 아니다.

『도덕경』은 먼저 항상불변의 도(道), 말할 수 없는 도(道)를 이야기하려고 한다. 「말할 수 없는 도」는 곧 일정한 개념을 사용하여 하나의 도(道)를 논설하는 것과 같은 것이 아니다. 하나의 일정한 개념을 사용하여 논설할 때, 사용하는 개념이 유효한 것이다. 예를 들면 이 책상에 대해 우리는 정사각형 혹은 직사각형이라는 것으로 책상을 말할 수 있다. 개념을 사용하는 것이 맞는가? 맞지 않는가? 잘 살펴봐야 한다. 만약 이 책상이 정사각형이라면 당신이 직사각형(개념)을 사용하는 것은 맞지 않다. 정사각형을 사용하는 것이 맞다. 이것은 곧 정사각형이라는 이 개념은 이 책상의 형상을 논설하는 데 사용할 수 있다는 것이다. 그렇다면 이 개념은 이 책상이라는 대상에서는 유효한 것이다. 이것은 현상계(現象界)의 것들이고, 생멸문(生滅門)의 것이다.

가령 말할 수 없는 곳에서는, 즉 말하자면 일정한 개념을 사용할 수 없으니, 즉 책상이라는 이런 경험개념을 말하지 말라는 것이다. 즉 범주라는 그러한 개념을 써먹을 수 없으니, 즉 여기서는 개념이 무효이다. 이 말할 수 없는 도리는 비로소 항상불변이며, 지고무상(至高無尙)의 도리이다. 왜냐하면 무릇 말할 수 있는 것은 모두 변할 수 있다. 태도가 변할 수 있는 것은, 곧 경험과학 범위 내의 것이다. 경험과학 범위 내의 진리는 모두 말할 수 있다. 다만 수학은 동어반복(tautology)의, 형식(form)으로서, 엄격히 말해서 그것은 내용이 없다. 수학 안에서는 진리(truth)라는 글자를 사용할 수 없다. 왜냐하면 진리(truth)가 있으면 곧 거짓(false)이 있다. 수학은 거짓일 수 없다. 이런 사고는 서양철학에서부터 시작되었다. 사람들에게 무엇이 형식적 진리(formal truth)이며, 무엇이 형식과학(formal science)인지 이해하도록 강요한다. 예를 들어 논리와 수학에서 무엇이 경험과학(empirical science)인가? 예를 들어 자연과학이나 사회과학에서: 무엇이 물리학(physics)이며, 무엇이 형이상학(metaphysics)인가? 매 한 종류마다 반드시 하나의 범위가 있다.

그렇다면 노자가 말한 「도」(道)는 마땅히 형이상학(metaphysics)에 속한다. 형이상학(metaphysics) 안에서 그가 지향하는 저 항상불변의 도(道), 개념을 사용하여 말하면 안 되는 도(道)는 무엇인가? 이것이 곧 도가가 마음 쓰는(用心) 곳이다. 우리는 어디서 이러한 도(道)를 체인(體會)할 수 있을까? 이러한 도(道)는 궁극적으로 있

는가? 있지 아니한가? 아마도 다만 하나의 빈 개념일 것이다. 의미
가 있는가? 있지 아니한가? 가령 논리실증론에 의거해서 말하자면
당신의 이러한 말은 모두 무의미하다(meaningless). 그렇다면 궁극
적으로 무의미한가? 그렇지 아니한가? 도가는 곧 이 문제에 답하려
한다. 여기에 마음을 쓴다.

즉 말하자면 노자의 그 「도」(道)는 이해할 수 있는가? 이해할 수
없는가? 우리의 두뇌로 하여금 하나의 분명한 개념이 있게 하는가?
노자에 비추어 말하자면 물론 있다. 단 첫머리 구절 「도가도, 비상
도」(道可道, 非常道.)를 간단히 형식적으로 두 개의 세계로 나눈다.
대단히 빈 것이다. 무엇을 우리에게 말해 주지 않는다. 이 항상불변
의 도(道)는 어떤 것이고, 어떤 의미인가 말해 주지 않는다. 그다음
구절 「명가명, 비상명」(名可名, 非常名.)은 더 어렵다. 무엇이 항상불
변의 이름인가? 무엇을 「상명」(常名)이라고 하는가? 무엇을 「비상
명」(非常名)이라고 하는가? 항상불변의 이름은 있는가? 있지 아니
한가?

가히 말할 수 있는 이름은 「비상명」(非常名)이다. 경험세계 범위
안에서 사용하는 저 이름(name)은 모두 비상명(非常名 = 항상 있는
이름은 아니다)이다. 모두 변동할 수 있다. 그렇다면 이러한 변동이
가능한 이름 외에 또 항상불변의 name-word는 있는가? 없는가?
「명가명, 비상명」(名可名, 非常名.)이라는 이 한 구절은 매우 알기가
쉽지 않다. 노자는 당초에 도(道)를 생각할 때에 곧 명(名)을 말했
다. 이 한 구절은 짝 지워져 있다(配對). 이야기하기가 쉽지 않다.

그렇다면 무엇이 항상불변의 이름인가? 무릇 도리를 말할 때에는
모두 명제(名言)를 사용하여 말한다. 명제는 (명제를) 가지고 그러
한 도리를 말한다. 즉 명제는 그 도리에 유효하다. 그런 종류의 명

제는 반드시 가변(可變)의 명제이다. 그렇다면 명제를 가지고 말할 수 없는 도리에서는 곧 그 명제가 거기서는 무효이다. 그것을 말하는 그 이름은 곧 항상불변의 이름이다. 예를 들면, 상제(上帝＝하나님)는 항상불변의 이름이다. 또 노자가 말하는 「도」(道) 역시 이름이다. 이 명(名)은 곧 불가명(不可名)의 명(名)이다. 「도」(道)라는 이 이름에 관하여 당신은 종종(種種)의 개념을 가지고 그것을 말할 수 있다. 당신은 양명(量名)을 가지고 그것을 말할 수 있다. 양명(量名)은 곧 가명지명(可名之名)이다. 당신은 질명(質名)을 가지고 그것을 말할 수 있다. 질명(質名)은 곧 가명지명(可名之名)이다. 역시 관계명(關係名)을 가지고 그것을 말할 수 있다. 관계명(關係名)은 가명지명(可名之名)이다.[1] 그러나 양명(量名), 질명(質名), 관계명(關係名)은 모두 사용할 수가 없다. 사용할 수 없으면 그만 아래로 잡아 내려야 한다. 이것은 곧 당신이 이러한 가명지명(可名之名)을 사용하여, 그것이 불가명(不可名)의 명(名)이라고 하려는 것을 표시하는 것이다. 불가명(不可名)의 명(名)은 곧 상명(常名)이다.

「도」(道)라는 이 이름은 곧 상명(常名)이다. 우리는 「일」(一＝단칭), 「다」(多＝특칭), 「종」(綜＝전칭)을 가지고 그것을 말할 수 있다. 그러나 사용할 수 없으면 버려야 한다. 이것은 양명(量名)을 가지고 「도」(道)를 말하는 것으로, 여기서는 무효라는 것을 표시한다. 그렇다면 우리는 다시 질명(質名)을 통하여 그것을 말한다 하자. 당신이 말하는 도(道)가 실재(實在)인가? 도(道)는 당연히 실재이다. 도(道)가 실재가 아닐 수 없다. 단 당신은 반드시 그것이 실재라고 말할 수 있는가? 당신은 능히 그것을 가지고 와서 나에게 보여 줄

---

1 모종삼 교수는 칸트의 개념을 빌어서 설명한다. 여기서 말하는 질명(質名), 양명(量名), 관계명(關係名)은 양상명(樣相名)과 함께 칸트의 범주이론에서 가져온 용어이다.

수 있는가? 당신은 내어놓지는 못할 것이다. 도(道)는 실재이면서
또한 부실재(不實在)이다. 당신은 도(道)가 허무(虛無)라고 말하는
가? 도(道)가 어떻게 허무일까? 그러므로 이러한 개념을 사용하면
곧 그것을 당겨 아래로 내리는 것이다. 이러한 개념은 무효이다. 우
리는 평상시에 하나의 개념을 사용하는데, 함부로 당겨 내릴 수는
없다. 말하였다면 어떻게 되든 (아무런) 관계가 없는가? 즉 말하자
면 우리가 평상시에 개념이 유효한 거기에서 말하는 바의 명(名)은
상명(常名)이 아니라는 것을 이야기하는 것이다. 과학의 범위 안에
서의 명(名), 예를 들어 전자, 양자, 수소, 산소, 물리, 화학, 이 모두
가 명(名)이다. 이러한 명(名)은 유효한 것이다. 그러나 이러한 명
(名)이 말하는 그 명(名)은 모두 가변(可變)이다.

  우리가 한 번 생각해 보자. 『장자』에 나오는 저러한 말은 이 불가
명(不可名)의 명(名)을 표시하지 않는가? 「도는 어디로 가고 존재하
지 않으며, 말은 어디에 있어서 불가(不可)한가?」(道惡乎往而不存,
言惡乎存而不可.) 장자가 말하는 도(道)는 존재하지 않는 데가 없다
(無所不在). 그렇다면 이 무소부재(無所不在)의 도(道)는 곧 불가도
(不可道)의 도(道)이다. 우리의 명제(名言)는 존재하지 않는 곳은
없고, 또 없다는 것은, 모두 가(可)하다. 즉 말하자면 당신이 어떻게
말하든지 모두 맞다. 이러한 명제는 있는가? 있지 아니한가? 경험과
학의 범위 안에서 명언(名言)은 옳은가? 옳지 않은가? 「말은 어디
에 있어서 불가(不可)한가?」(言惡乎存而不可)라고 말할 수 없다. 모
두 옳다라고 말할 수 없는 것이다. 궁극적으로 어떻게 말하더라도
모두 옳다고 할 수 있는 이런 말이 있는가? 있지 아니한가?

  이것은 본래 「가는 것도 없으면서 존재하는 것도 없다.」(無往而不
存.)이다. 단 언제 부존(不存)의 곳이 있는가? 그것은 곧 「도은」(道

隱＝도가 숨은)의 때이다. 도(道)는 은폐된다. 그러므로 장자는 그 다음 구절에서 말하기를: 「도는 작은 이룸(小成)에 은폐되고」(道隱 於小成.)라고 하였다. 말은 본래 「말은 어디에 있으며, 또 불가(不可) 한가?」(言惡乎存而不可)인 것이다. 그렇지만 언제 이 말이 옳고, 또 옳지 않음이 있는가? 장자는 「말은 영화에 숨는다」(言隱於榮華)라 고 말하였다. 그렇다면 이것은 불가명(不可名)의 명(名)은 곧 영화 의 명언(名言)이 아니라는 것을 말한다. 그러므로 참된 진리, 최고의 진리는 모두 단순하고 간단하다. 그래서 『역전』(易傳)에서는 「간이」 (簡易)라고 이야기한다. 「간이」(簡易) 역시 반드시 「도는 어디로 가 고 존재하지 않으며, 말은 어디에 있어서 불가(不可)한가?」(惡乎存 而不可)인 것은 아니다. 단 「영화」(榮華)는 곧 「간이」(簡易)와 서로 위반되는 것이다.

명언(名言)의 세계는 곧 영화(榮華)의 세계이다. 명언(名言)이 유 효한 그 세계는 말을 많이 할수록 더 많아지고 사상은 더욱더 복잡 해진다. 명언(名言)이 많을수록 영화(榮華)도 많다. 그래서 장자는 「말은 어디에 있어서 불가(不可)한가?」(言惡乎存而不可.)라고 하였 다. 이러한 「말」(言)을 명언(名言)이라고 할 수 있는가? 할 수 없는 가? 이러한 「말」(言)이 있는가? 없는가? 당신은 편리하게 말해서 그 것을 「말」(言)이라고 한다. 궁극적으로 있는가? 없는가? 당신이 하 나의 예를 들어 봐라? 그 예를 빌려오면 당신이 예상하는 그 경지 (境地＝境界)를 연상하는 데 도움이 될 것이다.

나는 장자의 「말은 어디에 있어서 불가(不可)한가?」(言惡乎存而不 可.)라는 이 구절을 제시하여, 이 말로 불가명(不可名)의 명(名)을 이해하려고 했다. 그것은 불가명(不可名)인가? 아니면 명(名)인가? 논리(邏輯) 안에서 하나의 예를 빌려올 수 있다. 논리 안에 이러한

「말」(言)이 있다. 어떻게 말하여도 어떠하든지 모두 가(可)하다. 즉 「말은 어디에 있어서 불가(不可)한가?」(言惡乎存而不可.)이다. 왜냐 하면 논리(邏輯)는 경험과학이 아니다. 그것은 내용이 없다. 비트겐 슈타인은 이러한 정황을 제시한다. 하나의 명제가 참 존재라면, 그 것의 가(假)도 존재한다. 즉 말하자면 진(眞)을 말해도 되고 가(假) 를 말해도 된다. 물론 이것은 논리 안에서 찾아낸 하나의 예이다. 그것이 또 장자의 저 구절의 의미가 아니겠는가? 장자의 그 구절은 현리(玄理)이고, 논리 안의 그 예는 당신을 도울 수 있을 것이니, 하 나의 방편이다. 당신은 그 현리를 생각해 봐라. 오늘은 여기까지 이 야기한다.

제 2 강

『도덕경』 제1장의 첫머리 한 단락을 먼저 뭉뚱그려서 두 종류의 도리로 나누어, 두 종류의 진리라고 하였다. 여기서 「도」(道)를 진리라고 해석하였다. 두 종류의 진리를 어떻게 규정하는가? 「말할 수 있는 도」(可以道說)와 「말할 수 없는 도」(不可以道說)로 규정하였다. 그렇다면 무엇을 「말할 수 있는 도」(可以道說)라고 하며, 무엇을 「말할 수 없는 도」(不可以道說)라고 하는가? 이것을 우리가 지금 명확한 언어를 가지고 표현해 내려고 하는 것이다. 이것은 앞(제1강)에서 이야기하였던 바이다. 다만 이렇게 규정하는 것도 역시 매우 뭉뚱그려서 하는 것으로, 이른바 뭉뚱그린다는 것의 그 의미는, 즉 말하자면 이렇게 구분하여 말할 수 있는 진리는 바로 당신의 마음속에 하나의 관념이 있게 된다는 것이 아니겠는가? 만약 한 걸음 더 나아가서 묻는다면 왜 말할 수 있는 도가, 당신의 마음속에 분명한 하나의 관념을 있게 하는가? 당신은 어떻게 대답할 것인가?

　「말할 수 있는 것」(可以道說的)은 곧 일정한 개념을 사용하여 논위(論謂)하는 그런 (종류의) 진리이다. 이것은 한편으로는 우리 마음속에 하나의 분명하고 명확한 관념이 되어 조금 쉽게 이해할 수 있고, 쉽게 파악이 된다. 그 이유는 어디 있는가? 왜냐하면 이런 일면(一面)은 우리의 경험세계에 속하고, 우리 일상생활에서 접촉하는 것이다. 그렇다면 그런 것은 일정한 개념을 가지고 논위하는 도리인가? 당신의 마음속에서 반드시 분명한 것은 아니다. 왜 명백하지 않은가? 당신은 왜냐하면 우리는 이러한 것을 경험하지 못했기 때문이라고 말한다. 그러나 우리가 경험하지 못한 것은 많고 많다. 어떤 때는 경험하지 않았어도 우리는 분명하게 상상한다. 그렇지만 저 말할 수 없는 것은 궁극적으로 무엇인가? 나도 상상해 내지 못하겠다.

그러므로 첫머리의 단락은 「가도」(可道)-「불가도」(不可道), 「가명」(可名)-「불가명」(不可名)으로 두 종류의 진리를 구분한다. 이것은 매우 뭉뚱그린 것이다. 이렇게 뭉뚱그려 구분한 두 세계의 구체적 의의는 궁극적으로 무엇인가? 우리는 알 수가 없다. 더욱이 저 「말할 수 없는 도」(不可道之道)-상도(常道)를 우리는 잘 알 수 없다.

말할 수 없는 것은 매우 많다. 상제(上帝＝하나님) 역시 말할 수 없다. 불교의 열반(涅槃)-법신(法身) 역시 말할 수 없다. 그렇지만 노자가 여기서 말하는 「말할 수 없는 도」(不可道之道)는 상제(上帝)도 아니고, 역시 열반(涅槃)-법신(法身)도 아니다. 그렇다면 도가에서는 어떤 하나의 관념을 통하여 이 「말할 수 없는 도」(不可道之道)를 이해하는가? 이것은 이해하기가 매우 어렵다. 한 걸음 한 걸음 안으로 들어가야 한다. 그리해서 그가 말하는 바의 「말할 수 없는 도」(不可道之道)의 구체적 의의를 이해해야 한다. 진실한 의미(real meaning)는 궁극적으로 무엇인가? 우리의 마음속에서 천천히 그러나 분명하게 이해하려면 천천히 접근해야 한다. 한꺼번에 명백하게 할 수는 없다.

「말할 수 없는 도」(不可道之道)는 지고무상(至高無上)한 것이고, 최고의 도리이다. 즉 유가에서도 이렇게 말하지는 않는다. 가령 유가의 공부자(孔夫子)가 이러한 「말할 수 없는 도」(不可道之道)를 인정했다고 하더라도, 그러나 공자는 반드시 노자와 같은 모양으로 이렇게 말하지는 않았을 것이다. 그러므로 이것은 대단히 번거롭다 (麻煩). 천천히 이해해야 한다.

두 번째 단락 「무명천지지시, 유명만물지모.」(無名天地之始, 有名萬物之母.) 이 단락은 한 걸음 더 나아가 「유」(有)-「무」(無)라는 두 관념을 통해 이 두 종류의 진리를 이해하려 한다. 즉 말하자면 「유」(有)-「무」(無)를 통해 앞에서 말한 「말할 수 있는」(可道說) 것과 「말할 수 없는」(不可道說) 것을 이해하려 한다.

「무명천지지시」(無名天地之始) 이 구절이 표시하여 말하는 것은 우리가 「무명」(無名)이라는 개념, 혹은 「무」(無)라는 개념을 가지고 이 「도」(道)를 이해하려는 것이다. 이 구절은 「무명, 천지지시.」(無名, 天地之始.)라고 읽을 수 있고, 또한 「무, 명천지지시.」(無, 名天地之始.)라고 읽을 수도 있다. 왕필의 읽는 법에 따르면 「무명」(無名)-「유명」(有名)이 주어이고 일컬어 말하는 술어는 생략되었다. 이것은 중문(中文)의 오래된 구법(句法)이다. 「무명, 천지지시.」(無名, 天地之始.)를 백화(白話 = 현대중국어)로 번역하면 「무명시천지지시.」(無名是天地之始. = 무명(이름 없음)은 천지의 시작이다.)이다. 여기서는 「시」(是)가 생략되었다. 문언문(文言文)의 구법(句法)에는 「시」(是)가 없다. 예를 들어서 「인자, 인야.」(仁者, 人也. = 사람다운 사람이 사람이다.)이다. 만약 당신이 이러한 오랜 전통의 구법(句法)을 이해한다면 「무명, 천지지시.」(無名, 天地之始.)라고 읽는 독법은 매우 좋다.

왕필은 이렇게 읽었다. 이렇게 읽는 방법은 오랜 습관에 합당한 것이다.

또한 「무, 명천지지시」(無, 名天地之始.＝무(無)는 천지의 시작의 이름이다.)라고 읽을 수도 있다. 이렇게 읽는 독법은 대개 중문(中文)의 문언문(文言文)의 옛 문법은 아니다. 여기서 「명」(名)은 동사이다. 고문(古文)의 습관에 따라 말한다면 이러한 독법은 아마도 잘 맞는 것은 아닐 것이다. 나는 이렇게 읽는 것을 채용(採用)하지 않는다. 의미에서부터 말하자면 즉 「유」(有)-「무」(無)면 된다. 문구(文句)의 습관에 따라 말한다면 「무명, 천지지시; 유명, 만물지모」(無名, 天地之始; 有名, 萬物之母.)이다.

「무명」(無名)은 곧 무명(無名), 무형(無形), 무상(無狀)이다. 「무명」(無名)은 대단히 많은 것을 포괄한다. 무시간성(無時間性), 무공간성(無空間性)을 띠며 어떤 특성도 없다. 곧 말할 수 없는 것이다. 간단화하여 단적으로 「무」(無)라고 해도 또한 가능하다. 왜냐하면 어떤 것도 다 없애려고 하기 때문이다. 그 결과 다만 「무」(無)가 된다. 그렇다면 다만 「무」(無)라고 말하는 이 개념이면 된다. 그 「명」(名)도 다만 명칭만의 의미는 아니다. 그러므로 송조(宋朝)에 이르러서 어떤 사람이 「무, 명천지지시」(無, 名天地之始.)라고 읽게 되었다.

「무명」(無名)은 곧 「무」(無)이며, 「유명」(有名)은 곧 「유」(有)이다. 유명(有名), 유형(有形), 유상(有狀)은 유(有)의 범위에 낙착된다. 두 종류의 독법이 모두 가능하다. 문구(文句)의 습관으로는 「무명, 천지지시」(無名, 天地之始.)이다. 그러나 「무명」(無名)과 「무」(無)의 의미는 서로 같다. 즉 「무명, 천지지시」(無名, 天地之始.)라고 읽는다. 이 「무명」(無名)은 또한 「무」(無)에 해당한다고 말하는 것이다. 간단화하면 곧 「무」(無)이다. 다만 「무명」(無名)만 그러한 것은 아니다. 왜 냐하면 이 「무명」(無名)이 표시하는 것들은 많고 많다. 다만 하나의 특수현상을 말하는 것은 아니다. 다만 그것은 하나의 이름이 없다 는 것을 말하는 것도 아니다.

우리가 어떤 사람이 이름이 없다고 말한다면, 그는 이름이 없다. 당신이 그에게 하나의 이름을 붙여 주거나 혹은 그의 이름을 없애 보라. 모두 알지 못한다. 그렇다면 당신이 생각하기에 오직 이 사람 만 알고, 이 사람의 이름이 무엇인지 알지 못한다면, 당신은 이때 이 사람은 이름이 없다(無名)고 말한다. 그렇지만 이렇게 이름이 없 다는 것이 노자가 말하는 무명(無名)과 (꼭) 같은 것은 아니다. 의 미가 다르다. 이러한 문제에 부딪히면 당신은 변별해야 하고, 사변 (思辨)해야 한다. 노자가 말하는 「무명」(無名)은 곧 「무」(無)이다. 즉 노자는 당신이 없애 버린 그런 것을 간단화하여 하나의 「무」 (無)라는 관념으로 제시했다. 「무」(無)라는 관념이 이룬 것은 곧 하 나의 nothingness이다. 이것은 다만 그 이름을 알지 못한다는 것은 아니다.

그 이름을 알지 못하는 그것은 nothingness가 아니다. 예를 들어 『삼국연의』(三國演義)에 어떤 사람의 이름은 있고 성(姓)이 없다. 어떤 사람은 성(姓)은 있고 이름이 없다. 또 다른 사람은 성도 없고 이름도 없다. 초선(貂嬋)은 이 여자의 이름이다. 그 성(姓)이 무엇인 지 아무도 알지 못한다. 교 국노(喬 國老)는 성(姓)은 있고 이름은 없다. 「국노」(國老 = 나라의 원로)는 그의 이름이 아니다. 또 한 사 람이 있는데, 전문적으로 유비(劉備)를 치욕스럽게 하는 사람이자, 장비(張飛)로 하여금 나무에 매달아 매우 아프게 때리게 한, 그 사 람은 이름도 없고 성(姓)도 없다. 『삼국연의』, 『수호전』(水滸傳), 『홍루몽』(紅樓夢)을 읽지 않으면 당신은 중국문화를 이해하지 못한다. 중국문화의 상식은 모두 이 세 권의 책 안에 있다.

노자가 말하는 「무명」(無名)은 성(姓)이 있고, 이름이 없는(有姓無名) 것을 말하지도 않고, 성도 없고 이름도 없는(無姓無名) 것을 말하는 것도 아니다. 그것은 이름이 없다. 당신이 그에게 하나 줄 수도 있다. 중국 창극(唱劇)을 하는 사람들은 교 국노(喬 國老)에게 하나의 이름을 주어 교현(喬玄)이라고 불렀다. 노자가 「무명」(無名)이라고 말하는 의미는 이것이 근본적으로 명(名)을 가지고는 그것의 이름으로 할 수 없다는 것을 표시한다. 왜냐하면 근본적으로 이름이 없기 때문이다. 그러므로 그것은 무형(無形), 무상(無狀), 무성무취(無聲無臭)이다. 『도덕경』에서 이러한 의미에 비추어 보면 도가는 「무」(無)라는 이 관념을 가지고 저 말할 수 없는 도(不可說之道)를 이해해 가려고 한다. 즉 저 지고무상(至高無上)의 도(道)이다. 이것은 매우 가마득하다(玄). 이것이 곧 철학이다. 도가는 곧 「무」(無)를 통하여 도(道)를 이해한다.

그러므로 도가는 「무」(無)의 지혜이고, 불교는 「공」(空)의 지혜이다. 「공」(空)과 「무」(無)는 완전히 다른 것이다. 완전히 서로 다른 두 개의 계통이다. 공자(孔子)-유가(儒家)에서는 공(空)을 이야기하지 않는다. 또한 무(無)도 이야기하지 않는다. 그렇지만 노자의 이러한 지혜는 우리 일반인의 생활 밖으로 초월한다. 경험계에서는 찾을 수 없다. 말할 수 있는 것은 경험계에서 찾을 수 있다. 아주 쉽고 분명하다. 말할 수 없는 「도」(道)는 상상하기가 어렵다. 평소에 생각도 못하던 것이다. 그러므로 이것은 공부(讀書)를 통해야 한다. 노자의 이 지혜는 이천 년 전에 시작된 것으로, 인류에게 (방향을) 지시하며, 그것은 영항성(永恒性)이 있다. 우리가 생각할 수도 없는 것을 노자는 생각하고 있다. 모두가 큰 도리가 있다고 생각한다. 그러므로 이후에도 능히 반대할 사람이 영원히 없다. 그는 하나의 큰 가르침(大敎)을 이루었고, 하나의 대단히 중요한 학파이다.

어떻게 「무」(無)를 통해 도(道)를 이해하는가? 이것은 쉽게 파악되지 않는다. 마음속에서 이해하지 못한다. 결국 당신은 완전히 말할 수 없다. 완전히 표현할 수도 없다. 노자는 「무」(無) 혹은 「무명」(無名)을 통하여 드러나는 저 「무」(無)를 천지만물의 시작으로 간주한다. 이것이 곧 「무명, 천지지시.」(無名, 天地之始.)이다. 유명(有名), 유형(有形), 유상(有狀), 유성유취(有聲有臭)를 통하여 「유」(有)라는 관념을 제출하니, 이 「유」(有)라는 개념은 곧 만물에서 하나의 어머니라고 부른다. 이것이 곧 「유명, 만물지모.」(有名, 萬物之母.)이다. 이 두 구절의 말이 「유」(有)-「무」(無)와 천지만물(天地萬物) 발생의 관계이다.

그렇다면 먼저 우리는 어떻게 「무」(無)가 천지지시(天地之始)인지 생각해 보아야 하지 않을까? 「무명, 천지지시.」(無名, 天地之始.) 이 구절은 곧 만물의 총칭으로 말하는 것이다. 흩어져 있는 만물을 붙잡고 총체적으로 이름하여 천지(天地)라고 한다. 그러므로 천지는 만물의 총칭(總稱)이다. 다음 구절 「유명, 만물지모.」(有名, 萬物之母.)는 흩어서(散開) 말하는 것이다. 천지를 흩어서 칭하는 것이다. 하나는 총칭이고 하나는 흩어서 칭하는 산칭(散稱)이다. 의의(意義)가 같지 않다.

「천지지시」(天地之始)라고 말할 때에는 만물의 총칭이니, 총칭인 천지를 가지고 그 시작을 이해하려 한다. 그리고 「무」(無)를 가지고 칭한다. 이것은 뒤로 가면서 되돌이키는(往後返) 것이다. 그것의 beginning, first beginning을 찾는 것이다. 마치 서양인이 말하는 제일원인(first cause)과 같은 것이니, 마치 하나님을 말하는 것과 같다. 「만물지모」(萬物之母)라고 말할 때는 흩어서 말하는 것이다. 「유」(有)를 따라서 혹은 「유명」(有名)을 통해서 말하는 이 「유」(有)는 앞을 향하여 보는(向前看) 것이다. 이 「유」(有)는 곧 만물에서 하나의 어머니이다. 두 번째 단락의 이 두 구절에서 하나의 구절은 뒤로 가면서 돌이키는 것이니 그 처음으로 돌아가는 것이고, 또 하나의 구절은 앞을 향하여 보는 것으로 만물에서 하나의 mother ground이다. 모(母)는 곧 mother ground이다. 이 mother ground는 엄격히 말해 formal ground이다. 곧 형식적 근거이다.

그러므로 이 두 구절에서 「시」(始)를 말하는 것은 뒤로 가면서 보는 것으로, 그 밑바탕 근거를 찾는 것이다. 밑바탕 근거는 곧 그것의 뿌리이니, 곧 제일원인(first cause)이다. 「모」(母)를 말하는 것은 앞을 향하여 보는 것이다. 흩어서 만물에 나아가 말하는 것이다. 이 두 구절은 말하는 방향(direction)이 서로 같지 않다. 뒤로 가면서 돌이키는 방법을 통하여 「무」(無)와 만물의 관계를 표시한다. 앞을 향하여 보는 방법을 통하여 「유」(有)와 만물의 관계를 표시한다. 이러한 구절은 우주론(cosmology)과 관련 있다. 이러한 구절을 일컬어서 우주론적 어구(cosmological sentence)라고 부른다. 당신이 이렇게 이해하면 먼저 마음속으로 이 두 구절은 궁극적으로 어떤 의미를 표시하는지 알 만하다. 한 구절은 뒤로 가면서 돌이키는 것이니 천지의 시작(天地之始)을 찾기 위함이요, 한 구절은 앞을 향하여 보는 것으로 만물의 어머니(萬物之母)를 찾기 위함이다. 이것은 첫걸음이다. 이 구절은 뜻을 드러내는 것으로 의미가 있다. 마치 논리실증론에서 말하는 것과 같은 meaningless는 아니다.

그러면 다시 한 걸음 더 나아가 왜 우리는 「무」(無)를 통하여 천지의 시작(天地之始)을 이해하려고 하는가? 왜 「무」(無)는 천지의 시작을 형성하는가? 왜 우리는 「유」(有)를 통하여 만물의 어머니(萬物之母)를 이해하려고 하는가? 이것은 생각을 필요로 한다. 생각을 하지 않으면 철학을 할 수가 없다. 그저 문장만 외우는 것은 쓸모없다. 예컨대 당신은 도가에서는 「무」(無)를 통해서 천지의 시작을 이해하려 한다는 것을 생각할 수 있다. 그렇다면 유가에서도 이렇게 생각하는가? 유가에서는 이 시작을 어떻게 이야기하는가? 어떤 관념을 통하여 「시작」(始)을 말하는가? 이러한 문장이 있는가? 있지 아니한가? 『역전』(易傳)에서는 「대재건원, 만물자시.」(大哉乾元, 萬物資始. = 크도다! 건원(乾元)이여, 만물의 밑바탕이요 시작이다.)라고 했으니, 이것은 유가 사상을 대표한다.

　도가에서는 「무명, 천지지시.」(無名, 天地之始.)라고 말하고, 유가에서는 「대재건원, 만물자시.」(大哉乾元, 萬物資始.)라고 말한다. 이것은 두 개의 다른 계통이다. 이 두 구절을 통하여 이 두 계통은 매우 분명히 드러난다. 하나는 도가의 사상이고, 하나는 유가의 사상이다.

　「자」(資)라고 하는 것은 믿고 의뢰(藉賴)한다는 뜻이다. 만물은 건원(乾元)을 믿고 의지하여 비로소 시작한다. 그러므로 「대재건원, 만물자시.」(大哉乾元, 萬物資始.)라고 말한다. 이 「건원」(乾元)은 만물이 밑천(資)으로 삼고 처음(始)으로 여기는 바이다. 만물은 「건원」(乾元)으로부터 시작한다. 그러나 노자 『도덕경』에서는 만물은 건원(乾元)에서 시작한다고 말하지 않는다. 노자는 만물은 「무」(無)로부터 시작한다고 말한다. 유가에서 말하는 것은 적극적(positive)으로 말하는 것이다. 건원(乾元)은 적극적(positive)이고, 「무」(無)는 소극적(negative)이다. 그러므로 도가는 소극적 표현(negative expression)을 가지고 천지지시(天地之始)를 표현한다. 도가는 소극적이고 마이 너스적인 표현을 한다. 불교의 이름으로는 차전(遮詮)이라고 이름한다. 「차」(遮)라고 하는 것은 없애는 것, 빼 버리는 것이니 곧 소극적(negative)이라는 뜻이다. 적극적(positive)으로 이야기하는 것을 불교에서는 이름하여 표전(表詮)이라고 한다. 표전(表詮)은 곧 정면으로 표현하는 것이다.

『역전』에서는 「대재건원, 만물자시, 내통천.」(大哉乾元, 萬物資始, 乃統天.)이라고 말한다.(「乾, 象傳」(건괘-단전)) 이것은 완전히 유가식(儒家式)의 이야기이다. 도가에서는 그렇게 이야기하지 않는다. 유가는 적극적(positive)이고 도가는 소극적(negative)이다. 글자에서도 볼 수 있다. 도가는 매우 가마득하다. 유가와 같이 선명하고, 명랑하지 않다.

어떤 의미에 있어서 하나님(上帝) 역시 「무」(無)다. 그러나 기독교에서는 당신에게 하나님(上帝)이라고 말한다. 유가에서는 천도(天道)라고 말한다. 인도교(印度敎)에서는 범천(梵天)이라고 한다. 도가에서는 당신에게 「무」(無)가 어떤 것이라고 말하지 않는다. 정면으로 「무」(無)가 무엇이라고 말하는 것을 허락하지 않는다. 도가는 그냥 「무」(無)라고 말한다. 「무」(無)가 어떤 것인가? 이것은 대단히 가마득한 것이 아닌가? 당신은 그 「무」(無)가 하나님(上帝)이라고 말할 수는 없다. 천도(天道)라고 말해도 안 된다. 「인」(仁)이라고 말해도 안 된다. 유가에서는 천도(天道), 인(仁), 건원(乾元)을 말한다. 그러나 도가에서는 정면으로 말하지 않는다. 그러므로 말하기가 매우 어렵다.

도가에서는 첫걸음으로 「무」(無)는 천지의 시작(天地之始)이라고 말한다. 도가에서는 왜 하나님(上帝)이 천지의 시작이라고 말하지 않는가? 하나님(上帝)이 천지의 시작이다. 그것은 적극적인(positive) 말이다. 기독교에서는 말하기를 곧 하나님은 천지의 시작(天地 之始)이고, 하나님은 만물을 창조했다고 한다. 창세기에 나온다. 단 노자는 이러한 방법을 채용하지는 않았다. 이것은 가장 바보 같은 하나의 이야기이다. 노자는「무」(無)는 천지지시(天地之始)라고 말 한다. 이것은 대단히 지혜롭다. 이것은 여러분 자신들이 생각할 수 있어야 한다. 순전히 생각에만 의존해선 안 된다. 당신에게는 반드 시 이러한 총명함이 있어야 한다. 중국 사람들은 이전에 빼어난 깨 달음(穎悟)을 이야기했다.

『도덕경』에서는「천하만물생어유, 유생어무.」(天下萬物生於有, 有 生於無. = 천하만물은 유(有)에서 생기고, 유(有)는 무(無)에서 생 (生)한다. ─『도덕경』제40장)라고 말한다. 무(無)는 최후(final)의 것이다. 가령 기독교에서 말하는 것에 비추어 말하자면 그것은「천 하만물생어유, 유생어상제.」(天下萬物生於有, 有生於上帝. = 천하만물 은 유(有)에서 생기고, 유(有)는 하나님(上帝)에게서 생(生)한다.)이 다. 하나님(上帝)이 최후이다. 단 하나님(上帝)은「무」(無)가 아니다. 그런 까닭에 하나님(上帝)이 천지만물의 시작이라고 말하는 것, 그 것은 종교가의 신화적 방식으로 말하는 것이다. 이치에 따라 말하 는 것은 아니다. 철학적인(philosophical) 것이 아니다. 참(實)과 같 이(如實) 말하는 것이 아니다. 종교가의 창세기에 대한 생각은 한편 으로는 신화의 방식이고 한편으로는 상징적(symbolic) 방식으로 말 하는 것이다. 신화의 방식, 상징의 방식으로 말한다는 것은, 그것은 이치와 같은(如理) 것으로, 실(實)과 같은(如實) 것으로 말하지 않 는다는 것을 표현하는 것이다. 말할 때는 듣기 좋으나 끝까지 말하 게 되면 하나님(上帝)은 창조성(創造性)이다.

「천하만물생어유, 유생어무.」(天下萬物生於有, 有生於無. = 천하만물은 유(有)에서 생기고, 유(有)는 무(無)에서 생(生)한다.)「무」(無) 여기에 오면 멈춘다. 왜 여기에 오면 멈추게 되는가? 가령 유(有)라고 말하면 유(有)는 또 유(有)에서 생기게 되고, 이렇게 영원히 내려가면 끝이 없다. 왜냐하면 이미 유(有)이기 때문에 그것은 최후가 아니다. 반드시 뒤로 간다. 그래서 멈추지 않는 계열이 되었다. 이름이 있고 형태가 있으며(有名有形), 소리가 있고 모양이 있으니(有聲有狀) 모두 유한한 것이고 한정(限定)이 있는 것이다. 한정이 없다면, 이름이 있고 형태가 있을(有名有形) 수 없다. 이름이 있고(有名), 형태가 있고(有形), 모양이 있고(有狀), 소리와 냄새가 있는(有聲臭) 이러한 것은 모두 한정이다. 어떻게 있든, 있는 것은, 이러한 것은 모두 한정을 표현하는 것이다. 이미 하나의 한정이라면 만물을 생기게 할 수는 없다. 다만 하나를 생기게 할 뿐이다. 다만 한 종류를 생기게 할 뿐이다. 요점은 유(有)는 유(有)에서 생긴다는 것이다. 그렇다면 한정된 유(有)는 반드시 하나의 정지되지 않는 계열(series)이다. 이 계열은 반드시 끝이 없다(endless). 정지하려고 생각한다면 반드시 한정에서부터 도약해야 한다. 한정이 있는 데서 한정이 없는 데로 도약해야 한다.

그러므로 천지만물의 총 개시(開始)를 찾으려고 한다면, 반드시 한정이 있는 데서부터 한정이 없는 데로 도약해야 한다. 무한정이라는 것이 비로소 온갖(整) 것을 한 주먹에 쥔다. 천지(天地)의 총 개시를 만든다. 그러므로 「무」(無) 여기서부터 천지를 개시한다는 것은 매우 타당하니(reasonable) 이치와 같고(如理) 참과 같이(如實) 말하는 것이다. 유(有)에서 유(有)가 생긴다는 것은 하나의 그치지 않는 계열(series)이다. 그렇다면 서양인이 추구하고 있는 제일원인(first cause)은 없는 것이다. 하나님(上帝)은 하나의 한정이 있는 말이 아니다. 비록 기독교에서 하나님은 아버지(Father)라고 말하지만 하나님은 하나의 유한존재(finite being)는 아니다.

「유」(有)의 범위 안에서는 모두 유한존재(有限存在 = finite being) 이다. 어떤 유한존재로도 제일원인(first cause)이 될 수는 없다. 서양 사람들은 제일원인(first cause)으로 나아가고자 한다. 그 제일원인 (first cause)은 반드시 하나의 유한존재(finite being)는 아니다. 그래 서 기독교의 입장, 서양철학의 입장에서 곧 무한존재(infinite being) 라고 칭한다. 곧 God이다. 단 하나님(上帝)은 또 하나의 개체(indi-vidual)이다. 그분은 다만 하나의 무한성(無限性)이다. 사람 또는 만 물은 모두 유한적 개체(finite individual)이나, 하나님(上帝)은 무한 적 개체(infinite individual)이다. 「무한적 개체」(無限的個體)라는 이 말은 잘 통하지 않는다. 이것은 다소 역설(弔詭 = paradox)이다. 왜 냐하면 이미 개체라고 한다면 그것은 곧 유한(有限)이기 때문이다. 그렇지만 종교가는 이렇게 말하지 않으면 안 된다. 그들은 신화의 방식을 사용하여 말한다. 상징의 방식으로 표현한다. 하나님은 반드 시 인격적인 신(personal God)이지 않으면 안 된다. 이미 인격적인 신(personal God)이라면, 그렇다면 신은 반드시 개체(individual)이 다. 이것이 기독교의 문제이다.

도가에 비추어 말하자면 유한한 존재는 다만 어떤 물(物)의 시작 (開始)일 따름이고, 천지의 시작은 될 수가 없다. 천지는 만물의 총 칭이다. 그러므로 「유」(有)는 천지만물의 하나의 총 개시(總開始)는 될 수 없다. 천지 개시의 그것은 반드시 무한정(無限定)이어야 한다. 무한정은 곧 무명(無名), 무형(無形), 무상(無狀)이니 그것은 곧 「무」(無)이다. 그렇다면 이것은 매우 타당한(reasonable) 것이 아니 겠는가? 그러므로 도가에서 생각한 이 「무」(無)는 이렇게 생각했을 뿐이다. 단 도가에서 말하는 「무」(無)는 다만 무(無)이다. 그것은 다만 소극적 표현(negative expression)을 통하여 무명(無名), 무형(無形), 무상(無狀), 무성무취(無聲無臭) 등등을 말할 수 있다. 이러한 것을 모두 없애고, 없앤 후에 우리는 정면으로 그것이 무엇이라고 결정할 수 있는가? 없다. 그러므로 도가에서는 다만 「무명, 천지지시」(無名, 天地之始.)라고 말한다. 정면으로 다시 「무」(無)에게 특수한 어떤 결정을 할 수가 없다. 그것을 천도(天道)라고 결정하고 인(仁)이라고 결정할 수 있는가? 혹은 하나님(上帝)인가? 혹은 범천(梵天)인가? 또 혹은 여래장(如來藏)인가? 모두 맞지 않다. 즉 말하자면 어떤 특수한 규정을 덧보낼 수 없다. 바로 이러한 의미에서 말하자면 도가는 가장 철학성(哲學性)을 갖추었다. 그리고 어떤 의미에서 말하자면 이 철학성은 어떤 하나의 최후의 실체(實體)나 본체(本體)를 가지고도 반대할 수 없는 것이다.

그러므로 「무」(無)는 하나의 공통된(보편적) 법칙이다. 즉 말하자면 이것은 공동적(共同的)이다. 어떤 사람도 반대할 수 없다. 도가에서는 어떤 특수한 규정을 더할 수 없다. 우리는 도가가 가장 철학적(philosophical)이라고 말한다. 왜 「무」(無)에 대해서 어떤 특수한 규정을 더할 수 없는가? 이것은 곧 그것의 철학의 의미가 무겁다는 것인가? 왜냐하면 하나의 특수한 규정이라고 말하거나, 혹은 그것은 인(仁), 천도(天道), 천명(天命), 혹은 그것은 하나님(上帝)이라고 말하거나, 혹은 그것은 브라만(婆羅門)-여래장(如來藏)이라고 말하거나 하는 것이다. 이렇게 되면 당신은 이러한 모양으로 규정한다. 그것은 필연성이 없다. 도가에서는 특수 규정이 없다. 특수 규정이 없다는 것은 곧 쟁변(爭辯)이 없다는 것이다. 특수한 규정이 있으면 쟁변이 있다. 왜 그저 그렇게 간단히 God이라고 말하는가? 그렇다

면 적어도 인도(印度)에서 범천(梵天)이라고 말하는 것은 안 되는
가? 유가에서는 God이라고 말하지 않고 역시 범천이라고도 말하지
않고 인(仁)이라고 말한다. 천명(天命)은 그치지 않는다(끊임이 없
다＝天命不已)라고 말한다. 이렇게 하면 안 된다는 말인가? 천명(天
命)은 그치지 않는다(끊임이 없다＝天命不已). 양지(良知)라고 하는
것 모두 가능하다.

　그렇지만 당신이 God이라고 하든지, 범천이라고 하든지, 인(仁)
이라고 하든지, 혹은 천명은 그치지 않는다(끊임이 없다＝天命不
已)라고 하든지, 양지(良知)라고 하든지 한번 정면으로 표현하면 곧
「무」(無)에게 하나의 특수한 규정을 주는 것이다. 무릇 특수한 규정
이 있으면 교(敎＝종교의 교)의 의미가 무겁다. 무릇 특수의 규정
이 있으면 모두 하나의 교(敎)를 세우려 한다. 기독교, 불교 모두 교
(敎)의 의미가 무겁다. 유가 역시 교(敎)의 의미가 무겁다. 만약 논
리적 의미가 철학의 의미라면 도가가 가장 강하다. 도가는 논리적
의미의 철학에 무게를 둔다. 그리고 교(敎)의 의미는 가볍다. 비록
중국에 유(儒), 석(釋), 도(道) 삼교(三敎)가 있다고 말하지만 사실
도가는 하나의 교(敎)로 성립되기는 어렵다. 저 도교(道敎)는 말도
안 되는 이야기이다.

　그러므로 나는 늘 중국의 철학 전통은 도가, 명가(名家)에서 시작
되었다고 말한다. 중국의 도가, 명가는 중국의 철학 전통을 결정했
고, 중국의 과학 전통은 희화지관(羲和之官)에서 시작했으니 즉 위
로 우러러 관찰하고, 아래로 굽어 살피는(仰觀俯察) 천문율력(天文
律曆)이다. 교(敎)의 전통은 유가이니 이것은 곧 도통(道統)이다. 중
국의 도통은 유가에 있고 도가에 있지 않다. 그 도통은 곧 교(敎)를
대표한다. 우리가 지금 도가, 유가에 대하여 모두 철학으로 이야기

할 수 있다.

도가에서 「무」(無)를 통해 이해하는 이 가장 보편적인 의미는 하나님(上帝)도 위배할 수 없는 것이다. 곧 유가의 인(仁), 양지(良知), 천명불이(天命不已) 역시 한 모양으로 위배할 수 없다. 범천(梵天) 또한 한 가지로 위배할 수 없다. 이런 의미에서 말하자면 도가에서 제시하는 「무」(無)는 하나의 공통된(보편적) 법칙이다. 어떠한 하나의 대종교(大敎)라도 끝에 가면 하나라도 능히 반대할 수 없다. 다만 당신이 무한의 경지에 도달한다면 당신도 역시 이 「무」(無)를 반대할 수 없을 것이다. 왜냐하면 「무」(無)는 시작하자마자 저 한정을 없애 버리기 때문이다.

「무」(無)의 개념이 세워진 뒤 우리는 「무」(無)에 머무를 수가 없다. 우리는 또 앞으로 가서 봐야 한다. 「무명, 만물지모」(有名, 萬物之母.)는 곧 「무」(無) 여기서부터 앞으로 가서 본다. 앞으로 가서 본다는 것은 곧 흩어서 보는 것이다. 흩어서 보는 것은 곧 만물에 낙착된다. 곧 한정이 있는 개체에 나아가 말하는 것이다. 한 개, 한 개의, 개체마다에 대응하여 말하게 되면, 당신은 마침내 그것 하나, 하나마다 설명을 하여야 된다. 당신이 한 개 개체마다 그 형성의 근거를 설명하려고 한다면 흩어진 개체에 대해 당신은 「무」(無)라고 말할 수는 없다. 하나, 하나마다의 개체의 가능 근거를 설명하려면 적극적인 형식근거로 해야 한다. 즉 「유」(有)로 말해야 한다. 「유명」(有名＝이름 있는 것)은 곧 유형(有形), 유상(有狀), 유성유취(有聲有臭)이니, 간단화하여 「유」(有)이다.

무형(無形), 무상(無上), 무성취(無聲臭)를 통하여 간단화하면 곧 「무」(無)이다. 「무」(無)를 non-being이라고 번역하면 안 된다. 일반적으로 nothingness라고 번역한다. 이렇게 하는 것이 비교적 좋다.

즉 no thing이니, 곧 어떤 것도 없다. 이것은 전칭부정명제이다. 무릇 한정을 표시하는 그러한 것을 모두 버린다. 그래서 「무」(無)는 하나의 동사로 (되기) 시작한다. 동사의 「무」(無)가 명사의 「무」(無)로 나아가면 곧 nothingness이다. 다시 한 걸음 생활로 나아가면 없애려고 하는 것이 더욱 많다. 모두 없애야 도(道)가 드러난다.

그러나 「무」(無)에 머무를 수 없다. 이미 「무」(無)에 머무르지 않는다면 곧 앞으로 가서 봐야 한다. 앞으로 가서 보면 곧 「유」(有)에 낙착하게 된다. 하나, 하나마다의 「유」(有)는 하나, 하나마다의 개체에 대하여 이야기하게 되고, 하나, 하나마다의 개체는 개체의 한정물이다. 이 「유」(有)는 곧 만물의 어머니(萬物之母 = mother ground)이니, 만물지모는 구체적으로 이야기하는 것이다. 중국 사람들은 구체적으로 이야기하기를 좋아한다. 「모」(母)는 돌이켜서 철학적 용어(philosophical term)가 된다. 「모」(母)는 곧 만물의 하나의 형식근거가 된다. 「만물지모」(萬物之母)는 구체적으로 이야기하는 것이고, 상징적으로 이야기하는 것이니 사람들로 하여금 쉽게 알게 하려 함이다.

하나, 하나마다의 현실 개체물은 모두 하나의 형식근거가 있다. 플라톤의 이데아(Idea)가 현실 개체물의 형식근거(formal cause)가 아니겠는가? 아리스토텔레스가 말한 형식근거가 곧 플라톤이 말한 이데아에 근거해서 온 것이다. 플라톤이 말한 이데아가 곧 만물의 어머니(萬物之母)이다. 곧 만물의 형식근거이다. 그러므로 당신은 「유명, 만물지모」(有名, 萬物之母.)에서부터 매우 쉽게 플라톤의 이데아를 생각할 수 있을 것이다.

그렇지만 당신은 한 번 생각해 봐라. 노자가 여기서 말한 「유」(有)는 플라톤의 이데아와 같은 것인가? 같지 않은 것인가? 이것은

세 번째 단락에서 비로소 볼 수 있는 것이다. 왜냐하면 노자가 말한
「유」(有)는 공중에 붕 떠서 뭉뚱그려 말하는 것은 아니다. 플라톤이
말한 이데아는 공중에 뜬 말이다. 예컨대 분필에서부터 말하자면
반드시 분필을 규정하는 이데아가 있다. 이것은 현실의 물(物)에서
미루어 정한 것이다. 존재론적 추론(ontological inference)이다. 이것
은 정태적으로 이야기하는 것이다.

　노자가 말하는 「유명, 만물지모」(有名, 萬物之母.)는 현실물에서부
터 존재론을 통한 추론(inference)에서 말하는 이데아는 아니다. 노
자는 앞을 향해 보는 것으로부터 만물에 대하여 말하는 것이고, 만
물에서 미루어 가지고 온 것은 아니다. 노자가 말하는 「유」(有)의
근원은 어디서부터 말하는 것인가? 당신은 세 번째 단락을 보라.
「고상무욕이관기묘; 상유욕이관기요」(故常無欲以觀其妙; 常有欲以
觀其徼.) 이것이 곧 도(道)의 이중성이니, 도(道)에는 「무」(無)성
(性)이 있고, 또한 「유」(有)성(性)이 있다.

　도(道)의 「무」(無)성(性)에 근거해 말하자면 즉 「무명, 천지지시」
(無名, 天地之始.)이나, 단 영원히 「무」(無)에 머무를 수 없다. 만약
만물과 관계가 발생되지 않는다면 이 도(道)는 작용이 없다. 그러므
로 앞을 향하여 봐야 한다. 흩어서 만물에 대해 이야기하는 것이다.
이것이 곧 「유명, 만물지모」(有名, 萬物之母.)를 드러내는 것이다. 이
「유」(有)가 어디서부터 오는가? 이 「유」(有)는 곧 도(道)의 「유」(有)
성(性)이다. 『도덕경』은 이 「유」(有)성(性)을 어떻게 해석하는가? 본
래 말하는 것은 무명(無名), 무성무취(無聲無臭)이니 도(道)는 말할
수 없다. 그렇다면 도(道)는 궁극적으로 말할 수 있는가? 말할 수
없는가? 본래 두 종류의 진리로 나뉜다. 말할 수 있는 진리는 경험
현상계에 속하고, 말할 수 없는 것은 곧 도체(道體)이다. 이것은 틀

린 것이 아니다. 단 도체(道體)는 다만 「무」(無)성(性)일 뿐만 아니라 경험현상계의 저러한 현실의 것이다. 저 만물의 근거는 곧 도(道)의 「유」(有)성(性)을 통하여 나타난다. 이것은 도(道)는 「유」(有)성(性)이 있고, 또한 「무」(無)성(性)이 있음을 표시한다. 그것은 다만 「무」(無)성(性)일 수 없다. 만약 다만 「무」(無)성(性)이라고 말한다면 그것은 없는 것이다.

　그렇다면 도(道)의 「유」(有)성(性)은 어떻게 이해해야 하는가? 세 번째 단락에 의해 이해한다. 도(道)의 「유」(有)성(性)은 곧 도(道)의 요향성(徼向性)이다. 도(道)의 요향성으로 말미암아 「만물지모」(萬物之母)를 설명한다. 만물은 형식근거(formal ground)를 갖추고(具有) 있어 현실의 물(物)이 될 수 있다. 이 현실의 물(物)이 곧 말할 수 있는 세계이니 이것이 곧 한정이 있는 것이다. 이 도(道)의 요향성은 한계가 있으면서 한계가 없고, 정함이 있으면서 정함이 없다.

제 3 강

우리는 『도덕경』(道德經) 제14장을 보자.

視之不見, 名曰「夷」; 聽之不聞, 名曰「希」; 搏之不得, 名曰「微」. 此三者不
시지불견　명왈이　청지불문　명왈희　박지부득　명왈미　차삼자불

可致詰, 故混而爲一. 其上不皦, 其下不昧; 繩繩不可名, 復歸於無物. 是謂
가치힐　고혼이위일　기상불교　기하불매　승승불가명　복귀어무물　시위

無狀之狀, 無物之象, 是謂惚恍. 迎之不見其首, 隨之不見其後.
무상지상　무물지상　시위홀황　영지불견기수　수지불견기후

執古之道, 以御今之有. 能知古始, 是謂道紀.
집고지도　이어금지유　능지고시　시위도기

보아도 보이지 않는 것을 이름하여 이(夷)라 하고, 들어도 들리지 않는 것을 이름하여 희(希)라 하며, 만져도 만져지지 않는 것을 이름하여 미(微)라 한다. 이 세 가지는 말로 찾아낼 수 없는 것으로 함께 섞이어 하나가 된다. 그 위는 밝지 아니하고, 그 아래는 어둡지 아니하니, 이어지고 또 이어져서 이름 붙일 수 없고 무물(無物＝어떤 것도 없는)로 돌아간다. 이것을 일컬어 모습(狀) 없는 모습이며, 무물(無物＝어떤 것도 없는)의 모습이라고 한다. 이것을 일컬어 홀황(惚恍)이라 한다. 맞이하여도 그

머리를 보지 못하고, 따라가도 그 꼬리를 보지 못한다.

옛것을 잡아 지금의 것을 다스린다. 옛 처음 시작을 아는 것을 일컬어 도기(道紀＝도의 규율)라고 한다.

『도덕경』 제14장은 도(道)의 본체론적인 체인(體會)이다. 제1장에서 말한 바에 의하여 우리는 도(道)에 대해 세 종류의 체인을 하였다. 하나는 ontological에 속하고, 하나는 cosmological에 속하고, 하나는 practical에 속한다. 이 장은 존재론적인 이해(ontological comprehension)에 속한다.

이 장에서는 처음 시작할 때 주어가 없다. 그렇다면 우리가 물을 수 있는 것은 「시지불견」(視之不見), 「청지불문」(聽之不聞), 「박지부득」(搏之不得) 세 구 중에서 「지」(之) 자는 무엇을 대표하는가? 「기상불교」(其上不皦), 「기하불매」(其下不昧) 두 구 중에서 「기」(其) 자는 무엇을 대표하는가? 라는 것이다. 「지」(之), 「기」(其)는 모두 대명사이다. 그것은 암암리에 무엇을 가리키는가? 어떤 것을 위탁하여 밝히려고 하는가? 여기서 당신은 고전을 읽을 수 있어야 한다. 그렇지 않으면 이러한 대명사가 대표하는 것이 어디 있는지 당신은 알 수 없다. 당신은 직접 말하기를 그것은 곧 도(道)라고 한다면 그것은 반드시 그러한 것(맞는 것)은 아니다. 그는 왜 직접 「도」(道)라고 말하지 않았는가? 그리고 왜 「지」(之)를 가지고 대표하고 있는가? 왜 「기」(其)를 가지고 대표하고 있는가?

다음 구절은 「시위무상지상, 무물지상」(是謂無狀之狀, 無物之象. ＝모습(狀) 없는 모습이며, 무물(無物)의 모습.)이라고 한다. 「시」(是)는 곧 저 「지」(之) 자에 호응하는 것이고, 저 「기」(其) 자에 호응하는 것이다. 「시」(是)는 지시대명사이다. 「시」(是)는 이것(此)이라는 뜻이다. 그렇다면 이 장에서 「지」(之), 「기」(其), 「시」(是)를 어떻게 말한다고 해야 하는가? 말하려고 하는 것이 어떤 것인가? 이러한 상황에서 문장을 이야기하려면 어떻게 이야기해 내어야 하는가? 직접 「지」(之), 「기」(其), 「시」(是)는 곧 도(道)를 대표한다고는 말할 수 없다. 그는 도(道)라고 말하지 않았다. 물론 그는 암시적으로 도(道)를 가리킨다. 그것은 도(道)를 말하려고 하는 것이다. 이러한 문구를 읽을 수 있고 말할 수 있으려면 당신이 이 장을 읽고 무엇을 말하는지 알아야 한다. 이 한 장은 『도덕경』에서 매우 중요하다.

그러므로 당신은 제1장부터 이해하기 시작해야 된다. 제1장은 강령(綱領)이다. 제14장에서 직접 도(道)를 말하지 않는다. 다만 「지」(之), 「기」(其), 「시」(是)를 사용하여 하나의 어떤 것을 위탁한다. 그리고 이러한 경지(境地＝境界)를 위탁한다. 이것은 볼 수도 없고, 들을 수도 없고, 만질 수도 없다. 말로 표현할 수도 없다. 그것은 섞이어 하나가 된다(混而爲一). 그렇다면 이러한 상태는 어떠한 상태인가? 노자는 이름 지어 「무상지상, 무물지상.」(無狀之狀, 無物之象.)이라고 한다. 이러한 상태는 일종의 어떠한 경지상황인가? 곧 「황홀」(恍惚)의 경지상황이다. 이러한 경지상황은 「영지불견기수, 수지불견기후.」(迎之不見其首, 隨之不見其後.＝ 맞이하여도 그 머리를 보지 못하고, 따라가도 그 꼬리를 보지 못한다.)이고, 「집고지도, 이어금지유. 능지고시, 시위도기.」(執古之道, 以御今之有. 能知古始, 是謂道紀.＝ 옛것을 잡아 지금의 것을 다스린다. 옛 처음 시작을 아는 것을 일컬어 도기(道紀＝도의 규율)라고 한다.)이다.

노자가 말하려고 하는 것은 일종의 경지상황이다. 도(道)는 하나의 이름일 뿐이다. 하나의 빈 글자이다. 도(道)는 곧 하나의 경지상황을 대표하는 것이다. 어떠한 경지상황이 도(道)를 대표하는가? 제

1장에서는 「도가도, 비상도.」(道可道, 非常道.)라고 말한다. 말할 수 있는 도(道), 말할 수 없는 도(道)는 일종의 경지상황이다. 노자는 먼저 말할 수 있는 도(道)와, 말할 수 없는 도(道)를 가지고 이야기를 시작한다. 당신이 아직 이해가 안 되고 아직 분명하지 않으면 노자는 다시 한 걸음 더 나아가 「무」(無)-「유」(有)를 가지고, 이렇게 말할 수 있는 도(道)와, 말할 수 없는 도(道)를 이해하려고 했다. 이러므로 말하기를 「무명, 천지지시; 유명, 만물지모.」(無名, 天地之始; 有名, 萬物之母.)라고 했다. 아직도 이해가 되지 않았다면 그는 당신에게 생활에서부터 이야기해 준다. 그러므로 제1장의 주된 말은 곧 도(道)이다. 뒤에 이러한 것은 모두 도(道)에 대한 일종의 꾸밈(qualify)이고, 일종의 형용(形容 = 묘사)이다.

「지」(之), 「기」(其), 「시」(是)라는 이런 구절들이 위탁해서 밝히는 「무상지상, 무물지상」(無狀之狀, 無物之象)은 일종의 경지상황이다. 이러한 경지상황을 이름 지어 「황홀」(恍惚)이라고 한다. 우리가 평소 사용하는 관점에서 「황홀」(恍惚)은 별로 좋지 않은 의미이다. 「황홀」은 표준이 되지 않는다. 그러나 하나의 최고이고, 말할 수 없는 정황(情況)은 곧 반드시 그렇다고 할 수도 없으니, 즉 우리 현실 생활상에서 이른바 그 표준은 요구할 수 없다. 그 표준은 없는 것이다. 표준으로 하려면 말을 해야 한다. 노자는 첫 장에서 당신에게 말하고 있으니 그것은 말할 수 없다는 것이다. 이로 보아서 알 수 있는 것은 이 「황홀」은 「말할 수 없는」(不可道說) 것으로 이해된다. 우리의 일반적인 세속의 표준을 가지고 「황홀」을 이해하는 것은 아니다. 세속적인 표준을 가지고 「황홀」을 말하면 그것은 나쁜 의미이다. 말할 수 없는 경지상황이 「황홀」에 있다.

말할 수 없는 정황은 어떤 것인가? 이것은 저 지고무상(至高無

尙)의 도(道)-항상불변(恒常不變)의 도(道)이다. 『도덕경』 제1장에
서 표시로 내세우고 있는 것이 「도가도, 비상도.」(道可道, 非常道.)로
서 말할 수 있는 도(道)는 상도(常道)가 아니다. 그렇다면 가령 상
도(常道)는 말할 수 없는 것이다. 이 상도(常道)는 무슨 의미인가?
곧 항상불변의 도(道)이며, 또 가장 높은 것이다. 그저 그냥 항상불
변이라고 말하면 안 된다. 왜냐하면 그냥 항상불변이라고 하면 반
드시 말할 수 없는 도(道)일 수 없기 때문이다. 지금 20세기 새로운
조류 속에 살고 있는 젊은 사람들은 곧장 생각해 낼 수 있는 것이
니, 어떤 때는 항상불변의 도(道)라도 말할 수 있다는 것이다.

　예를 들면 수학의 진리는 항상불변이다. 허다한 수학적 진리
(mathematical truth)는 모두 항상불변이지만 모두 말할 수 있는 것
으로 『도덕경』에서 말하는 「상도」(常道)는 아니다. 그러므로 노자가
「도가도, 비상도.」(道可道, 非常道.)를 말할 때 그의 마음속에 표시하
는 저 말할 수 없는 「상도」(常道) 중에서 「상」(常) 자는 다만 우리
가 지금 사람들이 생각하는 그러한 항상불변의 의미는 아닐 것이
다. 지금 사람들이 생각하는 논리의 정률(定律)-수학의 진리는 모
두 불변이다. 모두 상도(常道)이다. 단 그러한 것들은 말할 수 있는
것이다.

　일반 사람들이 말하는 것에 비추어 보자면 항상불변의 도리는 대
체로 세 종류이다. 첫째는 논리법칙, 논리의 사상률(思想律)이니 곧
사고법칙(law of thought)이다. 모순율(矛盾律)-동일률(同一律)-배중
률(排中律) 이 세 가지 사상률은 항상불변이다. 둘째는 수학법칙이
니, 수학적 진리는 항상불변이다. 셋째는 도덕법칙(moral law)이니,
도덕법칙은 항상불변이다. 현대인은 반드시 도덕법칙이 항상불변이
라고 인정하지 않는다. 단 중국의 옛 사회에서 말하는 삼강오상(三

綱五常)은 불변하는 도(道)이다. 중국인이 이전에 말하기를 「하늘도 변하고(天變), 땅도 변하나(地變), 도(道)는 불변이다.」(天變, 地變, 道不變.)라고 하였다. 여기서 「도」(道)는 곧 도덕법칙(moral law)이다. 비록 현대인이 토론할 수 있는 문제라고 하더라도, 이 세 방면에는 항상성이 있는 것은 부인할 수 없는 사실이다. 더욱이 논리-수학 이것은 반대할 수 없다. 도덕의 항상불변성을 현대인은 문제가 있다고 여긴다. 현대 사람들은 도덕에 대해 믿음을 갖지 않는다.

　그러나 이 세 가지 항상불변의 도리는 모두 말할 수 있는 것이다. 그렇다면 노자 『도덕경』에서는 왜 항상불변의 도(道)는 말할 수 없다고 하는가? 노자가 생각하는 항상불변의 도(道)는 반드시 이 세 가지 이외의 것일 듯하다. 이미 사고법칙(law of thought)도 아니고, 또한 수학적 진리(mathematical truth)에 속하는 것도 아니고, 도덕법칙(moral law)에 속하는 것도 아니다. 그러므로 여기의 「상」(常) 자는 또 해석을 더 보태어 해야 한다. 그냥 「항상불변」(恒常不變) 네 글자는 부족하다. 회의(懷疑)할 만하다. 그러므로 다시 「최고」(最高)라는 두 글자를 더 보탠다. 이른바 최고의 상도(常道)는 서양의 철학적인 말로 말하자면 최고의 진실이다. 엄격히 말해서 이 '말할 수 없는 상도(常道)'는 최고의 항상불변의 실재이다. 실재는 곧 reality를 말한다. 이 글자를 「실재」(實在)라고 번역하고 또 「진실」(眞實)이라고도 번역한다.

　『도덕경』에서 말하는 바의 도(道)는 곧 최고의 진실(highest real-ity)이다. 또한 reality는 실재성(實在性)-진실성(眞實性)이라고 말할 수 있으니 저 「성」(性) 자는 생략할 수도 있다.(옮긴이 주: 진실성, 실재성에서 성이라는 글자를 뺄 수 있다.) 즉 「실재」(實在)-「진실」(眞實)이면 된다. 무엇이 최고의 진실인가? 도덕법칙(moral law)은 최고의 진실이 아니다. 삼강오상(三綱五常)이 최고의 진실이 아니다. 사고법칙(law of thought) 또한 최고의 진실은 아니다. 수학적 진리(mathematical truth) 역시 최고의 진실은 아니다.

논리법칙은 우리의 생각을 관할한다. 그러므로 사고법칙(law of thought)이라고 부른다. 그러나 사고(thought)는 실재(reality)와 동등하지 않다. 사고와 실재는 같지 않다. 적어도 형식논리에서 말하는 그 생각은 실재와 동등하지 않다. 어떤 사람들은 말하기를 사고는 실재와 같다고 한다. 누가 능히 이런 말을 할 수 있는가? 다만 헤겔(Hegel)은 비로소 이런 종류의 말을 할 수 있다. 일반적으로 말할 때 사고(thought)는 사고(thought)이고 실재(reality)는 실재(reality)이다. 다만 헤겔이 그 생각의 길에 도달하면 사고는 실재와 더불어 두 개의 identity이다. 헤겔은 말하기를 하나님(上帝) 자신이 곧 사고라고 하였다. 하나님(上帝)은 절대적 존재(absolute Being)이다. 절대적 존재는 곧 절대적 사고(absolute thought)와 같다. 그 사고는 곧 실재이다. 이 둘은 나눌 수 없다. 다만 헤겔이 이와 같이 말했다. 이것은 대단히 가마득하다. 중국인은 쉽게 알 수 없다. 이것은 가장 철학적이다. 그는 한 걸음, 한 걸음 여기에 도달할 수 있었다. 단 일반적으로 논리를 이야기하면, 사고법칙(low of thought)을 이야기하면 그것은 실재(reality)와 같은 것은 아니다. 왜냐하면 그것은 다만 형식(form)에 속한다. 그러므로 형식논리학(formal logic)이라고 부른다.

수학적 진리 역시 형식적이니, 경험내용이 없다. 그러므로 수학진리 역시 실재(reality)와 같은 것은 아니다. 수학이라는 이러한 과학과 물리학은 같은 것이 아니다. 수학은 형식과학(formal science)이고, 물리학은 재료과학(material science)이다. 이러한 정형(情形) 아래서 진리(truth)는 실재(reality)와 같은 것은 아니다. 우리가 평상시에 하는 말 중에서 이「진」(眞)은 어떤 때는 진리(眞理)의「진」(眞)이고, 어떤 때는 진실(眞實)의「진」(眞)이다. 우리가 평상시에 진(眞)이라고 말할 때 궁극적으로 진리(眞理)의 진(眞)을 말하는 것인가? 아니면 진실(眞實)의 진(眞)을 말하는 것인가? 항상 분명한 것은 아니다.

예를 들면 우리가「하늘도 변하고, 땅도 변하나, 도(道)는 불변이다.」(天變, 地變, 道不變.)라고 말할 때, 이때에 말하는 진리는 궁극적으로 어떤 의미의 진리인가?『도덕경』에서 말하는「도가도, 비상도.」(道可道, 非常道.)와 같은 이러한 진리는 또 어떤 의미의 진리인가? 우리는 상세하게 분석하지 않았다. 상세히 분석하면 말이 많아지고 두서가 없어진다.『도덕경』은 첫머리를 시작하면서 두 종류의 진리로 나눈다. 하나는 말할 수 있고, 하나는 말할 수 없다. 가령 말할 수 있는 도(道)가 진리라면, 그것이 실재(reality)와 같지 않은 저 참(truth)이다. 가령 말할 수 없는 도(道)가 진리라면 이 참(truth)과 실재(reality)는 서로 같은 것인가? 아닌가? 말하기 매우 어렵다.『도덕경』에는 바로 이런 문제가 있다.

저 실재(reality)와 같지 않은 참(truth)은 무엇을 말하는 것인가? 명제(proposition)로 말하는 것이다. 명제의 값(値 = value)은 진(眞)이든지 아니면 가(假)이다. 가령 진(眞)이면 곧 참(truth)이고, 가령 가(假)이면 곧 거짓(false)이다. 이러한 진(眞)-가(假)는 하나의 명제에 대한 판단(判斷)-가치평가(評估)-가치예측(估價)이다. 이때에 이 참(truth)과 실재(reality)는 서로 같지 않다. 참(truth)은 명제의 값(値)을 말하는 것이고, 실재(reality)는 실재(實在)를 말하는 것이다. 실재는 객관적인 것이고, 명제는 한마디 말이다. 생각 역시 실재

(reality)와 같은 것은 아니다. 생각은 나의 사고 과정(科程＝think-ing process)이고, 실재(reality)는 실재(實在)의 것이다. 당신이 그것을 생각하든지 (생각) 아니하든지를 막론하고, 그것은 결국은 여기 있는 것이다.

그러나 어떤 때는 진리(眞理)와 진실(眞實)은 한 가지 의미이다. 예컨대 우리가 「하늘도 변하고, 땅도 변하나, 도(道)는 불변이다.」(天變, 地變, 道不變.)라고 말할 때, 당신은 이 「도」(道)가 참(truth)이라고 말할 수 있다. 이때에 진리는 진실이다. 도(道)가 진리가 되는 것은 하나의 명제를 가리켜서 말하는 것은 아니다. 하나의 명제의 가치(value)를 가리켜서 말하는 것도 아니다. 「도불변」(道不變) 이로 보아서 도(道)는 진(眞)이다. 그리고 이 진(眞)은 절대(絕代)의 진(眞)이다. 또 예를 들어서 기독교에서 「태초에 도(道)가 있었으니, 도(道)와 하나님(上帝)이 함께 있었다.」(太初有道, 道與上帝同在.)라고 말한다. 이 「도」(道)는 진리이다. 「도」(道)와 하나님(上帝)은 합일(合一)되고, 하나님(上帝)은 진리이다. 이 진리는 곧 실재(reality)와 같다. 당신은 「하나님(上帝)은 진리이다」(上帝是眞理)라는 것이 하나의 명제라고 말할 수는 없다. 이것은 통하지 않는다.

그렇다면 『도덕경』 안에서 말하는 저 최고의 말할 수 없는 항상 불변의 도(道)는 곧 실재(reality)와 합일되는 진리이다. 저 진리는 곧 진실이다. 이때에 그는 명제로 말하는 것이 아니다.

제1장에서는 「도」(道)라는 글자를 사용하고 있다. 그리고 제14장에서는 「도」(道)라는 글자를 사용하지 않는다. 그것은 이러한 하나의 정황이 있다고 넓게 가리키는 것이다. 바로 이러한 것이 있다는 것이다. 어떤 것인가? 나 또한 알 수 없다. 이미 볼 수 없고, 들을 수 없고, 또 만질 수도 없다. 「시지불견, 명왈『이』」(視之不見, 名曰「夷」.)

이것은 시각으로 볼 수 없다는 것이다.「청지불문, 명왈『희』」(聽之不聞, 名曰「希」.) 이것은 청각으로는 들을 수 없다는 것이다.「박지부득, 명왈『미』」(搏之不得, 名曰「微」.)에서「박」(搏)은 곧 촉(觸)이다. 이것은 촉각으로 만질 수 없다는 것이다. 이것은 훈고(訓詁)가 아니다. 『설문』(說文)-『이아』(爾雅)의 문제가 아니다. 이「이」(夷) 자는 곧「시지불견」(視之不見)과 같은 뜻이라는 것을 말하는 것이 아니다.「시지불견」(視之不見)은「이」(夷) 자의 훈고(訓詁)가 아니다. 『설문』에 근거하여「이」(夷)는 무엇을 의미한다.「미」(微)는 무엇을 의미한다라고 하는 것, 이것은 다른 하나의 이야기이다.

그렇다면「이」(夷),「희」(希),「미」(微) 이 세 글자는 문자학의 개념이 아니다. 이것은 생각의 문제이다.『도덕경』은 매우 가마득한(玄) 것이다. 그 가마득한 것이 어디 있는가? 가령 문자학에 근거하여『도덕경』이 거짓말이라고 비평한다면,『설문』에도 근거가 없다고 말한다. 그렇다고 이것은『도덕경』이 거짓이라는 것은 아니다. 당신이 근본적으로 백치(白痴)라는 것이다. 이러한 부딪힘(충돌)으로부터「이」(夷),「희」(希),「미」(微)는 어떤 방면(方面)의 말의 종류에 속하는가 살펴보아야 한다. 어떤 모양의 개념인가 살펴야 한다. 고전(古典)을 읽으려면 이러한 사고의 훈련을 하여야 한다. 그렇지 않으면 당신은 할 말이 없을 것이다. 이러한 말은 현사(玄思 = 가마득한 생각)에 속한다. 현사(玄思)의 말은 곧 형이상학적 사고(metaphysical thinking)이다.

그러므로 그는 능히 하나의 커다란 학파(大學派)의 사상을 열어 놓았다. 어떤 서양학자들은 말하기를: 중국인의 두뇌는 모두 구체적이고, 추상적인 생각을 하지 않는다고 한다. 이것은 거짓말이다. 당신은『도덕경』을 말하고 있다. 이런 종류의 말이 추상적인가? 추

상적이지 않은가? 매우 가마득하다. 중국인에게 추상적 사고가 없
는 것이 아니다. 그것은 바로 일반인이 『도덕경』을 알지 못한다는
것이다. 그리고 서양인은 근본적으로 이해하지 못한다. 지금의 중국
인은 더더욱 알지 못한다. 왜냐하면 현재 중국인은 못났기 때문이
다. 생각이 없다. 중국의 옛사람들은 매우 추상적인 사고를 하였다.

　제14장에서는 이러한 상황을 넓게 가리키고 있는 것이다. 조금
일반적으로 말하는 것이다. 이러한 것이 있다고 말하는 것이다. 엄
격히 말해서 이것은 하나의 어떤 것이 아니다. 「것」(東西)이라는 말
은 도처에서 사용된다. 즉 볼 수 없는 것, 들을 수 없는 것, 만질 수
없는 것, 이러한 상황이 있다. 당신이 이러한 것이라고 말하지만, 엄
격히 말해서 이것은 하나의 것이 아니다. 가령 하나의 어떤 것이라
고 한다면 볼 수도 있고, 들을 수도 있고, 만질 수도 있어야 한다.
그렇지만 내가 말하는 것은, 이런 것이 있다는 것이고, 엄격히 말해
서 어떤 것은 것이 아니다. 이때에 「것」(東西)이라는 이 글자는 어
떤 의미인가? 구절을 만들 때 그것의 작용은 영문의 「it」의 작용과
같다. 가령 it를 분필로 말한다면 그것은 참(實)이다. 가령 It is rain-
ing이라고 한다면 이 it는 참되다(實)는 의미가 없다. 단 구절을 만
들 때는 반드시 그것(it)을 사용한다. 이 참된(實) 의미가 없는 주어
는 문법적 의미의 주어이다.

　이러한 볼 수도 없고, 들을 수도 없고, 만질 수도 없는 경지상황
이 있다. 이러한 경지상황은 초감성적(超感性的)이다. 우리의 감관
인 감성(sensibility)이 도달할 수 없다. 초감성에서 다시 한 걸음 더
나아가서 말한다. 그것은 곧 초경험적이니 경험이 도달할 수 없다.
왜냐하면 우리가 평소 경험하는 바는 반드시 감성에 의거하기(base
upon sensibility) 때문이다. 감성에 의거해야만 경험이 이루어진다.

그러므로 이러한 경지상황은 경험의 범위 안에 있는 것은 아니다. 노자는 「지」(之), 「기」(其), 「시」(是)를 가지고 이러한 경지상황을 표시한다. 이런 것들을 가지고 허공중에 걸개를 건다고 말한다.

노자는 이러한 하나의 도리(道理)를 이야기한다. 이러한 도리는 어디에 있는가? 여기에 있다고 말할 수 없고, 또한 저기에 있다고 말할 수 없다. 어떠한 특정한 곳에 있다고 말할 수 없다. 이러한 사상은 곧 허공중에 걸개를 건다고 말하는 것이다. 이것은 곧 사방에 어느 곳도 의지할 데가 없다는 것이다. 의지할 데가 없으니, 무엇에 의지할 것인가? 감성에 의지할 수도 없고, 경험에 의지할 수도 없다. 사방에 의지할 바 없어 허공중에 걸개를 건다는 것이다. 허공중에 걸개를 건다는 도리는 곧 가장 높은 진실한 도리이다. 가령 의지할 데가 있다면 그것은 반드시 가장 높을 수가 없다. 그러므로 이러한 가장 가마득한 도리는 곧 빈 거기서 시작해야 한다. 무엇이 말할 수 있는 것이며, 무엇이 말할 수 없는 것인가? 이것은 매우 빈 것이다. 그렇지만 이 빈 것에서 진실을 이해해야 한다. 이렇게 증명하고 이 최고의 높은 것으로 설명하였다면 당신은 의지하는 것을 뽑아내어 버려야 한다. 바로 의지하지 않는 거기서 이해해야 한다. 가장 빈 거기서 진실을 이해해야 한다. 이것은 지금 사람들이 이해할 수 없는 것이다. 왜냐하면 저들은 너무 절실하다. 과학을 떠나서는 생각을 하지 못한다. 의지할 것을 떠나서는 사고할 수가 없다. 말 한마디는 반드시 근거가 있어야 한다. 근거는 경험이다. 곧 실험이다. 단 이렇게 되면 영원히 최고의 진실에 도달하지 못한다.

당신은 사방에 의지할 바 없이 비었다고 여기는가? 곧 이러한 가장 빈 곳에서 이해해야 이것이 가장 참되다(진실하다). 가장 빈 것이 아니다. 불교에서 선종(禪宗)을 말할 때 곧 이러한 방식으로 말한다. 선종에서는 정면(正面)으로 말하는 것이 없다. 그것은 정면으로 말할 수 없다. 정면으로 무엇을 말하는가? 이것은 가마득한 생각(玄思)이다. 철학을 공부하고, 도가(道家)-불가(佛家)를 공부함에는 이러한 현사(玄思)의 훈련을 하여야 한다. 이러한 현사는 대단히 중요하다. 당신은 마음의 생각을 비워야 한다. 날마다 현실의 범위 안에 교착되면 안 된다. 이렇게 되어야 당신의 심사(心思)는 비로소 초탈하게 된다.

　『도덕경』 첫머리의 말할 수 없는 최고의 진실은 곧 볼 수도 없고, 들을 수도 없고, 만질 수도 없다는 것이다. 볼 수 없는 것을 우리는 이름하여 「이」(夷)라 하였다. 「이」(夷)는 그저 그냥 덧보탠 것이다. 「이」(夷)라고 부르지 않고 「X」라고 불러도 된다. 그러므로 이것은 훈고(訓詁)의 문제가 아니다. 만약 훈고의 문제라면 어떻게 함부로 이름하여 「X」라고 할 수 있는가? 듣지 못하는 것을, 우리는 이름하여 「희」(希)라고 했다. 만질 수 없는 것을 우리는 이름하여 「미」(微)라고 하였다. 「이」(夷), 「희」(希), 「미」(微), 이 셋은 말로 표현할 수 없다(三者不可致詰). 「불가치힐」(不可致詰)은 곧 다시 왜 그러한가 물을 수 없는 것이다. 이미 「이」(夷), 「희」(希), 「미」(微), 이 셋은 말로 표현할 수 없다라고 한다면 이 셋은 혼돈을 대표한다. 「혼이위일」(混而爲一)은 곧 혼돈이다. 「혼이위일」(混而爲一)은 곧 순일(純一 = pure unity)이다. 이 순일(純一)은 잡다화(雜多化)할 수 없는 것이다. 가령 이 「일」(一)이 잡다하게 될 수 있다면 이 「일」(一)은 불순하다. 즉 순일하지 못하다. 왜냐하면 「이」(夷), 「희」(希), 「미」(微)가 섞여서 하나가 된 것으로 말로 표현할 수 없다. 말로 표현할 수 없으므로 다시 나눌 수 없다. 다시 나눌 수 없으므로 그 안에는 많음이 있을 수 없다. 그러므로 이 「혼일」(混一)은 곧 도가에서 나아가고자 하는 저 혼돈이다.

도가는 혼돈으로 나아가고자 한다. 장자는 말하기를: 「일곱 구멍을 뚫으니 혼돈이 죽더라.」(七竅鑿而渾沌死. —『장자』「응제왕」應帝王)라고 하였다. 도가에서 말하는 「혼돈」은 좋은 의미이다. 이것은 가장 높은 경지이다. 이 「혼돈」은 다음 문장에서 말하는 「황홀」(恍惚)과 같다. 평상시에 우리가 말하는 「황홀」-「혼돈」은 좋지 못한 것이다. 「혼돈」은 흐리멍텅한 것이다. 「일곱 구멍을 뚫으니 혼돈이 죽더라.」라고 하는 것은 『장자』 안에 나오는 하나의 이야기이다. 원초(原初)의 혼돈은 가장 행복하였다. 그때에는 가장 복(福)이 있었다. 당신이 오늘 하나의 구멍(竅)을 뚫고 내일 또 하나의 구멍을 뚫어 일곱 개의 구멍을 다 뚫었다. 총명하게 되었다. 총명하게 되자, 사람은 그만 애석하게 되었다. 낙원을 잃게 되었다.

기독교에서도 이와 같이 생각하였다. 에덴동산은 가장 즐거운 시간이었다. 그리고 가장 혼돈의 때였다. 선악과를 먹은 뒤에 낙원을 잃게 되었다. 이 혼돈은 pure unity를 대표한다. 즉 순일(純一)이다. 이것이 곧 도(道)이다. 천지간의 일체가 여기서부터 시작된다.

자연 우주의 연화(演化)로부터 말하자면 혼돈은 곧 chaos이다. 우주의 연화는 chaos에서 시작하여 cosmos에 도달한다. cosmos는 곧 chaos에서부터 열려 나온다. 그러므로 chaos는 가장 원초적인 하나의 혼일(混一)이다. 도가는 가장 원초의 혼일의 경지로 나아가고자 한다. 그렇지만 도가가 나아가고자 하는 것은 사실상 저 자연 우주 연화의 그러한 시작은 아니다. 자연 우주는 chaos로부터 연화하여 cosmos로 나아가고자 한다. 저 혼돈(渾沌 = chaos)은 결코 좋은 것이 아니다. 그러므로 도가의 입장에서 말하자면 「일곱 구멍을 뚫으니 혼돈이 죽더라.」(七竅鑿而渾沌死.)라고 하는 저 혼돈은 좋은 의미이다. 이것은 자연과학에서 하는 말이 아니다. 당신은 도가(道家)에서 나아가고자 하는 「혼돈」을 자연과학에서 말하는 chaos와 같이 여기면 안 된다. 도가가 여기서 말하는 「혼돈」은 하나의 비유이다. 이렇게 되어야 혼돈은 비로소 최고의 진실이기 때문이다.

그러므로 당신들이 도가를 이해하고 알려고 할 때 도가를 자연과학으로 여겨서 알려고 하면 안 된다. 만약 자연과학의 관점으로 도가를 본다면 모두 맞지 않을 것이다. 이러한 학문을 이야기함에는 경계를 나누는 것을 분명히 해야 한다. 게다가 서로 경계가 분명하지 않아 사상의 대 혼란을 일으키는 지금 시대에는 더더욱 그러하다. 이것은 이 시대의 사람들이 생각이 없음을 드러낸다.

그것을 가지고 「이」(夷), 「희」(希), 「미」(微)라고 말할 때, 곧 그것은 정면으로는 하나의 pure unity(純一)를 표시하는 것이다. 반면으로는 그것을 열어 놓을 수 없다는 것을 표시한다. 다시 물을 수 없다는 것이다. 이것을 일컬어 「불가치힐」(不可致詰.)이라고 했다. 이것은 최고의 진실이다. 당신이 볼 때에 그것은 혼돈이다. 그것은 곧 최고의 진실이다. 왜냐하면 당신이 평소에 그것이 혼돈되어 있다고 생각하지 않는 것은, 두뇌가 분명하고, 조리가 정연하기 때문이다. 그것은 두 번째 의미(第二義), 세 번째 의미(第三義), 네 번째 의미(第四義) 이하의 사정이다. 이 첫 번째 의미(第一義)는 당연히 그렇게 분명한 것은 아니다. 그렇게 분명한 것이 아니기 때문에 당연히 홀황(惚恍)이다. 그러나 이것은 최고의 진실이다. 이것은 자연 질서의 사정(事情)이 아니다. 완전히 정신적인(spiritual) 것에 속한 것이다. 정신생활에 속한 것이다. 도가의 이 「도」(道)는 자연(自然 = 저절로 그러함)을 이야기한다. 완전히 정신적인(spiritual) 것에 속한다. 공부(功夫)를 거쳐야 한다. 그러므로 도가는 도가의 공부수양(功

夫修養)을 거쳐야 한다. 이미 공부(功夫)를 거쳤다면 그것은 자연적 전개(natural evolution)는 아니고, 정신적인(spiritual) 것에 속한 것이다.

명(明)나라 때에 왕학(王學 = 양명학) 태주학파(泰州學派)에 조대주(趙大州)라는 사람이 있었다. 그에게는 타유시(打油詩 = 평측(平仄)과 운율(韻律)에 구애받지 않는 자유시) 한 수(首)가 있었는데 「한 목가는 어디서 오는가, 만호천문이 여기서 열리네, …… 세상 어디에서 안배를 얻을까?」(一聲牧歌何處來, 萬戶千門從此開, …… 世間那得有按排.)이다. 당신이 볼 때에 이 시(詩)는 도가의 정신인가? 아닌가? 도가의 현사(玄思.)인가? 아닌가? 마지막에 가면 도가는 이와 같다. 유가도 역시 같은 모양이다. 그렇지만 말이 다르다. 내용도 같은 모양이 아니다. 내용은 왕학이니, 왕학은 유가의 사상이다. 이러한 경지는 반대할 사람이 없다. 도가에서 말하였지만 그렇다고 하더라도 전문적으로 도가에 속한 것도 아니다. 유가에서는 반대한다고 할 수 없다. 불교에서 반대한다고 할 수도 없다. 기독교에서 반대한다고 할 수도 없다. 도가에서 말한 뒤에 어떤 사람도 반대할 수 없다.

이 「노랫소리」(歌聲)는 곧 가장 원초(原初)의 혼돈이다. 가장 진실한 하나의 하모니이다. 만호천문(萬戶千門)은 곧 cosmos이다. 종종 색색의 현실세계는 모두 하나의 노랫소리에서부터 시작된다. 이것은 매우 아름답다. 이 시(詩)는 대단한 영감이 있다. 이 노래는 현재 대륙(大陸 = 중국대륙)에서 유행하는 등려군(鄧麗君 = 옮긴이 주: 가수)의 노래가 아니다. 이것은 목가(牧歌)이다. 즉 목동의 노래이다. 대자연에서 들리는 하나의 노랫소리이다. 이 노랫소리가 들리매 일체의 것들이 모두 열린다. 「세간나득유안배.」(世間那得有按排.)

즉 말하자면 이것은 안배(按配)할 수 없다는 것이다. 안배하게 되면 부자연스럽다. 뒤집어서 자연스러움을 표시하는 것이다. 자연(自然)은 곧 도가에서 나아가고자 하는 저절로 그러한(自然) 경지이다.

안배(按排)-조작(造作)은 곧 부자연(不自然)이다. 안배는 곧 조작이다. 이 「안배」는 좋지 못한 의미이다. 이 시(詩)에서 말하는:「세간나득유안배」(世間那得有按排.)는 곧 도가의 경지이다. 즉 『도덕경』제14장에서 말하는 「이」(夷),「희」(希),「미」(微),「불가치힐」(不可致詰)의 그러한 경지이다. 저 「혼이위일」(混而爲一)의 경지는 목동의 노랫소리에서 온다. 즉 목가의 노랫소리를 가지고 계시한다. 이 소리가 들릴 때 천지만물은 모두 열린다. 당신이 그중에 참된 의미를 안다면 당신은 천지간 어디에 안배가 있는가? 하고 알게 될 것이다. 「참된 의미」(眞實義) 이것은 철학적 명제(philosophical term)이니 명나라 때에 이미 이러한 말이 있었다.

이러한 혼돈의 경지상황에서 다시 한 걸음 더 나아가 형용한 것이:「기상불교, 기하불매; 승승불가명, 복귀어무물.」(其上不皦, 其下不昧; 繩繩不可名, 復歸於無物. = 그 위는 밝지 아니하고, 그 아래는 어둡지 아니하니, 이어지고 또 이어져서 이름 붙일 수 없고 무물(無物 = 어떤 것도 없는)로 돌아간다.)이다. 여기서 「승승」(繩繩)이라고 하는 것은 『시경』(詩經)에 있는 말로써 즉 끊임없이 이어진다는 의미이다. 이미 또 무물(無物)로 돌아간다. 이렇기 때문에 또 말하기를 「시위무상지상, 무물지상, 시위홀황. 영지불견기수, 수지불견기후.」(是謂無狀之狀, 無物之象, 是謂惚恍. 迎之不見其首, 隨之不見其後. = 이것을 일컬어 모습(狀) 없는 모습이며, 무물(無物: 어떤 것도 없는)의 모습이라고 한다. 이것을 일컬어 홀황(惚恍)이라 한다. 맞이하여도 그 머리를 보지 못하고, 따라가도 그 꼬리를 보지 못한다.)이다.

무엇을 일컬어 「기상불교, 기하불매」(其上不皦, 其下不昧.)라고 부르며, 「영지불견기수, 수지불견기후」(迎之不見其首, 隨之不見其後)라고 부르는가? 문제는 바로 이 네 구절에 있다. 이 네 구절은 어떤 의미를 표시하는가? 「상」(上), 「하」(下), 「수」(首), 「미」(尾), 이것은 참(實)을 말하는 것이다. 개념(槪念)이다.

(이 강좌는 여기까지 녹음되어 있음.)

* 옮긴이 주: 『장자』「응제왕」의 내용을 참조할 것.

南海之帝爲儵, 北海之帝爲忽, 中央之帝爲混沌. 儵與忽是相與遇於混沌之
남 해 지 제 위 숙   북 해 지 제 위 홀   중 앙 지 제 위 혼 돈   숙 여 홀 시 상 여 우 어 혼 돈 지

地, 混沌待之甚善. 儵與忽謀報混沌之德. 曰:「人皆有七竅以視聽食息, 此獨
지   혼 돈 대 지 심 선   숙 여 홀 모 보 혼 돈 지 덕   왈   인 개 유 칠 규 이 시 청 식 식   차 독

無有, 嘗試鑿之.」
무 유   상 시 착 지

日鑿一竅, 七日而渾沌死.
일 착 일 규   칠 일 이 혼 돈 사

남해(南海) 제왕의 이름은 숙(儵)이다. 북해(北海) 제왕의 이름은 홀(忽)이다. 중앙(中央)의 제왕은 혼돈(混沌)이다. 숙(儵)과 홀(忽)은 늘 혼돈의 땅에서 서로 만났다. 혼돈은 그들을 대(待)하기를 매우 잘하였다. 숙(儵)과 홀(忽)은 혼돈의 미덕(美德)을 보답할 것을 의논하였다. 말하기를:「사람들은 모두 일곱 구멍이 있어, 그것으로 보고, 듣고, 먹고, 호흡하는데, 유독 그(혼돈)는 없다. 우리 시험 삼아서 그들 대신하여 뚫어 보자」
하루에 한 구멍씩, 칠 일째 혼돈은 죽었다.

우리는 다시 『도덕경』 제15장을 보자.

古之善爲士者, 微妙玄通, 深不可識. 夫唯不可識, 故强爲之容. 豫焉若冬涉
고지선위사자   미묘현통   심불가식   부유불가식   고강위지용   예언약동섭

川; 猶兮若畏四鄰; 儼兮其若客; 渙兮其若氷之將釋; 敦兮其若樸; 曠兮其
천   유혜약외사린   엄혜기약객   환혜기약빙지장석   돈혜기약박   광혜기

若谷; 混兮其若濁. 孰能濁以靜之徐淸? 孰能安以久, 動之徐生? 保此道者
약곡   혼혜기약탁   숙능탁이정지서청   숙능안이구   동지서생   보차도자

不欲盈. 夫唯不盈, 故能蔽不新成.
불욕영   부유불영   고능폐불신성

옛날에 옳게 선비가 된 사람은(도를 체득한 사람은) 미묘(微妙) 현통(玄
通)하여서 깊이를 알 수 없다. 바로 그 알 수 없음 때문에 억지로 형용해
보자면, 머뭇거리기는 겨울에 시내를 건너는 것 같고, 조심스럽기는 사방
을 두려워하는 듯하고, 엄숙하기는 손님과 같고, 부드럽기는 얼음이 녹는
것과 같고, 돈독하기는 다듬지 않은 나무등걸 같고, 넓기는 골짜기 같이
비어 있고, 섞여 있기는 탁류 같다. 누가 그 흐리고 탁한 것을 가지고 고
요하게 서서히 맑게 하겠는가? 누가 능히 평안한 것을 가지고 움직여 서

서히 생겨나게 하겠는가? 이 도(道)를 가진 사람은 채우려 하지 않는다. 스스로 채우려 하지 않기 때문에 낡아도 새로워지지 않는다.

이 제15장도 역시 도(道)에 대한 일종의 본체론적(本體論的) 체인(體會)에 속하는 것이다. 위의 제14장도 역시 이와 같다. 이러한 상태(狀態)가 있다는 것이다. 결코 도(道)를 직접적으로 펼치는 것은 아니다. 이 장도 역시 직접적으로 도(道)를 말하지 않고, 구체적 생활을 말한다. 그것은 「고지선위도자」(古之善爲道者)의 생활로부터 도(道)에 대한 일종의 체인(體會)을 토로한다. 그리고 이러한 체인(體會)은 본체론적인 체인(體會)이다. 그렇지만 당신은 반드시 매 구절마다 잘 이해해야 하고, 능히 합당하게 이야기해 낼 수 있어야 된다. 만약 뭉뚱그려서 본다면 이 장은 쓸모없이 소비하는 것과 같다. 몇 천 년을 전해 내려온 이러한 문자는 당신의 생명에 조금의 보탬도 없다. 즉 도(道)의 체인(體會)에 대해 조금의 도움도 없다. 이 장은 대단히 중요하다. 당신이 참으로 이해한다면 당신의 생명에 공헌하게 될 것이다. 당신은 도가에서 말하는 바의 도(道)가 어떤 의미인지 바로 이해하게 될 것이다.

이어서 제16장도 거의 같다. 구체적 생활에서부터 도(道)의 본체론적(本體論的)인 체인(體會)을 한다. 『도덕경』(道德經) 제16장을 보자.

致虛極, 守靜篤. 萬物竝作, 吾以觀復. 夫物芸芸, 各復歸其根. 歸根曰靜, 是
치 허 극 수 정 독 만 물 병 작 오 이 관 복 부 물 운 운 각 복 귀 기 근 귀 근 왈 정 시

謂復命. 復命曰常, 知常曰明. 不知常, 妄作凶. 知常容, 容乃公, 公乃王, 王
위 복 명 복 명 왈 상 지 상 왈 명 부 지 상 망 작 흉 지 상 용 용 내 공 공 내 왕 왕

乃天, 天乃道, 道乃久, 沒身不殆.
내 천 천 내 도 도 내 구 몰 신 불 태

비움(虛)을 이루어 극진히 하고, 고요함(靜)을 지켜 돈독히 한다. 만물이 함께 일어나는데 나는 그 돌아가는(復) 것을 본다. 대저 만물이 (풀처럼) 쑥쑥 자라지만 각각 그 뿌리로 돌아간다. 뿌리로 돌아감을 고요함(靜)이라 하고 이것을 또 일컬어 명(命)에 돌아간다고 한다. 명(命)에 돌아감을 영원함(常)이라 하고, 상(常)을 아는 것을 밝음(明)이라고 한다. 영원함(常)을 알지 못하면 망령되이 움직여 흉하다. 영원함을 알면 용납(포용)하고, 용납하면 공평하게 된다. 공평하면 왕과 같다. 왕이면 하늘 같고, 하늘이면 곧 도(道)요, 도에 맞으면 오래간다. 몸이 다하도록 위태하지 않다.

「고지선위도자」(古之善爲道者.) 이것은 탁고(託古)이다. 기실(其實) 반드시 고인(古人)에 제한할 필요가 없다. 지금 사람을 말해도 된다. 「미묘현통」(微妙玄通.) 「현」(玄)은 고본(古本)이다. 청조(淸朝) 이후에 「현」(玄)은 「원」(元)으로 고쳐졌다. 그것은 강희(康熙)의 휘(諱)를 피하기 위해서였다.

도(道)를 하는데 잘(善)하는 사람은 곧 「미묘현통, 심불가식」(微妙玄通, 深不可識. = 미묘하고 현통해서 깊이를 알 수 없다.)이다. 이것은 「미묘현통」(微妙玄通)이라는 네 글자를 가지고 「심」(深)을 수식(qualify)한다. 「심」(深)은 곧 심오(深奧)의 의미이다. 「불가식」(不可識)은 곧 측도(測度)가 불가하고, 변식(辨識)이 불가하다는 것이다. 「심불가식」(深不可識)은 곧 그 깊이를 변식할 수도, 측도할 수도 없는 경지이다. 변식도 측도도 할 수 없는 것은 곧 「미묘현통」(微妙玄通)이니, 변식할 수 있고, 측도할 수 있는 것은 반드시 미(微)하지도 않고, 묘(妙)하지도 않고, 현(玄)하지도 않고, 통(通)하지도 않는다.

예를 들어 눈앞의 이 책상, 이것은 변별하여 알 수도 있고, 잴 수

도 있다. 그것은 구형(矩形 = 정사각형)인가 혹은 방형(方形 = 직사
각형)인가? 구형은 방형과 같은 것이 아니다. 이것은 매우 명확하고
확정적이다.

　이미 「깊어 알 수 없는」(深不可識) 것이라고 했다. 그렇다면 우리
는 궁극적으로 그것에 대해서 이해하고 있는가? 아닌가? 체인(體
會)을 하였는가? 아닌가? 이러한 인격에 대해 우리는 약간의 체인
(體會)을 할 수도 있을 것이다. 우리는 마찬가지로 그것을 존재론적
으로 체인(體會)할 수도 있을 것이다. 즉 말하자면 이러한 인격과
나는 많고 많은 첩첩의 산(山)으로 가려진 것은 아니다. 나는 이러
한 생명과 마주 대하여 아주 익숙한 것 같다. 그러므로 그것을 「알
수 없는」(不可識) 것으로 여기지는 않는다. 「알 수 없는」 것은 곧
캄캄한 것이다. 비록 그것이 「미묘현통」(微妙玄通)하다 하더라도 나
는 여전히 그것에 대해 약간의 체인(體會)을 한다. 그것에 대해 체
인(體會)을 한다는 것은 곧 그것이 나에 대해 캄캄한 것은 아니라
는 것이다.

　그것은 한편으로는 변별하여 알 수도 없고, 잴 수도 없는 것이지
만 그것은 또 체인(體會)할 수 있는 것이다. 그러므로 이러한 체인
(體會)은 반드시 말로 할 수 없는 체인(體會)이고, 이름 할 수 없는
도리(道理)이다. 가령 말할 수 있는 체인(體會)이라면 그것은 변별
하여 아는 것과 재는 것이 가능한 것이다. 비록 말할 수 없는 것이
라고 하더라도 나는 여전히 그것에 대해 이해하게 되는 것이다. 이
미 「깊어 알 수 없는」 것이며, 또 체인(體會)이 가능하다면 이러한
체인(體會)은 반드시 「억지로 형용하자면」(强爲之容)이다. 「억지로
형용하자면」은 곧 애써서 그것을 형용하는 것이다. 이것은 저 「불가
도」(不可道)를 향해서 말하는 것이다. 가령 말할 수 있다면 「억지로

형용할」 필요가 없다. 왜냐하면 「말할 수 있는」(可道說) 것은 곧 개념에서 유효한 것이다. 그것이 「원추형」(圓錐形)이라면, 나는 원추형으로 그것을 형용한다. 그것이 흰 것이라면 나는 「백」(白＝흰)으로 그것을 형용한다. 나는 「흰」 것이라는 개념으로 그것을 말할 때 유효하다. 이런 것은 「억지로 형용할」 필요가 없다.

「강위지용」(强爲之容)은 마치 위의 제14장에서 말한 도(道)와 같은 이러한 종류의 경지상황이다. 「상」(上)을 통해서 그것을 말하지만 그것은 위라고 할 수 없다. 그러므로 이 「상」(上)이라는 개념을 사용했을 때는 그것을 잡아 아래로 당겨 내려야 한다. 우리는 위에는 반드시 빛이 있다고 생각한다. 그렇지만 이러한 경지상황 위에는 이른바 광명이라는 것이 없다. 그것은 말하자면 「상」(上)-「교」(皦)를 통해 그것을 형용하지만 모두 합당하지 않다는 것이다. 「교」(皦)는 곧 광명(밝음)이다.

이미 이렇게 합당하지 않다면 왜 또 「기상불교, 기하불매.」(其上不皦, 其下不昧.＝그 위는 밝지 아니하고, 그 아래는 어둡지 아니하다.)라는 이러한 말을 하는가? 이렇게 말할 때 적어도 이러한 경지상황을 형용하는 바가 있기 때문이다. 그렇지만 당신은 「상」(上)-「교」(皦)에 한정되어서는 안 된다. 내가 올라가면 곧 내려온다. 위로 올라가서 하나의 구멍을 뚫었다. 그러나 이 구멍에 한정되어서는 안 되므로 그것을 다시 아래로 끌어내린다. 이렇게 한 걸음 한 걸음 앞으로 나아가면 당신이 「미묘현통, 심불가식」(微妙玄通, 深不可識)의 경지상황을 전부 밝게 드러낼 것이다. 이 「강위지용」(强爲之容)은 위의 제14장의 「기상불교, 기하불매.」(其上不皦, 其下不昧.) 사상에서 온 것이다. 다시 제1장에 나오는 저 말할 수 없는 것에 근거한다. 무엇이 말할 수 있는 것이고, 무엇이 말할 수 없는 것인가? 말할 수 있는 것은 일정한 개념을 가지고 논위하는 것이고, 말할 수 없는 것은 일정한 개념을 가지고 논위할 수 없는 것이다.

다음에서 많은 구절을 사용하여 이「강위지용」(强爲之容)을 표시하고 있다. 당신은 이 구절들을 자세히 읽어야 한다. 이러한 구절들이 어떤 사고방식을 표현하는지 살펴야 한다. 이 한 장의 묘처는 이러한 구절에 있다. 당신이 이러한 구절의 사고방식을 이해한다면 대체적으로 현리(玄理)를 알았다고 할 수 있다. 허다한 이치의 경지(理境)를 모두 안다고 할 수 있다. 이것은 눈감고 하는 이야기가 아니다.

「예언약동섭천.」(豫兮若冬涉川. = 머뭇거리기는 겨울에 시내를 건너는 것 같고.)에서「약」(若)이라는 것은 as if의 의미이다. 이러한 구절은 모두「약」(若) 자를 사용한다. 마치 겨울에 시내(川)를 건너는 모습이다. 그는 결코 겨울에 강을 건너는 것은 아니다. 이 구절은 겨울에 강을 건너는 것과 같은 경지상황을 가지고「강지위용.」(强爲之容)을 표현하는 것이다.「예」(豫)는 곧 유예(猶豫)-조심을 말한다. 겨울에 강을 건너는데 왜 조심해야 하는가? 여러분 남방 사람들은 이러한 경험이 없을 것이다. 겨울에 강이 얼어 결빙이 되면 그 얼음의 두께를 알지 못한다. 가령 거기 얼음이 매우 얇다면 그 위를 밟았을 때 얼음은 깨어지고 물속에 빠지게 된다. 그러므로 말하기를「조심조심, 깊은 연못가에 임하는 것 같이, 엷은 얼음을 밟는 것 같이.」(戰戰兢兢, 如臨深淵, 如履薄氷.)라고 했다. 이것은『논어』에 나오는 말이다.

「예」(豫)는 정함이 없다는 의미이다. 확정할 수 없다는 것은 개념이 무효라는 것을 표시한다. 이것은 상징의 의미이다. 그러므로 말하기를「미묘현통」(微妙玄通)이라고 했다. 당신이 그것은 반드시 이와 같은가? 라고 말한다면 그것은 또 반드시 그러하지 않다. 그것은 저것과 같다. 당신이 그것은 반드시 저와 같은가? 라고 말한다면 그것은 또 반드시 저러하지 않다. 그것은 또한 이와 같다. 그러므로 말하기를 「예언약동섭천, 유혜약외사린」(豫兮若冬涉川, 猶兮若畏四鄰 = 머뭇거리기는 겨울에 시내를 건너는 것 같고, 조심스럽기는 사방을 두려워하는 듯하다)이다.

「예」(豫)와 「유」(猶)는 같은 의미이다. 「유혜약외사린.」(猶兮若畏四鄰. = 조심스럽기는 사방을 두려워하는 듯하다.)은 곧 전전긍긍하여 마치 깊은 연못에 임하는(如臨深淵) 것과 같다. 즉 마음에 느끼기를 여기에 문제가 있다고, 저기에도 문제가 있다고 여기는 것이다. 이 구절에서도 역시 「약」(若) 자를 사용하고 있다. 그것은 사방 이웃을 두려워한다는 것이 아니고, 그는 마치 사방 이웃을 두려워하는 것과 같은 모양이라는 것이다. 이것은 곧 그가 「미묘현통」(微妙玄通)의 경지에 도달했다는 것이다. 당신이 그는 반드시 이와 같은가? 라고 말한다면 그는 또 이와 같지 않다. 그는 또 어느 한 면을 본다. 당신이 말하기를 그는 반드시 동(東)이다라고 한다면 그는 또 반드시 동(東)이 아니다. 그것은 이른바 동(東)이라는 것이 없다. 당신이 그것은 서(西)이다라고 말한다면 그것은 또 서(西)라는 것도 없다. 서쪽이 아니라면 남, 북인가? 역시 남(南)도 아니고 또한 북(北)도 아니다. 이것이 곧 「약외사린.」(若畏四鄰. = 사방의 이웃을 두려워한다.) 즉 정해지지 않았다는 의미이다. 정해지지 않았다는 것은 곧 정해진 개념으로 그것을 제한할 수 없다는 것이다.

예를 든다면 이 분필은 희다. 나는 희다라는 이런 개념을 가지고 그것을 말한다. 그렇다면 희다라는 이 개념은 곧 이 분필의 색깔을 한정한다. 당신이 이 분필이 희다라고 한다면 그것이 검다라고는 말할 수 없다. 그러므로 개념마다 하나의 한정이 있다. 꼭 어떻게 해야 하면, 곧 그렇게 된다. 이것은 곧 개념의 유효성이다.

그렇지만 개념은 『도덕경』 제15장의 그 구절에는 무효이다. 제15장은 생활상에서 구체적인 묘사는 곧 개념으로는 그 도리(道理)가 무효라는 것을 상징한다. 개념이 무효라는 것은 곧 말할 수 없는 것이다. 이것이 곧 제1장에서 말하는 「도가도, 비상도; 명가명, 비상명」(道可道, 非常道; 名可名, 非常名)의 경지이다.

다른 한편으로 당신도 「엄」(儼) 자를 통해서 그것을 이해할 수 있을 것이다. 그러므로 말하기를 「엄혜기약객.」(儼兮其若客. = 엄숙하기는 손님과 같구나.)이라고 한다. 「엄」(儼)이라는 것은 매우 장엄한 모양이다. 「문을 나설 때는 큰손님을 만난 듯이 한다」(出門如見大賓 —『논어』)이다. 평상시에는 그저 그렇지만 손님 노릇을 할 때는 그저 그렇게 할 수는 없다.

「환혜기약빙지장석.」(渙兮其若氷之將釋. = 부드럽기는 얼음이 녹는 것과 같구나.) 이것은 위의 구절 「엄혜기약객」(儼兮其若客 = 엄숙하기는 손님과 같구나)에 대한 부정(否定)이다. 당신이 「엄혜기약객」(儼兮其若客)이라고 말한다면 매우 장엄하고, 뭔가 있는 것 같은 모양이다. 매우 형식적(formal)이다. 그렇지만 만약 한 사람이 하루 24시간 계속 이러한 모양이라면 당신도 그것을 감당하지 못할 것이다. 이런 사람을 두고 통하지 않는다고 한다. 이 통하지 않는 것은 마치 거기가 동결(凍結)된 것과 같다. 그러므로 그 아래 구절에서 말하기를 「환혜기약빙지장석.」(渙兮其若氷之將釋.)이라고 했다. 당신이 말하기를 그가 매우 엄(儼)하다고 한다. 그러나 그도 역시 매우 자유자재(自由自在)하다. 계속 그러한(장엄한) 모양일 수는 없다. 「엄」(儼)은 곧 매우 엄숙한(serious) 것이다. 「환」(渙)은 곧 흩어짐

(渙散)이다. 마치 얼음이 태양빛 아래서 녹는 것과 같다. 얼음은 동결(凍結)된 것이니 단단함(僵)이 거기에 있다. 태양의 열이 얼음을 없애 버린다. 이것이 곧 환산(渙散)이다. 그러므로 「환혜기약빙지장석」(渙兮其若氷之將釋)이라고 말한다.

 거기에는 또 「돈」(敦 = 돈독함)의 모양이 있다. 그래서 또 말하기를 「돈혜기약박」(敦兮其若樸. = 돈독하기는 다듬지 않은 나무등걸 같구나.)이라고 한다. 「돈」(敦)은 곧 돈후(敦厚)이다. 당신은 그것이 다만 「미묘현통」(微妙玄通)하다고만 여기지 마라. 그것은 다만 「엄혜」(儼兮), 「환혜」(渙兮), 「예혜」(豫兮), 「유혜」(猶兮)하지만, 어떤 때는 매우 돈후하니, 돈(敦)은 곧 박(樸 = 순박)과 같다. 박(樸)은 곧 박실(樸實)하여 화려함이 없는(無華) 것이다. 돈후한 사람은 매우 반듯하고(矩規), 착실(老實)하다. 그렇지만 그도 돈후하고 박실하여 반듯하고, 착실하기만 한 것이 아니고 밝고 활달하다.

 「엄」(儼)과 「환」(渙)은 바로 상반된다. 「광」(曠)과 「돈」(敦)은 바로 상반된다. 당신이 저 사람은 이런 한 면이 있다고 말한다면 그에게는 또 다른 한 면이 있다. 아무튼 오가며, 회전한다. 이 회전은 곧 「무(無)이면서 능히 유(有)이고, 유(有)이면서 능히 무(無)이다.」(無而能有, 有而能無.) 이것은 곧 제1장에서 말하는 「차양자, 동출이이명, 동위지현.」(此兩者, 同出而異名, 同謂之玄.)이다. 이러한 「강위지용」(强爲之容)은 이러한 개념을 빌려 쓴 것이지만 이 개념은 무효이다. 이것을 잡아당겨 내려야 한다. 잡아당겨 내리지 않으면 곧 죽어 버린다. 당신이 이러한 경지에 대해 하나의 체인(體會)을 할 수 없다. 그렇지만 반드시 그것을 빌려와야 한다. 그것을 빌려오면 아래로 당겨 내린다. 이것을 변증적 사고라고 부른다. 이러한 「강위지용」(强爲之容)의 방식은 곧 일종의 변증적인 역설(dialectical paradox)의 방식이다.

「강위지용」(强爲之容)은 우리가 평상시에 문장을 쓸 때 억지로 형용하는 그런 것이 아니다. 거기에는 하나의 생각의 길(思路)-이치의 길(理路)이 있다. 이 이치의 길(理路)이 곧 변증적인(dialectical) 것이다. 「돈」(敦)과 「광」(曠)은 서로 상반된다. 「엄」(儼)과 「환」(渙)은 상반된다. 이것이 곧 변증법 중에서 이른바 대립물의 통일이다. 변증법은 반드시 하나의 모순을 통과해야 한다. 시작할 때는 상반되는 양면이지만 뒤에서 그것을 통일한다. 『도덕경』은 이러한 의미를 가장 잘 나타낸다. 아울러 그 나타내는 것이 헤겔보다 좋다. 왜냐하면 헤겔은 기계적으로 펼쳐 놓기 때문이다.

『도덕경』이 나타내는 변증법은 펼쳐 내는 것이 아니다. 당신이 그것은 무(無)라고 말한다고 하여도 그것은 반드시 무(無)일 수는 없다. 당신이 그것이 유(有)라고 말한다고 하여도 그것은 반드시 유(有)에서 죽어 있는 것은 아니다. 그것은 유(有)이면서 능히 무(無)이다. 이것이 곧 「미묘현통」(微妙玄通)이다. 그러므로 「미묘현통」(微妙玄通)은 함부로 아무렇게나 형용하는 것은 아니다. 그것은 반드시 변증적인(dialectical) 방식을 통하여야 한다.

「혼혜기약탁」(混兮其若濁. = 섞여 있기는 탁류 같구나.) 미묘(微妙)하고-심불가식(深不可識)하기 때문에 표면으로 보기에는 뒤섞여 있어 매우 흐리다. 실제로 그것은 결코 흐린 것이 아니다. 이것은 마치 가마득한(玄) 것과 같으니 가마득한 것은 곧 검은 것과 같다. 그러나 실제로 검은 것은 아니다. 즉 물이 깊은 것이다. 「현」(玄 = 가마득하다)은 깊은 것으로 규정할 수 있다. 그러므로 검다는 느낌이 있다. 곧 그것이 깊기 때문이다. 가령 물이 매우 얕으면 이른바 맑기가 물과 같다는 말이 된다. 작은 계곡 물이 흐르는 것을 보면 사람들로 하여금 시원하게 한다. 그러나 그 물은 한눈에 밑바탕을 볼 수 있으니, 심오하지 않기 때문이다. 물이 깊으면 그 밑을 볼 수 없다. 볼 수 없을 뿐만 아니라 그 밑을 보아도 당신으로 하여금 침침하게 하고 신경을 쇠약하게 한다. 물이 깊으면 물 자체는 오히려 맑다. 이것을 일컬어 현(玄)이라고 한다.

「혼혜기약탁.」(混兮其若濁.) 그것은 마치 흐린 것 같으나, 그러나 참으로 흐린 것은 아니다. 즉 말하자면 그것은 다만 한 면만이 아니다. 가령 다만 한 면이라면 맑으면 흐리지 않고, 흐리면 맑지 않아야 한다. 그것은 보기에는 흐리지만 그것은 또 흐린 것이 아니다.

이러한 말들은 한편으로는 한 생명발전의 최고 경지를 말해 주지만 다른 한편으로는 무엇이 도(道)인지 지적한다. 여기서 도(道)는 반드시 말할 수 없는 것이며 반드시 초경험적 지식이다.

이어지는 것은 두 구절의 의문구(疑問句)이다. 「숙능탁이정지서청? 숙능안이구, 동지서생?」(孰能濁以靜之徐淸? 孰能安以久, 動之徐生? = 누가 그 흐리고 탁한 것을 가지고 고요하게 서서히 맑게 하겠는가? 누가 능히 평안한 것을 가지고 움직여 서서히 생겨나게 하겠는가?) 이 두 구절의 의문구는 잘 만들어졌다. 아주 의미 있는 것이다. 어떻게 하여야 흐린 것 중에서 맑은 것이 흘러나오는가? 흐린 것 중에 맑은 것이 있고, 맑은 것 중에 흐린 것이 있다. 그러므로 이 흐린 것은 참으로 흐린 것이 아니다. 흐린 것은 맑은 것을 향해서 전환하려면 어떤 하나의 공부(功夫)가 필요한가? 즉 「정」(靜)을 통해야 한다. 여기서 맑음과 흐림은 결코 상반되는 것이 아니다. 어떻게 해서 서로 상반되지 않는가? 이 안에 공부(功夫)가 있다. 이 공부는 곧 「정」(靜)이다. 정(靜)은 도가의 공부(功夫 = 실천)이다.

또 묻기를: 「숙능안이동지서생?」(孰能安以動之徐生? = 누가 능히

평안한 것을 가지고 움직여 서서히 생겨나게 하겠는가?) 정(靜)의 반면(反面)은 곧 동(動)이다. 위의 구절의 그 「정」(靜)에는 동(動)이 있다. 정(靜)에서 어떻게 동(動)을 표현해 내는가? 동(動)은 어떻게 정(靜)을 표현해 내는가? 그것은 「안이동지서생」(安以動之徐生 = 평안한 것을 가지고 움직여 서서히 생겨나게 하는) 거기로부터 표시해 낸다. 이것을 가리켜 변증적(dialectical)이라고 한다. 그러므로 헤겔적인 의미의 변증법은 중국의 도가와 불교의 『반야경』(般若經)이 가장 잘 표현한다.

그것은 한편에 멈추어 있는 것이 아니고, 동(動) 가운데 정(靜)이 있고, 정(靜) 가운데 동(動)이 있다. 그것은 반드시 모순(矛盾)을 통과해야 한다. 표면상으로는 서로 모순이다. 정(靜)이면서 정(靜)이 아니고, 혼(混)이면서 혼(混)이 아니다. 이것이 서로 모순되는 것이 아닌가? 그것은 곧 모순을 통과해야 한다. 무(無)는 다만 무(無)가 아니고, 유(有)는 다만 유(有)가 아니다. 가령 유(有)가 다만 유(有)이고, 무(無)가 다만 무(無)라면 그것은 동일률(同一律)에 복종하는 것이고, 형식논리(formal logic)에 부합한다. 즉 a＝a이다. 그렇지만 이것은 이미 a이면서 또한 a가 아니다. 이것이 하나의 모순을 통하는 것이 아니겠는가? 그러므로 이러한 사고는 형식논리(formal logic)로써 잴 수 없는 것이다. 동일률(同一律)로 제약할 수는 없다. 그러므로 변증(辨證)이라고 부른다. 변증은 이런 의미에서 독립적 의의가 있다.

그러므로 『도덕경』에서는 말하기를 「정언약반.」(正言若反.)이라고 하였다. 본래 나는 이 도리(道理)를 말하려고 하였다. 단 이 말은 정면(正面)으로 말할 수가 없다. 하나의 적극적 진술(positive state-ment)일 수 없다. 나는 이 의미를 나타내려 한다. 반드시 하나의 소극적인(negative) 것을 통해야 한다. 하나의 이것의 의미가 아니라는 것을 통해서 이런 의미를 표시하려고 한다. 이것이 곧 「정언약반」(正言若反)이다. 「정언약반」(正言若反)은 중국의 오래된 이름(名詞)이다. 장자는 이름하여 「조궤」(弔詭)라고 하였다. 영문(英文)에서는 곧 paradox이다.

「보차도자불욕영. 부유불영, 고능폐이신성.」(保此道者不欲盈. 夫唯不盈, 故能蔽而新成. = 이 도(道)를 가진 사람은 채우려 하지 않는다. 스스로 채우려 하지 않기 때문에 낡아도 새로워지지 않는다.)에서 「불욕영」(不欲盈)은 아무튼 허겸(虛歉 = 비어 있음)이다. 채워지면 곧 흘러내린다. 「폐이신성」(蔽而新成)은 어떤 판본에는 「폐불신성」(蔽不新成)이라고 하는데 이것은 교감(校勘)의 문제이다.

「폐」(蔽)와 「신」(新)은 상반(相反)된다. 「폐」(蔽)는 옛것이다. 그렇지만 오래된 옛것 중에 영원한 새로운 창조가 있다. 왜 이렇게 되는가? 왜냐하면 「불영」(不盈 = 차지 않음)이기 때문이다. 「불영」(不盈)은 내부충실-무한(無限)을 나타낸다. 그러므로 「부유불영, 고능폐이신성.」(夫唯不盈, 故能蔽而新成.)이라고 말한다.

그러므로 제14장, 제15장 두 장은 모두 도(道)의 본체론적(本體論的)인 체인(體會)이다. 이러한 체인(體會)은 변증의 궤변(詭辭) 방식을 통하여 나타낸다. 당신이 도(道)에 대해 이러한 체인(體會)을 하려면 그것은 다만 체인(體會)이 아니고, 오히려 공부(功夫 = 실천)를 하여야 한다. 어떤 공부를 해야만 하는가? 그것은 제16장에서 말하는 「치허극, 수정독」(致虛極, 守靜篤)의 공부이다. 도가에서는 곧 허(虛)-정(靜)의 공부이다.

「치허극」(致虛極)은 곧 허(虛)를 극점(極點)까지 미루어 나가는 것이다. 소극적으로 조금 허(虛)를 이루는 것이 아니다. 당신의 생명에서 허(虛)를 이루어야 한다. 극점(極點)에 도달해야 한다. 한편으로는 「치허극」(致虛極)이면서, 다른 한편으로는 「수정」(守靜)이니, 수정(守靜)은 독실(篤實)하게 지키는 것이다. 표면으로 고요(靜)하고 안으로는 고요하지 않으며, 멋대로 헛생각을 하는 것이 아니다. 그러므로 도가의 공부는 「허일이정」(虛一而靜)의 공부라고 부른다. 「일」(一)은 전심(專心)이다. 세 마음이나, 두 뜻(三心兩意)이 아니다. 『순자』(荀子) 「해폐편」(解蔽篇)에서 말하는 「허일이정」(虛壹而靜)은 곧 도가에 근거해서 온 것이다.

그러나 유가에서 말하는 공부는 여기에서 착안한 것은 아니다. 물론 유가에서도 허(虛)-일(一)-정(靜)을 반대하지는 않는다. 그렇지만 그것은 직접 「허일이정」(虛一而靜)으로부터 공부를 말하는 것은 아니다. 유가에서는 다른 하나의 방법으로 공부를 말하고 있다. 유가에 비추어 보면 공자는 「극기복례」(克己復禮)를 이야기하고; 맹자는 「구기방심」(求其放心)을 이야기하고, 「확충」(擴充)을 이야기한다. 『대학』에서는 「정심-성의-치지-격물」(正心-誠意-致知-格物)을 이야기하고 「신독」(愼獨)을 이야기한다. 『중용』 역시 「신독」(愼獨)을 이야기한다. 「신독」(愼獨)은 유가의 공부이다. 이것은 매우 중요하다. 그리고 대단히 친절하다. 도덕적인 의의이다.

도가는 「치허극, 수정독.」(致虛極, 守靜篤.)이다. 당신이 능히 허정(虛靜)으로 전문가가 되면 당신의 주관적 생명이 능히 허정(虛靜)의 극치에 도달할 것이다. 표면상으로는 만물이 어지러이 자라다가 스러지곤 하지만(紛紛攘攘), 단 나는 만물이 일어나는 것을 따라 일어나지 않는다. 나는 뒤로 가서 돌려 그 되돌아감을 보고, 그것을 당겨 돌아오게 한다. 그래서 원초(原初)의 자기(自己)로 돌아오게 한다. 그러므로 「만물병작, 오이관복.」(萬物竝作, 吾以觀復. = 만물이 함께 일어나는데 나는 그 돌아가는 것을 본다.)이다. 「작」(作)은 「기」(起)로 말해야 한다.

만물분분양양(萬物紛紛攘攘) 이는 그것이 밖으로 표현하는 것이다. 그 자체가 아니다. 이것은 표상(表象)이다. 그 표상으로부터 나는 그 자체를 보려고 한다. 그러므로 「오이관복」(吾以觀復 = 나는 그 돌아가는 것을 본다) 당신이 능히 만물이 되돌아감을 보는 것, 그것은 당신 자신의 생명이 이미 허정(虛靜)의 경지에 있다는 것이다.

「부물운운, 각복귀기근.」(夫物芸芸, 各復歸基根.)에서 「운운」(芸芸)은 곧 만물이다. 지난번에 한 학생이 묻기를 「이 분필도 능히 그 뿌리로 복귀합니까?」라고 질문하였다. 이 물음은 매우 이치에 맞는 것으로 당신은 이러한 물음을 할 수 있어야 한다. 당신도 「돌(石頭) 역시 그 뿌리로 돌아갑니까?」라고 물을 수 있다. 돌(石頭)은 외면으로 한 덩어리 돌로 표현된다. 내가 조용해지면 이 돌도 역시 조용해진다. 일체(一切)가 그 뿌리로 돌아간다. 물론 돌은 공부(功夫)를 할 수 없다. 즉 말하자면 분필은 분필로 돌아가고, 돌은 돌로 돌아가는 것이다. 풀 한 포기, 나무 한 그루 모두 뿌리로 돌아간다. 이때에 만물은 분분히 일어난다. 이 만물은 당신의 관복(觀復 = 뿌리로 돌아가는 것을 봄)의 경지 중에 있다. 「작」(作)을 따르지 않고 이 물(物)을 본다.

만약 「작」(作)을 따라서 물(物)을 보면 곧 현상(現象)이다. 나는 그 「작」(作)을 따르지 않고 본다. 이것은 곧 물(物)을 그 자체로 보는 것이다. 이것은 칸트가 말한 저 물자체(物自體 = Ding an sich)에 해당한다. 「각복귀기근.」(各復歸其根.)은 곧 물(物)마다 모두 그 자체로 돌아가는 것이다(return to itself). 곧 분필에 나아가서 분필을 보는 것이다. 분필의 「작」(作)에 가서 분필을 보는 것이 아니다. 물론 분필 역시 이른바 「작」(作)은 없다. 나는 당신이 보는 그대로 따라 간다. 당신이 분필을 눈앞에 나타난 하나의 현상으로 본다. 그렇다 면 이 분필은 작용(作用)의 분필이다. 당신이 치허극(致虛極)하여 관복(觀復)한다면 복(復) 중에서의 이 분필은 「작」(作)으로 보는 분 필은 되지 않는다. 그것은 그 자체로 돌아가는(return to itself) 것 중 의 한 자루 분필이다. 이것은 분필-돌 자체로 돌아갔다는 것을 표 시하는 것은 아니다.

　그러므로 칸트는 말하기를 일체(一切)의 것은 모두 이중 신분이 있으니 하나는 현상(現象)의 신분이고, 다른 하나는 물자체(物自體) 의 신분이다. 동일한 것인데 두 신분이 있다. 가령 내가 시간-공간- 범주를 가지고 그것을 본다면 그것은 곧 현상이다. 가령 내가 시 간-공간-범주를 초탈하여 그것을 본다면 그것은 곧 물(物) 그 자 체이다. 그러므로 칸트는 말하기를 현상과 물자체(物自體)의 구별은 주관적이다. 객관적으로 두 개의 것이 저기에 펼쳐져 있는 것이 아 니라고 말한다.

　「만물병작」(萬物竝作.)에서 「작」(作)이 「작」(作)이 된 까닭은 곧 시간-공간 중에 있기 때문이다. 「각복귀기근」(各復歸其根.)은 시간 성(時間性)-공간성(空間性)을 따라 굴러가는 것이 아니다. 그 자체 로 돌아간다. 그래서 말하기를 「귀근왈정, 시위복명, 복명왈상, 지상 왈명」(歸根曰靜, 是謂復命, 復命曰常, 知常曰明. = 뿌리로 돌아감을 고 요함(靜)이라 하고, 이것을 또 일컬어 명(命)에 돌아간다고 한다. 명 (命)에 돌아감을 영원함(常)이라 하고, 상(常)을 아는 것을 밝음(明) 이라고 한다. ─『도덕경』 제16장)이라 한다. 당신이 능히 귀근(歸 根) 복명(復命)한다면 당신의 생명 중에 상도(常度)를 얻게 된다.

가령 「작」(作)으로 여긴다면 시간-공간 중에는 상(常)이 없다. 다만 변(變)이 있다.「부지상, 망작흉.」(不知常, 妄作凶.) 끝으로 이 구절에 까지 밀고 간다. 당신들은 생활 중에서 체인(體會)하는 바가 있어야 한다.

　가령 하루 24시간 당신의 생명이 밖으로 향해서만 표현되고, 아래로만 굴러간다면 당신은 받아들일 수 없을 것이다. 나는 여기서 강의하는데 나는 지금 「작」(作)한다. 이렇게 영원히 해 나아가야 한다면 내가 받아들일 수 있겠는가? 영원히 이야기할 수는 없다. 아무튼 휴식해야 한다. 당신의 낮의 생활은 이것을 보고 하나의 모양을 생각하고, 저것을 보고 하나의 모양을 생각한다. 당신이 영원히 이렇게 해 나간다면 받아들일 수 있겠는가? 당신은 아무튼 휴식도 해야 한다. 휴식은 곧 「복귀기근.」(復歸其根. = return to itself)이다. 이와 같으면 당신은 비로소 능히 고요해진다. 당신은 당신 생명의 상도(常度)를 비로소 얻을 수 있다. 이 「상」(常)은 곧 「지상왈명」(知常日明)의 그 「상」(常)이다.

　「부지상, 망작흉.」(不知常, 妄作凶. = 상(常)을 알지 못하고 망령되이 움직여 흉(凶)하다.)이라 하였다. 이 시대 사람들은 모두 상(常)을 알지 못한다. 망령되이 만들어서, 그러므로 흉(凶)이다. 이것이 곧 자본주의의 단점이다. 번쩍 요란한 자극이 너무 많다.『도덕경』에서 다음처럼 말한다.「오색영인목맹, 오음영인이농, 오미영인구상, 치빙전렵영인심발광; 난득지화, 영인행방.」(五色令人目盲, 五音令人耳聾, 五味令人口爽, 馳騁畋獵令人心發狂; 難得之貨, 令人行妨. = 오색(五色)은 사람의 눈을 멀게 하고, 오음(五音)은 사람의 귀를 멀게 하고, 오미(五味)는 사람의 입을 상하게(爽 = 맛을 알지 못하게) 하고, 말을 달려 사냥하는 것은 사람의 마음을 광폭하게 하고, 얻기 어려운 물건은 사람의 행위를 궤도에서 벗어나게 한다.—『도덕경』 제12장) 이것은 「작」(作)을 따라서 굴러가는 것이다. 이것은 곧 상(常)을 알지 못하는 것이다.

이 시대 사람들은 즉 개인생명의 측면에서 말하자면 정상이 아니다. 이 사회가 아직도 유지되어 가는 것은 개인의 수양에 의지한 것이 아니고 하나의 객관적 제도에 의거하는 것이다. 고도의 자본주의 사회 안에서, 고도의 과학기술은 사람의 종종의 욕망의 편리를 발전시켰다. 과학기술은 장점이 있지만 단, 막무가내로 과학기술만 중시하고 자본주의의 번화(繁華)만 중시한다면 이 시대의 사람들은 모두 상성(常性)이 없게 된다. 그래서 상(常)을 알지 못하게 된다. 이 시대의 사람들은 자극에서 떠날 수 없다. 자극에 의지하여 빛나는 무늬를 표현한다. 그렇다면 이 사회가 아직도 유지되는 것은 무엇에 의지한 것인가? 이 자유세계 안에서 당신 개인 생명을 이야기하면 「부지상, 망작흉.」(不知常, 妄作凶.)인데 그런데 이 사회가 아직도 보존되어 가는 것은 그것이 하나의 객관적 제도에 의거하기 때문이다. 거기에는 객관적인 구조가 있다. 우리 개인의 생명은 이러한 객관적 구조를 가지고 안배(按排)하고 제어하여 자살(自殺)-미친 짓(發瘋)을 하지 못하게 한다. 그렇지 않으면 당신이 미쳐 버릴 것이다. 이것이 곧 자유세계의 공헌이다. 그렇지 않으면 자유세계는 조금의 공헌도 없다.

당신은 무엇을 의거하여 제어하는가? 무엇에 의거하여 당신의 저 정신이 오염되지 않도록 유지하는가? 전제정권의 극단권력-경찰-특무에 의거하는가? 하나의 폐쇄사회(closed society)에 의거하는가? 이것이 상(常)을 아는 것인가? 이것은 「부지상, 망작흉.」(不知常, 妄作凶.)이니 이것은 아주 쉽게 나타난다. 그러므로 자유세계는 개인으로 이야기하자면 타락이다. 이것은 실존주의에서 이야기하는 말이 옳다. 그렇지만 저들은 객관면의 하나의 객관적 형식(objective form)에 의거한다. 이것도 사람에게 많은 도움이 된다.

가령 개인의 도덕수양에 의거한다고 말하면 그것이 그렇게 쉬운 것인가? 보통의 사람이 도덕수양을 하기를 바라고-성인(聖人)이 되기를 바란다 해도 그것은 매우 어렵다. 어렵기가 그지없다. 차라리 하나의 좋은 객관적인 제도를 세워 모든 이들로 하여금 생활 속에서 강제로 지키도록 해야 한다. 일반 백성들이 성인(聖人)이 되기를 바라면 안 된다. 성인(聖人)이 되기를 바라는 것은 반드시 좋지 못한 일이다. 성인(聖人)이 되는 것은 개인의 사정에 달린 것이다. 일반 백성들이 성인(聖人)이 될 수는 없다. 성인(聖人)은 고생도 두려워하지 않고 죽음도 두려워하지 않는다. 일반 백성들에게 고생도 두려워 말고 죽음도 두려워 말라고 한다면 양심이 없는 일이다. 정치를 하면서 어떻게 이렇게 할 수 있을까?

그러므로 먼저 하나의 객관적 기틀(objective frame)이 있어야 한다. 사람의 개성을 보전하고, 개인의 자유를 보장한 뒤에 다시 개인으로 하여금 문화를 이야기하고, 교양을 이야기하고, 도덕 수양을 하도록 한다. 자유세계에서 당신은 유가(儒家)의 수양을 할 수 있고, 또 도가(道家)의 수양도 할 수 있고, 불가(佛家)의 수양도 할 수 있다. 몇 사람이 성인(聖人)이 될 수 있는가? 몇 사람이 진인(眞人)이 될 수 있는가? 몇 사람이 보살이 되며, 부처가 되는가? 그런 것은 상관없다.

그렇지만 사람들은 대체적으로 모두 「망작흉」(妄作凶)이다. 한 사람의 일생에서 「망작흉」(妄作凶)을 피한다는 것은 그리 쉬운 일이 아니다. 당신이 날마다 사람들의 정신이 오염되었다고 욕하는 것은 마치 당신의 정신은 성인(聖人)의 정신이라고 말하는 것과 같다. 당신은 이 가운데 엄숙한 문제가 있다는 것을 알지 못하는가? 이러한 문제는 사람의 생각을 불러일으킨다. 즉 이 시대의 문제를 바로 보아야 한다. 이 문제는 영구적이니, 영원히 해답이 없다. 어느 날 천국이 온다고 생각하지 마라. 천국이 오면 우리 사람 사이(인간세상)는 없어진다.

「고지선위도자.」(古之善爲道者.) 이러한 말은 모두 실천 공부(功夫)를 하는 것이다. 이것은 하나의 공부의 긴 여정이다. 수양의 최고 경지는 진인(眞人)을 이룩하는 것이다. 유가에서는 곧 성인(聖人)이다. 불교에서는 성불(成佛)이다. 이것이 곧 동방(東方)의 종교이고, 동방의 학문이다. 모두 수행을 중시한다. 서양의 형태는 완전히 상반된다. 서양에서는 기도(祈禱)를 중시한다. 하나님(上帝)에게 기도한다. 이것은 기독교에서 본질적인 관념이다. 하나님에게 기도하는 목적은 복(福)을 기원함이다. 서양인의 「행복」(幸福)의 관념은 종교에서 나온 것이다. 그렇지만 중국의 유가, 불가, 도가 삼가(三家)는 모두 「행복」을 주요 관념으로 여기지 않는다. 이것이 가장 크게 구별되는 점이다.

이러한 것은 모두 도(道)의 본체론의 체인(體會)이다. 다음 강의는 『도덕경』 제21장이다. 제21장은 오히려 도(道)의 본체론의 체인(體會)에 속한다. 몇 장이 이어져 있다. 그런 뒤에 우주론의 체인(體會)을 이야기한다.

앞의 강의에서 제15장을 강의했다. 이어서 제16장도 강의했다. 사실
상 제16장은 도(道)의 본체론(本體論)의 체인(體會)은 아니고 그것
은 공부론(功夫論)에 속한다. 우리는 먼저 본체론의 체인을 강의했
고 다시 우주론(宇宙論)의 체인을 강의했으며, 마지막으로 공부론을
강의하면서 비로소 자세히 제16장을 강의했다. 이제 제21장을 보자.

孔德之容, 惟道是從. 道之爲物, 惟恍惟惚. 惚兮恍兮, 其中有象; 恍兮惚兮,
공 덕 지 용   유 도 시 종   도 지 위 물   유 황 유 홀   홀 혜 황 혜   기 중 유 상   황 혜 홀 혜

其中有物. 窈兮冥兮, 其中有精. 其精甚眞, 其中有信. 自古及今, 其名不去,
기 중 유 물   요 혜 명 혜   기 중 유 정   기 정 심 진   기 중 유 신   자 고 급 금   기 명 불 거

以閱衆甫. 吾何以知衆甫之狀哉! 以此.
이 열 중 보   오 하 이 지 중 보 지 상 재   이 차

큰 덕(德)의 모습은 오직 도(道)만 따른다. 도가 그것(物) 됨은 오직 황
(恍)하고 오직 홀(惚)하다. 홀(惚)하구나 황(恍)하구나. 그 가운데 상
(象＝모습·모양)이 있고, 황(恍)하구나 홀(惚)하구나. 그 가운데 물
(物＝있는 것)이 있고, 요(窈＝그윽)하구나 명(冥＝심오)하구나. 그 가
운데 정(精＝정기)이 있구나. 그 정기는 아주 진실하여 그 가운데 신뢰

할 만한 것이 있다. 예로부터 지금까지 그 이름은 사라지지(제거되지) 않으니, 그것으로써 만물의 처음(衆甫)을 살핀다. 만물의 처음 모습을 내 어찌 알까? 이것으로 알 뿐이다.

「도」(道)와 「덕」(德)은 『도덕경』에 있는 두 개의 이름이다. 이 「도덕」(道德)은 우리가 현재 말하고 있는 moral의 의미는 아니다. 이것은 『도덕경』을 읽으면서 먼저 알아야 하는 것이다. 지금 우리의 사회에서 말하는 「도덕」(道德)이라는 말의 의미는 곧 영문(英文)의 moral의 의미인데 이것은 유가(儒家)에서 말하는 것이다.

「도」(道)와 「덕」(德)은 두 개로 나뉘는 이름이다. 당신은 「도」(道)와 「덕」(德)이 어떻게 하여 나뉘는지 아는가? 무엇이 도(道)인가? 무엇이 덕(德)인가? 노자는 말하기를 「공덕지용, 유도시종.」(孔德之容, 惟道是從. = 큰 덕의 모습은 오직 도만 따른다.)이라고 했다. 「공덕」(孔德)은 「대덕」(大德)이다. 무엇을 「대덕」(大德)이라고 하는가? 대덕의 모습은 완전히 도(道)를 따라간다. 「종」(從)은 곧 따른다(隨從 = 수종)는 것이다. 이로 보아서 도(道)는 표준이고 덕(德)은 도(道)를 근거로 하여 간다는 것이다. 도(道)를 근거로 해서 덕(德)을 이해해야 한다.

중국인은 이전에 덕(德)이라는 것은 득(得)이다(德者得也)라고 했다. 무릇 하나의 어떤 것에 대해서 당신 마음에 참된 이해가 있고, 얻은 것이 있으면, 이것이 곧 덕(virtue)이 된다. 어떤 것을 마음에 얻으면 당신의 생명(生命) 안으로 들어가고, 당신은 이것을 얻게 된다. 이것은 곧 당신의 덕(virtue)으로 변한다. 이러한 덕(virtue)의 의미는 도덕적 의미에서 이야기하는 것이 아닌가. 그것은 곧 당신의 본질(essence)로 변한다. 혹은 당신의 특성(character)으로 변한다. 도가(道家)가 덕(德)을 이야기할 때는 이런 의미이다.

　제21장 첫머리에 「공덕지용, 유도시종.」(孔德之容, 惟道是從.)이라
고 말한다. 그렇다면 이 「덕」(德)은 곧 「도」(道)에 대해 얻은 것이
다. 즉 말하자면 앞에서 도(道)에 대한 그러한 정경(情景)의 묘사를
당신이 참으로 마음에 얻었다면 당신의 생명은 그것과 더불어 상응
한다. 그렇다면 도(道)에 대한 묘사의 그 정경이 당신의 생명에 들
어가서 당신의 생명에 하나의 특성(character)으로 변한다. 당신의
생명의 하나의 주요한 특성으로 변한다. 그것이 곧 「덕」(德)이다.

　도가에서 말하는 「덕」(德)은 도덕적 의미의 덕(virtue)은 아니다.
덕(virtue)은 복수(複數)가 될 수도 있다. 유가에서 말하는 도덕적
의미의 덕(virtue)은 매우 많으니, 인(仁)-의(義)-예(禮)-지(智)-신
(信)-용(勇)이 모두 덕(德)이다. 덕목(德目)은 매우 많다. 『도덕경』
에서 말하는 「공덕지용, 유도시종.」(孔德之容, 惟道是從.)은 도(道)에
근거해서 온 덕(德)이다. 그것은 반드시 도덕의 의의는 아니다. 그
러므로 직접 덕(virtue)으로 됨을 이해할 필요는 없다. 당신은 비교
철학으로 이해해야 한다. 그것을 이해하여 당신의 생명 안으로 들
여서 당신 생명의 하나의 주요한 특징으로 변하게 해야 한다. 이
「덕」(德)은 인(仁)-의(義)-예(禮)-지(智)-신(信)이 아니다. 도가(道
家)에서는 이런 것들을 이야기하지 않는다.

　도가는 이런 방식으로 이야기한다. 도가의 수도(修道)도 얻는 바
가 있어야 한다. 이러한 방식으로 이야기하면 당연히 내 생명에 영
향이 있다. 그렇다면 노자가 말하는 「도가도, 비상도.」(道可道, 非常
道.) 「무명, 천지지시; 유명, 만물지모.」(無名, 天地之始; 有名, 萬物之
母.)에서 나는 어떤 것을 얻었는가? 이 하나의 방식에 근거하여 나
의 생명 중에 어떤 특징을 얻을 수 있는가? 어떤 특징은 곧 「용」

(容)이다. 즉 어떤 상태(狀態)이다. 당신은 장래에 어떤 특성(charac-ter)을 띨 것인지 미리 생각하지 마라. 이 「무위」(無爲)는 어떻게 장래에 당신의 생명 중에 특성(character)이 될 것인가? 그것은 따로 말하고 따로 강의하려고 한다.

당신은 「공덕지용, 유도시종.」(孔德之容, 惟道是從.) 이 한 단락을 먼저 이해해야 한다. 이 한 단락은 당신으로 하여금 도가(道家)에서 「도」(道)와 「덕」(德)의 분별을 이해할 수 있게 하고, 이미 분별이 있으면 또 관계가 있게 된다. 비록 관계가 있어도 그래도 하나의 관념은 아니고, 두 개의 관념이다. 이것은 하나의 관절(關節)이다. 우리가 하나의 관념을 이해하고, 하나의 도리(道理)를 이해하려면 먼저 반드시 관절을 중시해야 한다. 하나의 개념-하나의 관념(觀念)-하나의 도리(道理)가 제기하는 것에는 관절이 있다. 관절이 있으면 나누어지는 사이(分際)가 있고, 분촌(分寸)이 있다. 의리(義理)는 의리의 관절이 있다. 그래서 이 관절은 문자로 표현되었다. 그러므로 문자를 잘 이해해야 한다. 문헌을 알아야 한다.

덕(德)은 도(道)에 근거해서 온다. 그렇다면 어떻게 도(道)를 이해하는가? 우리는 먼저 이 표준을 분명히 하자. 이 「도」(道)는 당신에게 장래에 덕(德)으로 이루어진다. 특징이 있는 하나의 표준이 있어야 한다. 노자는 말하기를 「도지위물, 유황유홀.」(道之爲物, 惟恍唯惚.)이라 했다. 앞의 제14장에서 이미 「황홀」(恍惚)이라는 말이 있었다. 「시위무상지상, 무물지상, 시위홀황.」(是謂無狀之狀, 無物之象, 是謂惚恍. = 이것을 일컬어 모습(狀) 없는 모습이며, 무물(無物 = 어떤 것도 없는)의 모습이라고 한다. 이것을 일컬어 홀황(惚恍)이라 한다.) 이 장에서 거듭 다시 「황홀」(恍惚)이라고 한 번 더 말한다.

우리의 일상생활 중에서 「황홀」(恍惚)은 좋지 못한 것이다. 「황홀」(恍惚)은 어떤 사람이 두뇌가 분명하지 못하고 명확하지 못한 것이다. 그렇지만 『도덕경』에서는 우리가 평소 부정확하고 불명확한 것을 좋은 의미로 변화시켰다. 당신은 두뇌가 불분명하다고 말하는 것이 아니라, 오히려 하나의 경지를 말한다. 이러한 도리(道理)는 객관적으로 일정한 개념으로는 그것을 한정할 수가 없다.

가령 당신 자신의 주관이 분명하지 않다면, 그것은 당신 자신이 분명하지 않은 것이고, 객관적으로 분명하지 않은 것은 아니다. 지금 분석철학을 공부하는 사람들은 헤겔의 어의(語意)가 분명하지 않다거나 칸트의 어의가 분명하지 않다고 말한다. 그러나 실은 헤겔이나 칸트가 분명하지 않은 것이 아니고, 당신이 잘 이해하지 못하는 것이다. 현실에서 많은 사람들이 자기 주관으로 이해하지 못한 것을 객관적으로 불분명한 것으로 여긴다. 이것은 커다란 병폐이다. 당신이 분석철학을 이야기할 때 어느 구절이 분명하지 않다고 생각한다면 당신은 먼저 객관적으로 이 구절이 분명하지 않다고 단정해야만 한다. 당신 자신이 먼저 분명해야 한다. 당신은 이 말을 아는가 알지 못하는가?

예를 들어서 「도가도, 비상도」(道可道, 非常道.)라는 구절을 보고 당신은 잘 알지 못하면서 노자가 분명하지 않다고 말한다. 아마도 이 구절이 분명하지 않을 것이다. 단 당신의 판단이 너무 빠르다. 당신은 이 구절을 아는가? 이 구절은 그렇게 간단한 것이 아니다. 당신이 알지 못한다고 하여서 그것이 희한한 것도 아니다. 이 구절은 일반적으로 알기가 어렵다. 수학을 공부하고 과학을 공부하는 사람들이 반드시 안다고 할 수는 없다. 당신이 수학가-과학가라고 여기지 마라. 아는 것이 그렇게 많은데 이런 한 구절을 아직도 알지 못하는가? 왜냐하면 당신은 수학가-과학가이기 때문에 알지 못한다. 가령 당신이 수학가가 아니고, 과학가가 아니라면 당신은 오히려 조금 알 수 있을 것이다.

그러므로 이 문제에는 자기 주관으로 아는가? 알지 못하는가? 하는 문제와, 객관적으로는 분명한가? 분명하지 못한가 하는 문제가 있다. 이것은 나누어야 한다. 한데 섞을 수 없다.『도덕경』은 여기에서「황홀」(恍惚)이라고 말한다. 곧 우리가 평소에 사용하는 좋지 못한 의미를 하나의 객관적 의미로 돌린다. 한정이 있는 개념으로 말미암아 그것의 상황을 한정 지을 수는 없다. 이러한 상황 아래서「황홀」(恍惚)의 의미는 좋은 것이다. 이것은 상징의 의미를 채용했기 때문이다. 즉 말하자면 이런 상태는 일정한 개념을 가지고 한정할 수 없는 것이다. 이것을 일컬어「황홀」(恍惚)이라고 한다.

「도지위물.」(道之爲物.)에서 이「물」(物) 자는 이 구절에서 어떤 뜻인가? 도(道)는 어떤 것인가? 도(道)는 어떤 것이 아니다. 그렇다면 왜「도지위물」(道之爲物)이라고 하는가?「물」(物)을 실(實)로 여겨서 볼 수는 없다. 어떤 사람들은 물(物)을 실(實)로 보는데 그러면 노자『도덕경』은 유물론이다. 많은 연세 든 선생님들이 이렇게 말씀하시지만 그 모두가 유행을 따르는 나이 많은 선생님들이다.

「도지위물」(道之爲物)이라는 이 구절을 가지고『도덕경』이 유물론이라고 증명한다. 왜냐하면 도(道)는 물(物)이기 때문이다. 이러한 이야기를 견지하는 사람들은 중문(中文)이 통하는가? 통하지 않는가? 통하지 않는다. 왜냐하면「물」(物)이라는 글자는 다만 문법의 의미만 있고, 유물론의 물(物) 자는 실(實)이니 곧 물질(matter)을 말하기 때문이다. 제25장에서 말하는「유물혼성, 선천지생.」(有物混成, 先天地生.)에서 이런 것이 있다. 단 이런 것(物)은 반드시 물질(matter)을 가리켜서 말하는 것은 아니다. 그렇다면「도지위물」(道

之爲物)에 근거하여 도(道)가 물(物)이라고 말한다. 이 말에 근거하여 『도덕경』을 유물론이라고 증명한다. 이런 사람은 중문(中文)이 통(通)하지 않는 사람이다. 교수가 될 자격이 부족하다.

그러므로 이 시대에 태어나서 중국인이 된다는 것은 매우 어려운 일이다. 이런 아리송한 사람을 만나면 이 시대에 산다는 것이 매우 고통스럽다. 이전 사람들은 이런 잘못을 범하지는 않았다. 지금 이러한 연세 높은 어른들은 모두 당년(當年)의 「오-사」(五-四) 운동 시대의 사람들이다. 그 시대의 사람들은 머리(두뇌)가 모두 문제가 있다. 그들은 중국책을 읽지 않았다. 엉망진창인 사상은 모두 그때에 생겨났다. 지금 대만의 어떤 연세 많은 분이 말하기를 『도덕경』은 유물론이라 한다. 왜 그러한가? 「도위지물, 유황유홀」(道之爲物, 惟恍惟惚)이기 때문이다. 그래서 이런 사람은 중문(中文)이 통하지 않는다. 단 그 사람도 대만대학에서 글을 가르친다. 이 시대는 바로 이런 시대이다.

이 시대에 처하여 당신은 자각적으로 주의해야 한다. 당신은 자각적으로 이 구절을 이해해야 한다. 당신이 이것을 유물론으로 본다면 그것은 큰일 날 일이다. 「유물혼성, 선천지생」(有物混成, 先天地生)에서의 「물」(物)과 「도지위물」(道之爲物)의 「물」(物)은 같은 의미이다. 이 「물」(物)은 다만 문법적 의미이다. 진실(眞實)의 의미가 없다. 그러므로 말하기를 「도지위물, 유황유홀」(道之爲物, 惟恍惟惚)이다. 「유황유홀」(惟恍惟惚)은 정해지지 않음이다. 한정적이 아니다. 그것은 하나의 무한한 것이다. 하나로 한정할 것이 아니다. 그러므로 당신이 그것은 이런 모양이다라고 하거나 또는 그것은 이런 모양은 아니다라고 하거나, 또 그것은 저런 모양이다라고 말한다면, 당신이 말하는 그것은 저런 모양이다. 또는 그것은 저런 모양이 아니고 그것은 이렇다라고 말한다면 이것이 곧 황홀(恍惚)이다.

「홀혜황혜, 기중유상; 황혜홀혜, 기중유물.」(惚兮恍兮, 其中有象; 恍兮惚兮, 其中有物.) 비록 황홀(恍惚)하여 정해지지 않았으나 그러나 홀(惚)한 거기, 황(恍)한 그중에 그것은 곧 상(象)이 있다. 아무 것도 없는 것을 말하는 것이 아니다. 「황혜홀혜, 기중유물.」(恍兮惚兮, 其中有物.) 이 물(物) 역시 일반적으로 말하는 것이고, 실(實)을 가리켜서 말하는 것은 아니다. 즉 말하자면 그 가운데 어떤 것이 있고, 빈(空洞) 것이 아니다. 「상」(象)-「물」(物)은 모두 내용이 있다는 것을 말한다.

다시 한 걸음 더 나아가 「황홀」(恍惚)에서부터 「요」(窈 = 그윽하다)-「명」(冥 = 아득하다)을 말한다. 「요혜명혜, 기중유정」(窈兮冥兮, 其中有精)이라고 말하는 것은 그것의 내포적 의미(intensional meaning)이다. 이 내포적 의미는 이러한 정황(情況)의 심오한 의미를 중시하고, 심오한 의미라는 이 방면에 편중하려는 것이다. 「요」(窈)-「명」(冥)은 모두 심오(深奧)의 의미이다. 미시적 관점에 속한다. 그렇다면 「황홀」(恍惚)은 거시적(宏觀 = 넓게 보는) 관점이다. 억지로 굉관(宏觀 = 넓게 본다)이라는 두 글자를 사용하였다. 그러나 실은 아주 타당한 것은 아니다. 이것은 외부로부터 보는 것이다. 먼저 외부에서 뭉뚱그려 이렇게 한 번 본다. 그러므로 이 「홀혜황혜」(惚兮恍兮)는 외연적으로(extensional) 말하였다.

「요혜명혜, 기중유정.」(窈兮冥兮, 其中有精.)에서 「정」(精)은 더더욱 내포적(intensional)이다. 한 걸음 한 걸음 안으로 들어간다. 즉 「기정심진, 기중유신.」(其精甚眞, 其中有信.)이다. 이것은 한 걸음, 한 걸음 안을 향해서 수렴(收斂)하는 것이다. 그러므로 도가의 공부를 하는 데 제일 요점은 수렴의 공부이다. 즉 내렴(內斂)이다. 사람의 자연생명은 습관을 따라가면 풀리고 흩어진다. 어떤 사람도 시간을 따라 산만해진다. 그래서 시간을 따라 수렴해야 한다. 그렇기 때문에 최고의 수렴은 수도(修道)이다. 수도(修道)에는 몇 개의 길이 있다. 도가(道家)가 하나의 길이고, 불가(佛家)가 하나의 길이며, 유가(儒家) 역시 하나의 길이다.

수렴(收斂) 방면의 공부는 무궁무진하다. 이러한 무궁무진의 내포(intensional)는 반드시 무한한 외연(外延)이 있다. 첫 걸음은 당신이 저 도(道)가 무한임을 아는 것이다. 저것은 다만 외부에서 말하는 황홀(恍惚)로 뭉뚱그려서 이해한 도(道)이다. 그것은 무한한 것이다. 맨 먼저 제1장에서 말하는 「도가도, 비상도.」(道可道, 非常道.) 「무명, 천지지시, 유명, 만물지모.」(無名, 天地之始, 有名, 萬物之母.)라는 그 도(道)이다. 그것은 무한성(無限性)이다. 그것은 무한성의 실재이다. 「황홀」(恍惚)은 곧 그 무한성을 말하는 것이다. 「황홀」(恍惚)은 구체적으로 상징하는 말이다. 지식의 개념이 아니다.

먼저 외연(外延)으로 보자면 당신은 도(道)가 무한성의 진실임을 알아야 한다. 이 무한(無限)은 질(質)의 무한이다. 왜냐하면 다만 무한성의 것만이 비로소 일정한 개념을 사용하지 않고 그것을 논위하기 때문이다. 무엇을 질적인 무한(無限)이라고 하는가? 또 양적 무한이 있는가? 또 하나의 양적인 무한이 있는가? 수학(數學)에서 무한은 양적인 무한이다. 철학에서 무한은 질적인 의미의 무한이다. 하나님(上帝)도 무한이고, 도(道)도 무한이며, 열반(涅槃) 법신(法身)도 무한이다. 이런 것은 철학에서 모두 질적 의미의 무한이다. 이 두 종류의 「무한」(無限)은 구분하여 나누어야 한다.

「황홀」(恍惚)은 외연적(extensional)인 의의(意義)이다. 그리고 「기중유상」(其中有象) -「기중유물」(其中有物) -「요혜명혜, 기중유정; 기

정심진, 기중유신.」(窈兮冥兮, 其中有精; 其精甚眞, 其中有信.)은 모두 모두 내포적(intensional)이다. 그러므로 내포적 실재(intensional reality) 역시 무궁무진하다. 그렇다면 외연(外延) 방면의 표현 역시 무한하여 한정이 없다. 무릇 무한적인 것은 모두 일정한 개념으로 그것을 한정할 수 없다. 이러한 정형(情形) 아래에서 『도덕경』은 이름하여 「황홀」(恍惚)이라 하고, 또한 이름하여 「요명」(窈冥) 또한 이름하여 「현」(玄)이라 한다. 「황홀」(恍惚)-「요명」(窈冥)-「현」(玄) 세 이름은 서로 통하니 한 가지 의미이다.

『도덕경』은 최후로 어느 글자에 집중되는가? 「진」(眞)에 집중된다. 그러므로 도가에서는 진인(眞人)을 이야기한다. 장자는 진인(眞人)-지인(至人)-천인(天人)을 이야기한다. 진인은 아직도 최고가 아니다. 최고는 천인이다.

도(道)가 물(物)이 됨(道之爲物)은 어떤 것인가? 「황홀」(恍惚)에서 안으로 수렴해 가면 그것을 「기중유상」(其中有象)-「기중유물」(其中有物)-「기중유정」(其中有精)-「기중유신」(其中有信)이라고 말한다. 이런 것은 모두 「덕」(德)이다. 그러므로 큰 덕(德)의 모습(孔德之容)은 모두 도(道)를 따라간다. 객관적으로 도(道)의 방면에서 말하자면 당신은 그것을 외연(外延)으로부터 이해할 수 있다. 말하기를 「도지위물, 유황유홀.」(道之爲物, 惟恍惟惚.)이다. 다시 한 걸음 더 나아가서 내포(내용)에서 그것을 이해하자면 당신은 이렇게 이해한 저 하나의 어떤 것을 당신의 생명 안에 흡수하여서 당신의 덕으로 전환하니, 곧 당신 생명 중의 그 도(道)의 특성(characters)으로 전환된다. 그렇다면 「덕」(德)이라는 말은 곧 내포적 명제(intensional term)이며, 「도」(道)는 곧 외연(extensional)으로 이야기한다.

도(道)에 대해서 우리는 우선 「황홀」(恍惚)로부터 체인(體會)한

다. 그런 뒤에 「요」(窈)-「명」(冥)을 가지고 체인한다. 그렇다면 「황
홀」(恍惚)은 곧 객관적으로 말하는 저 도(道)라는 의미의 외연적
(extensional)인 한 면이다. 「요」(窈)-「명」(冥)은 객관적으로 말하는
도(道)의 내포적(intensional)인 한 면이다. 즉 말하자면 당신이 참
으로 도(道)를 체인한다면 도(道)를 흡수하여 당신의 생명 가운데
가져오면 당신 생명의 덕(德)이 된다. 이 덕(德)은 득(得)이다(德者,
得也). 즉 내면에 얻어서 지닌다. 이 덕(德)은 반드시 유가(儒家) 의
미의 덕(virtue)은 아니다. 그러므로 우리는 먼저 「덕」(德)이 당신
생명 중의 일종의 본질적 특징(essential character)임을 이해해야 한
다. 이 본질적 특징은 어디서부터 오는가? 도(道)로부터 전환된다.
이것은 곧 수도(修道)에서 이야기하는 것이다. 도가에서 지향해 가
는 것이니 수도(修道)의 최고 경지는 「공덕지용」(孔德之容)이다. 그
것은 곧 진인(眞人)이다. 진인(眞人)은 「공덕지용」(孔德之容)이 있
다. 이것은 요명(窈冥) 안으로 치우친 것이다.

　진인(眞人)은 또 이름하여 지인(至人)이다. 그렇다면 진인(眞人)-
지인(至人)은 이미 매우 좋은 것이다. 왜 『장자』에 비추어서 천인
(天人)이 최고인가? 이로 보아 천인(天人)은 진인(眞人)-지인(至人)
보다 높다. 왜 이 「천」(天)이라는 글자를 사용하는가? 왜냐하면 진
인(眞人)-지인(至人)은 모두 저 내포(intensional)의 모양이다. 즉
저 내포의 모양을 아직도 없애지 않았기 때문이다. 저 내렴(內斂)의
모양을 아직도 없애지 않았다. 내렴(內斂)의 모양을 없애지 않았기
때문에 진정(眞正)한 도가(道家)는 아니다. 천(天)은 곧 자연(自然)
이다. 거기(天)에는 내렴의 모양은 없다. 어린아이와 같다. 어린아이
는 이른바 내렴이 없다. 이른바 외연도 없다. 그러므로 「대인은 어
린아이의 마음을 잃지 않은 자이다.」(大人者, 不失赤子之心.) 그래서

장자는 천인(天人)이 최고라고 말한다. 이것은 매우 이치에 맞는 말이다. 왜냐하면 천인은 당신의 그 내렴의 모양을 없앴기 때문이다. 내렴의 모양을 없애지 않으면 당신은 천인의 경지에 도달하지 못한다.

유가 역시 이러한 관념을 「없앤다」(化掉). 맹자는 「바라고(欲 = 기대하고) 싶으면 선인(善人)이요, (선을) 자기 몸에 지니면 신인(信人)이라 하고, (선을 힘써 행하여) 충실하면 미인(美人 = 아름다운 사람)이라 하고, 충실(充實)하고 (사지(四肢)와 사업(事業)에) 발휘(發揮)되면 대인(大人)이라 하고, 대인(大人)이면서 저절로 화(化)함을 성인(聖人)이라 하고, 성(聖)스러워 알 수 없는 것을 신(神)이라고 한다.」(可欲之謂善, 有諸己之謂信, 充實之謂美, 充實而有光輝之謂大, 大而化之之謂聖, 聖而不可知之之謂神. ——『맹자』「진심 하」盡心 下) 이것은 유가의 지혜이다.

노자는 말하기를 「기중유신.」(其中有信.)이라 하였고, 맹자는 「유저기지위신.」(有諸己之謂信.)이라고 했다. 이것은 금방 시작하는 것이다. 「자기에게 있는」(有諸己)에서 「충실」(充實)에 이르기까지, 여기서 비로소 「미」(美)를 말할 수 있다. 내부가 충실하고 그리고 빛을 발할 때에 비로소 되는 것이다. 그러므로 말하기를 「충실이유광휘지위대.」(充實而有光輝之謂大.)라고 한다. 빛을 내지 못하면 「대」(大)를 드러낼 수 없다. 다시 한 걸음 더 나아가서 말하기를 「대이화지지위성.」(大而化之之謂聖.)이라고 한다. 관건(關鍵)은 바로 이 구절에 있다. 이것과 장자가 말하는 천인(天人)이 가장 높은 것과 같은 것이다. 천인은 내렴을 없애야 한다. 그리고 맹자가 여기서 말하는 큰 모양(大相)을 없애는 것이다. 사람은 모두 위대하기를 바란다. 그러나 참으로 이 큰 모양(大相)은 매우 좋은 것은 아니다.

「대이화지」(大而化之)에서 이「지」(之)라는 글자는「큰 모양」(大相)이다. 무엇을 없애려는 것인가? 곧 되돌아가서 당신의 이 큰 모양(大相)을 없애는 것이다. 이「대」(大)를 자기 자신이 없앤다. 당신은 날마다 스스로 위대하다고 여긴다. 이런 당신은 끝났다. 그러므로 말하기를「대이화지지위성」(大而化之之謂聖.)이라고 한다. 이때가 곧 성인(聖人)이다.「성이불가지지지위신」(聖而不可知之之謂神.)에서「성」(聖)과「신」(神)은 동일한 위치에 있다.「불가지」(不可知)는 측량하여 재는 것이 불가능하다는 것이다.「신」(神)은「원이신」(圓而神 = 원만하면서 신비한)이다. 즉 말하자면 그 생명의 내용(내포)을 측량하여 잴 수 없다는 것이다. 곧 노자가 말하는「미묘현통, 심불가식」(微妙玄通, 深不可識. = 미묘하고 현통(玄通)하여 깊이를 알 수 없다.—『도덕경』제15장)이다.

그러므로「성」(聖)-「신」(神)은 함께 연결되어 있다. 관건(關鍵)은 능히 화(化)할 수 있는가? 화(化)할 수 없는가? 하는 데 있다. 『도덕경』의 이 장(제21장)에서는 아직도「화」(化)에 도달하지 못하였다. 거기에서는 다만 내렴을 말하고 있을 뿐이다. 비록 거기서「황홀」(恍惚)을 말하고 있지만 외면으로 볼 때는 황홀이나, 단 안에는 어떤 것이 있다. 즉 내용(내포)이 있다.「기중유상」(其中有象)-「기중유물」(其中有物)-「기중유정」(其中有精)-「기중유신」(其中有信) 모두 intension에 속한다. 모두 그것의 무궁무진한 내포적 의미(intensional meaning)이다. 도(道)가 곧 이런 모양이니, 도(道)의 내용 또한 바로 이런 것이다. 이러한 도(道)의 표준에 따라 수행하여 대덕(大德)을 이루면 그 모양은 곧 도(道)와 같다. 이것이 곧「공덕지용, 유도시종」(孔德之容, 惟道是從.)이다.

도(道)는 이와 같다. 온 인류 역사를 꿰뚫는다. 도(道)는 영원불변이다. 그러므로 「자고급금, 기명불거, 이열중보.」(自古及今, 其名不去, 以閱衆甫. = 예로부터 지금까지 그 이름은 사라지지 않으니, 그것으로써 만물의 처음을 살핀다.)라 한다. 「중보」(衆甫)는 곧 만물(萬物)이다. 「열」(閱)은 곧 지나감(經歷)이며-보고 지나감(閱歷)이다. 도(道)는 그중에서 관철된다. 즉 「이열중보.」(以閱衆甫.)이다. 「오하이지중보지상재? 이차.」(吾何以知衆甫之狀哉? 以此. = 만물의 모습을 내 어찌 알까? 이것으로 알 뿐이다.)에서 「중보지상」(衆甫之狀)은 곧 만물의 만물 됨이다. 왕필은 주(註)에서 「언오하이지만물지시어무재? 이차지지야.」(言吾何以知萬物之始於無哉? 以此知之也. = 내가 만물의 처음이 무(無)라는 것을 어떻게 아는가? 라고 말한다. 이것으로써 안다.)라고 했다. 왕필은 「시어무재」(始於無哉)를 더 보탠다. 이것은 너무 많이 남기는 것이다.

　이 장의 앞 단락은 모두 도(道)에 대한 것으로 존재론적 관조(ontological contemplation)이다. 끝 단락 「자고급금, 기명불거, 이열중보.」(自古及今, 其名不去, 以閱衆甫. = 예로부터 지금까지 그 이름은 사라지지 않으니, 그것으로써 만물의 처음을 살핀다.)와 제1장 「무명, 천지지시; 유명, 만물지모.」(無名, 天地之始; 有名, 萬物之母. = 이름 없는 것은 천지의 시작이고, 이름 있는 것은 만물의 어머니이다.)는 같은 것이다. 모두 만물에 관련해서 말한다. 만물에 관련해서 말하는 이러한 말을 우주론적 이야기라고 부른다. 도(道) 자체의 체인(體會)은 본체론적 이야기이다. 이 두 종류의 이야기는 매우 쉽게 분별된다.

　다시 내려가서 제25장을 보자. 이 장은 오히려 도(道)의 본체론의 체인이다.

有物混成, 先天地生. 寂兮寥兮, 獨立而不改, 周行而不殆, 可以爲天下母. 吾
유물혼성 선천지생 적혜요혜 독립이불개 주행이불태 가이위천하모 오

不知其名, 字之曰道, 强爲之名曰大. 大曰逝, 逝曰遠, 遠曰反. 故道大, 天大, 地
부지기명 자지왈도 강위지명왈대 대왈서 서왈원 원왈반 고도대 천대 지

大, 人亦大. 域中有四大, 而人居其一焉. 人法地, 地法天, 天法道, 道法自然.
대 인역대 역중유사대 이인거기일언 인법지 지법천 천법도 도법자연

섞여서 이루어진 것(物)이 있으니 천지보다 먼저 생겨났다. 고요하며(소
리 없고) 모습이 없다(희미하다). 홀로 버티고 서 있으니(의존하지 않고)
(다른 것으로) 고쳐지지도 않는다. 두루 다니지만, 위태롭지 않다. 가히
천하의 어미(母)이다. 나는 그 이름을 알지 못하나 자(字)는 도(道)이다.
억지로 이름하여 크다고 할까. 큰 것은 가는 것이며, 가는 것은 멀어지고,
멀어져간 것은 돌아온다. 그러므로 도(道)는 크고, 하늘도 크고, 땅도 크
고, 사람 역시 크다. 이 영역 중에 네 개의 큰 것이 있으니, 사람도 그중
에 한 자리를 차지한다. 사람은 땅(地)을 본받고, 땅(地)은 하늘을 본받
고, 하늘(天)은 도(道)를 본받고, 도(道)는 자연(自然 = 저절로 그러함)을
본받는다.

「유물혼성, 선천지생.」(有物混成, 先天地生.)에서 「생」(生)은 개체 존
재를 가리켜서 말하는 것이다. 「선천지생.」(先天地生.)은 곧 천지보
다 먼저 존재하였다. 이 「생」(生) 자는 영문(英文)의 「exist」이다. 어
떤 이러한 것이 혼연(混然)히 이루어졌다. 혼연히 이루어졌다는 것
은 곧 그것이 자족(自足)하다는 것이니 그 자신은 하나의 self-suffi-
ciency이다. 이 「혼성」(混成)은 「불가치힐」(不可致詰)에 대해서 말하
는 것이다. 제14장에서 말하는 「시지불견, 명왈『이』; 청지불문, 명왈
『희』; 박지부득, 명왈『미』. 차삼자불가치힐, 고혼이위일.」(視之不見,
名曰「夷」; 聽之不聞, 名曰「希」; 搏之不得, 名曰「微」. 此三者不可致詰,

故混而爲一. = 보아도 보이지 않는 것을 이름하여 이(夷)라 하고, 들어도 들리지 않는 것을 이름하여 희(希)라 하며, 만져도 만져지지 않는 것을 이름하여 미(微)라 한다. 이 세 가지는 말로 찾아낼 수 없는 것으로 함께 섞이어 하나가 된다.)이다.

「혼성」(混成)은 곧 저절로 이러하여 말로 할 수 없다(自然如此, 不可致詰). 만약 말로 표현할 수 있다면(可致詰) 곧 혼성(混成)이 아니다. 말할 수 없다고(不可致詰) 말하는 것은 곧 그것이 순일(純一)한 것이다. 만약 말로 말할 수 있다(可以致詰)면 그것은 순일(純一)한 것은 아니다. 안에 섞임(雜)이 많다. 그렇다면 이 장에서 「혼성」(混成)은 제14장의 「불가치힐」(不可致詰)에 호응하는 것이다. 「불가치힐」(不可致詰)은 왜 이러하고 저러하지 않는가? 라고 물을 수 없다. 묻게 되면 분별(分別)이 있게 된다.

제14장에서 말하는 「이」(夷)-「희」(希)-「미」(微) 이 셋(三者)은 「불가치힐, 혼이위일.」(不可致詰, 混而爲一.)이라고 말한다. 이것은 곧 여기서 말하는 「혼성」(混成)이다. 「혼성」(混成)은 곧 이것이 그 자체 혼연히(混然 = 그렇게 섞여서) 저절로 이루어졌다(天成). 천연(天然)적으로 이와 같다. 천성(天成)의 「성」(成)은 부사(副詞)이다.

여러분들은 왕필의 주(註)를 보라. 「혼연하므로 알 수가 없다. 그러나 만물은 (그것으로) 말미암아 이루어진다. 그러므로 혼성(混成)이라고 한다. 누구의 아들인지 알지 못한다. 그러므로 천지(天地)보다 먼저 생겼다.」(混然不可得而知, 而萬物由之以成, 故曰混成也. 不知其誰之子, 故先天地生.) 「혼연(混然)하므로 알 수가 없다.」(混然不可得而知.) 이렇게도 말할 수 있다. 「알 수가 없다」(不可得而知)는 말은, 곧 말로 표현할 수 없다는 것(不可致詰)이다. 단 「만물은 (그것으로) 말미암아서 이루어진다」(萬物由之以成)라는 이 말은 되지도 않는 말이다. 이 말은 만물에 관련시켜 만물이 바로 만물이 된 까닭을 말한다. 우리들이 말하는 것에 비추어 보자면 여기서는 만물을 말하는 것이 아니고, 그것은 그것으로 자기가 저절로 이루어짐을 말하는 것이다(自己自成).

「유물혼성, 선천지생.」(有物混成, 先天地生.)이라는 말은: 이러한 것이 혼연으로 저절로 이루어져 있다(混然天成)라는 것이다. 당신은 그것을 가지고 분별할 수 없다. 깊어서 알 수 없다(深不可識)-말로 설명할 수 없다(不可致詰). 그러므로 그 자체는 하나의 통일(統一)이다. 이런 것은 비록 그렇게 섞여 저절로 이루어졌으나(混然天成) 그러나 그것은 천지(天地)보다 앞서 존재하였다. 중국의 옛 경전 안에서 「생」(生)은 곧 존재의 의미이다. 예컨대 『맹자』 「고자 상」(告子上)에서 고자(告子)가 말하는 「생지위성.」(生之謂性.)은 곧 하나의 개체존재가 소유하는 특징을 가지고 성(性)이라고 말한다. 「출생」(出生)은 곧 개체존재이다.

「선천지생」(先天地生)은 천지만물이 있기 전에 곧 있었다. 천지만물이 있고도 그것은 여전히 있다. 이것은 도(道)의 선재성(apriority)을 표시한다. 역시 말하자면 도(道)는 후천적인 것이 아니라는 것을 표시한다. 본래 있는 것이다. 「선재성」(先在性)을 말하게 되면 서양철학 안에서는 여러 종류의 의미가 있다. 노자가 여기서 말하는 「선재성」(先在性)은 어떤 의미의 선재성인가? 이것은 당연히 시간 의미의 선재성은 아니다. 그것은 다만 논리 의미의 선재도 아니다.

무엇을 일컬어 논리 의미의 선재성(先在性)이라고 하는가? 논리의 선재성은 중문(中文)에서는 의리(義理)에서 말하는 선재성이라고 한다. 의리상의 선재는 그것의 형이상학적인 선재를 포함하지 않는다. 형이상학의 선재성은 반드시 논리의 선재성을 포함한다. 그렇지만 논리의 선재성은 반드시 형이상학의 선재성은 아니다. 이 두 종류의 선재성은 같은 것이 아니다. 당신들이 논리를 배우는데 바로 이러한 논리의 훈련을 해야 한다.

논리의 선재(先在)는 다만 하나의 추리 중에서 전제가 된다. 그 전제는 반드시 선재의 조건이고, 결론은 조건에 근거해서 오는 것이니 그 조건은 선재이다. 그 전제에서 어떤 것이 참으로 있는 것인가? 있지 않은가? 실재인가? 아닌가? 그것은 관여할 필요가 없다. 그것은 정해지지 않았다. 결론은 반드시 전제에 근거하여 온다. 그 전제가 옳은가 옳지 않은가에 이르러서는 관여하지 않는다. 논리는 전제와 결론의 관계를 이야기한다. 논리에서 선재의 이것은 반드시 실재성이 있는 것은 아니다. 가령 당신이 한 걸음 더 나아가서 그것이 실재인지 묻는다면 그것은 또 다른 하나의 문제이다. 그것은 한 걸음 건너가서 논리의 범위를 넘어선다.

그러므로 형이상학의 실재성은 다만 논리의 선재는 아니다. 그것은 이것이 하나의 진실임을 긍정한다.「유물혼성, 선천지생.」(有物混成, 先天地生.)이 표시하는 도(道)의 선재성은 라이프니츠가 말하는 바의 형이상학적 선재성(metaphysical apriority)이다. 그것은 이것이 도(道)라고 긍정하며, 진실이라고 긍정한다. 도(道)는 천지만물에 대해 책임을 진다. 그러므로 도(道)의 선재를 형이상학적 선재라고 부른다.

예를 들어서 주자(朱子)가 말하는 태극(太極)의 리(理)를 살펴보자. 주자는 늘 말하기를「리선기후」(理先氣後)라고 하였다. 이것은 어제 리(理)가 있었고 오늘 기(氣)가 있다는 것을 말하는 것이 아니다. 이것은 시간의 선후(先後)가 아니다. 리(理)에서 말하자면 이

「리」(理)는 당연히 마땅하게 선(先)이다. 리(理)가 주동(主動)이고, 기(氣)는 리(理)를 따라서 간다. 기(氣)는 피동(被動)이다. 첫 걸음으로 「리」(理)를 말하지만 시간의 선후는 아니다. 이것은 「이치」(理)에서 이와 같다(理上如此). 이러한 선후는 곧 논리의 선(先)이라고 부른다. 그러나 주자가 말하는 리(理)는 태극이다. 이때에 「리」(理)는 다만 논리의 선(先)만은 아니다. 왜냐하면 그것은 실재(實在)에 대한 긍정이기 때문이다. 그러므로 「리」(理)에는 오히려 또한 형이상학적인 선재성이 있다. 주자가 말하는 「리」(理)는 다만 하나의 대전제일 뿐만 아니라 그것은 또한 그것의 형이상학적 진실을 긍정하고 있다. 그것이 도(道)이다.

당신들은 분명하게 세 종류의 서로 다른 선재성을 분별해야 한다. 시간의 선(先)과 논리의 선(先)은 쉽게 분별이 된다. 논리의 선(先)과 형이상학의 선(先)의 분별은 어디에 있는가? 즉 전자(논리)는 존재를 건드리지 않는다. 후자(형이상학)는 존재를 건드리고 있다.

「적혜요혜, 독립불이개.」(寂兮寥兮, 獨立而不改.) 고독하게 홀로 있어서, 보기에는 그것은 대단히 적막하나, 사실상 그는 적막하지 않다. 우리 사람들은 모두 서로 거품으로 젖어든다(相濡以沫). 모두 조건이 있다. 배가 고프면 먹을 것을 찾는다. 가정(家庭)에 기대고, 부모형제가 있고, 이것과 저것에 기댄다. 이러면 당연히 적막하지 않다. 우리는 현실에서 모두 서로 기대려 한다. 서로 유지하고 보호한다. 서로 돕는다. 이것이 사람 사이의 따뜻함이다.

도(道) 자체는 절대적이다. 그것은 일체의 것들의 표준이다. 그것은 곁에 있는 것에 의지하고 기대지 않는다. 도(道)가 곁에 있는 것에 의지하고 기대지 않는다는 것을 구체적인 말로 묘사하자면 곧

「적혜요혜, 독립불이개.」(寂兮寥兮, 獨立而不改.)이다. 이 두 구절은 도(道)의 자족성과 영항성(永恒性)을 표시하니 영항(永恒) 존재이다.

「주행이불태.」(周行而不殆.)에서 「불태」(不殆)는 곧 다함이 없다(不竭)이다. 끝까지 다할 수 없다(窮竭). 도(道)는 여기저기 뛰어다니지 않는다. 그렇다면 왜 「주행」(周行＝두루 다닌다)이라는 이 두 글자를 사용하는가? 「주행」(周行), 이 두 글자는 상징의 의미이다. 무엇을 상징하는가? 「주행이불태」(周行而不殆)는 곧 도(道)의 편재성을 상징한다. 「주」(周)는 주편(周遍)이다. 「주행」(周行)은 무릇 어떤 것이 있는 곳에서는 그것(道)이 능히 뛰어간다는 것이다.

그러므로 「유물혼성, 선천지생.」(有物混成, 先天地生.) 이것은 그 선재성(先在性)을 말하는 것이고 「적혜요혜, 독립이불개.」(寂兮寥兮, 獨立而不改.) 이것은 그것의 자족성과 영항성을 말하는 것이다. 「주행이불태.」(周行而不殆.) 이것은 그 편재성을 말하는 것이다. 이러한 세 가지 성질을 갖추고 있는 어떤 것은 천하(天下)의 어미(天下母)가 된다. 말하기를 그것은 「가이위천하모.」(可以爲天下母.)라고 했다. 이것은 그것의 유성(有性)을 말하는 것이다.

나는 그것의 이름이 무엇인지 알지 못한다. 그러므로 「오부지기명, 자지왈『도』.」(吾不知其名, 字之曰「道」.)라고 하였다. 「도」(道)는 그냥 편리한 대로 보탠 것이다.(옮긴이 주: 「자」(字)는 이름 대신 사용하여 부르는 「자」(字)이다.) 이어서 말하기를 「강위지명왈『대』.」(强爲之名曰「大」.)라고 하였다. 이 구절은 대단히 의미 있는 것이다. 누군가가 이 구절을 의미가 통하도록 말한다면 나는 그에게 철학적 천재성이 있다고 인정하겠다.

다음에 또 말하기를 「대왈서, 서왈원, 원왈반.」(大曰逝, 逝曰遠, 遠

曰反.)이라고 하였다. 우리는 왕필의 주(註)를 보자. 「서(逝)라고 하
는 것은 행(行)이다. 하나의 대체(大體)를 지키고 있는 것은 아니다.
주행하여 도달하지 않는 데가 없다. 그러므로 서(逝)라고 한다. 그
래서 멀다(遠). 원(遠)은 끝(極)이다. 주(周)는 끝까지 이르지 아니
한 바가 없고, 치우쳐서 한 곳으로 가지도 않는다. 그래서 멀다(遠)
고 말했다. 그 머무르는 곳에 따르지 않으므로 그 체(體)가 독립(獨
立)이다. 그러므로 돌이킨다(反).」(逝, 行也, 不守一大體而已. 周行無所
不至, 故曰逝也. 遠, 極也, 周無所不窮極, 不偏於一逝, 故曰遠也. 不隨於
所適, 其體獨立, 故曰反也.) 이렇게 주(註)를 단 것은 나쁘지는 않다.
주(註)한 것이 대단히 좋다. 이것은 하나의 지혜를 대표한다. 왕필,
이 사람은 대단히 명철하다.

　「서(逝)라고 하는 것은 행(行)이다. 하나의 대체(大體)를 지키고
있는 것은 아니다.」(逝, 行也, 不守一大體而已.) 무엇을 가지고 「하나
의 대체(大體)를 지키고 있는 것은 아니다」(不守一大體而已)라고 하
는가? 당신이 무조건 이 「대」(大)라는 여기에 머무른다면 곧 대(大)
일 따름이고, 화(化)할 수는 없다. 그러므로 왕필의 주(註)에서는 겨
우 한 대체(大體)에만 지키고 머물러 있으면 대체(大體)는 끝장난
셈이라고 한다. 「대체」(大體)는 「커다란」(大) 체(體)이다. 우리가 평
소 말하는 일반화하는(generalize) 것이 아니다. 단지 하나의 「커다
란」(大) 자체(自體)를 지켜 나가는 것이 아니다. 그것은 「커서」(大)
변화할 수 없다(不能大而化之). 당신이 하나의 「대」(大)를 지킨다면
즉 홀로 고독하게 여기에 머무른다. 그것은 죽은 대(大)이다. 죽은
대(死大)는 진정한 대(眞大)가 아니다. 그러므로 반드시 「대」(大)를
연화(軟化)-유화(柔化)해야 한다.

　무엇을 가지고 저 「대」(大)를 연화(軟化)할 것인가? 가령 그림 언

어를 사용한다면 곧 「서」(逝)와 통한다. 무엇이 「서」(逝)인가? 서
(逝)는 곧 흐름(流)이다. 흘러감(流逝)이다. 가령 죽음이 대(大)라면
그것은 곧 여기에 머무르고, 흘러가지 않는(不流) 것이다. 흘러가면
(流逝) 나의 위대함을 표현할 수 없다. 「서」(逝)는 곧 저 「대」(大)를
연화한다. 흘러감을 통하여 저 「대」(大)를 연화한다. 그러므로 왕필
은 「하나의 대체(大體)를 지키고 있는 것은 아니다. 주행하여 도달
하지 않는 데가 없다. 그러므로 서(逝)라고 한다.」(不守一大體而已.
周行無所不至, 故曰逝也.)라고 하였다. 「주행」(周行) 거기로부터 「서」
(逝)를 이해해야 한다. 이것은 활동하는 글자이다. 이것은 그림 언
어이다.

　이 장에서 사용하는 것은 그림 언어이다. 『도덕경』에서는 대체적
으로 이러한 그림 언어를 사용한다. 왜냐하면 모두 구체적인 글자
를 가지고 묘사하기 때문이다. 서양에서 말하는 순수철학은 개념적
언어를 사용한다. 개념적 언어를 사용한다는 것은 마땅히 그렇다면
곧 그러한 것이다. 그림 언어를 사용할 수 없다. 그림 언어는 모두
형용사로서 묘사하는 말이다.

　「서」(逝)-「원」(遠)-「반」(反) 이 세 글자를 통하여 이 구절의 방향
을 이해해 보자. 당신은 먼저 세 글자를 이해하고 그런 뒤에 비로소
문구(文句)를 결정한다. 「서」(逝)는 흘러감(流逝)이다. 흘러감을 통
하여 「대」(大)를 연화(軟化)시킨다. 그러나 다만 흘러감이라면 가령,
단지 직선으로 흘러간다면 그러면 계속 흘러가고 만다. 「서왈원」(逝
曰遠) 이 말은 틀린 말은 아니지만 다만 이것은 직선으로 흘러가는
것은 아니다. 그러므로 이어서 말하기를 「원왈반」(遠曰反)이라고 한
다. 「서」(逝)-「원」(遠)-「반」(反) 이것은 곡선(曲線)이다. 이것은 둥
글게 도는(圓圈) 것이다. 「반」(反)은 곧 다시 돌아오는 것이다. 이렇

게 하여 저 큰 모양(大相)을 연화한다. 큰 모양(大相)을 연화하여야
비로소 도(道)에 합한다. 이것이 도가(道家)의 곡선적 지혜이다. 곡
선적 지혜는 비로소 참된 지혜이다. 왜냐하면 지혜는 본래 곡선적
이기 때문이다. 곡선은 원(圓)이다.

　가령 방정(方正)은 지혜가 아니다. 그렇지만 「방」(方)도 나쁜 것은
아니다. 천지간에는 방정(方正)의 의미가 있다. 그것은 어렵다. 「둥글
면서 신비한」(圓而神) 사람은 적고도 적다. 첫 걸음으로 먼저 방정
(方正)한 사람이 되어야 한다. 그것도 쉽지는 않다. 그러므로 『역전』
에 「시초(蓍)의 덕은 원만하면서 신비롭고, 괘(卦)의 덕은 방정하면
서 지혜롭다.」(蓍之德圓而神, 卦之德方以智. ― 『역전』 「계사상」繫辭
上)라는 두 구절이 있다. 이것은 매우 중요한 구절이다. theme sen-
tence이다.

　서양의 문화는 「방이지」(方以智＝방정하면서 지혜 있는)의 문화
이고, 중국의 문화는 「원이신」(圓而神)의 문화이다. 서양문화는 과학
문화-민주정치-종교 방면을 막론하고 아무튼 「방이지」(方以智)의
정신을 갖고 있다. 그것은 원만(圓)하지 않다. 그러므로 경지에서
말하자면 그것은 높지 않다. 비록 그것이 매우 전문적이더라도 「방
이지」(方以智)이기 때문에 능히 펴고 일어선다. 「방정」(方)한 것은
가장 중요한 것이다. 이런 한 걸음 한 걸음은 반드시 지나가야 한
다. 중국문화의 「원이신」(圓而神)에서 말하는 경지는 물론 대단히
높다. 그렇지만 곧 「방이지」(方以智)의 정신이 불충분하다. 그러므로
지금 비로소 무너지고 있다. 즉 중간층이 버티어 주지 못하여 이러
한 낭패를 당한다. 바로 방정(方)에 의거하여서만 버티어 낼 수 있
다. 마치 집 한 칸이 도리(架)에 기대어 버티는 것과 같아서 이 도
리가 능히 버티어 낼 수 있다. 그래서 하나의 건물을 이루어 낸다.

유가(儒家) 역시 「방이지」(方以智)라는 이 방면을 중시한다. 그렇지만 중국문화는 몇 천 년 동안 「원이신」(圓而神)을 더 좋아하고 그 방향으로 발전해 갔다. 공부자(孔夫子)는 「방이지」(方以智)의 정신을 매우 중시하였다. 공부자(孔夫子)께서 말하기를: 「시(詩)에서 흥을 일으키고, 예(禮)에서 서며, 악(樂)에서 이룬다.」(興於詩, 立於禮, 成於樂. —『논어』「태백」(泰伯) 8)라고 하였다. 이 세 구절의 말은 다만 성인(聖人)이어야 능히 할 수 있는 말이다. 시(詩)는 능히 흥이 일어나야 한다. 사람의 생명이 시(詩)에 의지해서 흥이 발휘된다. 이것은 제일보로서 감성의 단계이다. 두 번째는 입어례(立於禮)이다. 예(禮)는 곧 방방정정(方方正正)이다. 사람은 예(禮) 중에서 비로소 바로 설 수 있다. 공부자(孔夫子)가 말한 「극기복례.」(克己復禮. —『논어』「안연」顔淵)이다. 도덕적 의지(moral will)가 승리하는 것은 예(禮)가 승리하는 것이다. 「극기복례.」(克己復禮.)는 곧 승리를 대표한다. 그러므로 도덕적 의지(moral will)는 분투(奮鬪)를 대표한다. 감성을 억누르고, 죄악과 투쟁한다. 마귀와 투쟁한다. 그러므로 성인(聖人)이 말한 「극기복례.」(克己復禮.)는 투쟁하지 않으면 안 되는 것이다. 투쟁하지 않으면 도덕이 드러나지 않는다. 이것은 두 번째 단계이다. 두 번째 단계는 곧 도덕이다. 세 번째 단계는 「성어악」(成於樂)이다.

성인(聖人)은 「악」(樂)을 최고의 경지로 본다. 「원이신」(圓而神)은 반드시 「입어예」(立於禮)를 통과해야 한다. 만약 「입어예」(立於禮)를 매개로 하는 중간 단계가 없다면 이 「원이신」(圓而神)은 믿을 만한 것이 되지 못한다. 「원이신」(圓而神)은 대단히 좋은 것이 될 수 있고, 아주 저급하고 아주 나쁜 것이 될 수도 있다. 저급한 것은 곧 어리석음(愚蠢)이다. 어리석음의 극치는 곧 잔악하고 포악한(殘暴)

것이다. 바로 이 시대의 응어리와 막힘(癥結)이다. 그러므로 「방이지」(方以智)라는 이 중간층의 것은 대단히 중요하다. 우리 중국은 현재 현대화를 요구한다. 아직도 이러한 문제에 머문다.

서양 문화의 상상하하(上上下下) 온 정신은 철저한 「방이지」(方以智)이다. 즉 종교를 말하더라도 오히려 「방이지」(方以智)의 정신이다. 당신이 그것은 높지 않다고 말하더라도 그래도 그것은 매우 전문적이다. 그것은 먼저 제일보를 잘해낸다. 제도를 확립해 놓았으니 당신이 함부로 넘어뜨릴 수 없다. 당신은 자유라고 말하면서 함부로 넘어뜨릴 수 없다. 이것이 곧 법치이다. 법치는 물론 최고는 아니다. 법치 어디에 「원이신」(圓而神)이 있는가? 그렇지만 당신은 날마다 「원이신」(圓而神)할 수도 없다. 날마다 「원이신」(圓而神)한다면 그것은 곧 가짜 신이 된다. 이것이 곧 문화의 문제이다. 이것은 수시로 주의해야 되는 것이다. 이 문제를 주의하지 않으면 중화민족은 전진할 수 없다. 우리가 지금 서양철학을 배우고 논리학을 읽고, 서양의 개념사고(槪念思考)를 훈련하고, 사회생활에서 민주(民主)-법치(法治)를 이야기하는 것이 곧 「방이지」(方以智)의 정신이다. 이 방면(方面)에서는 중국이 지금까지 오면서 아직도 부족하다. 즉 당신들의 머리(頭腦)는 현대화하기 어렵고, 개념화하기 어렵다. 개념화할 수 없다면 영원히 현대화할 수 없다.

노자는 「서」(逝)를 「대」(大)로 연화(軟化)시켰으며, 「원」(遠)을 가지고 「서」(逝)를 연화시켰으며, 「반」(反)을 가지고 「원」(遠)을 연화시켰다. 노자는 세 구절로 말하였는데, 맹자는 한 마디로 족하였으니: 「대이화지지위성」(大而化之之謂聖)이다. 노자는 세 구절로 말하였고, 맹자는 한 구절로 족했다. 노자가 말한 것은 사람이 아니고 도(道)이다. 우리의 도(道)에 대한 체인(體會)이다. 「서」(逝)-「원」

(遠)-「반」(反)을 통과해야만 비로소 도 자체(道本身)를 체인하고 구체적 도(道)를 회복한다. 그렇지 않으면 도(道)는 하나의 추상개념이다.

「고도대, 천대, 지대, 인역대. 역중유사대, 이인거기일언.」(故道大, 天大, 地大, 人亦大. 域中有四大, 而人居其一焉. = 그러므로 도(道)는 크고, 하늘도 크고, 땅도 크고, 사람 역시 크다. 이 영역 중에 네 개의 큰 것이 있으니, 사람도 그중에 한 자리를 차지한다.) 이 단락은 관여하지 않겠다. 우리는 마지막 구절을 보자. 「인법지, 지법천, 천법도, 도법자연.」(人法地, 地法天, 天法道, 道法自然. = 사람은 땅(地)을 본받고, 땅(地)은 하늘을 본받고, 하늘(天)은 도(道)를 본받고, 도(道)는 자연(自然 = 저절로 그러함)을 본받는다.)이라 했다. 한 층, 한 층 단계적으로 말하다가 마지막에는 「도법자연」(道法自然)을 말한다. 이것은 도가(道家)의 입장이다. 도가(道家)의 의리(義理)를 이해하는 데 가장 중요한 구절이다. 분명히 이야기해야 비로소 이해가 된다.

사실언어나 논리언어에 비추어 보아 말하자면, 여기서 말하는 「인」(人)-「지」(地)-「천」(天)은 같은 종류의 것이다. 모두 구체적인 것이다. 이 「천」(天)은 대기층이고, 이 「지」(地)는 곧 지구이다. 여기에 삼층은 없다. 그렇다면 자연언어의 습관을 따라서 「인법지, 지법천.」(人法地, 地法天.) 이런 양층(兩層)으로 나눈 것에서 말하는 「법」(法)과 「천법도」(天法道)에서 말하는 「법」(法)은 같은 유형이 아니다. 러셀의 말을 빌려서 말하자면 그것은 곧 다른 유형(different type)이다. 논리의 의미가 완전히 같지 않다.

왜 같지 않은가? 같지 않은 점은 어디 있는가? 「인」(人)-「지」(地)-「천」(天)은 구체적인 것이다. 도(道)는 구체적인 것이 아니다.

「인」(人)-「지」(地)-「천」(天)은 같은 종류(同類)이나, 도(道)와 「인」(人)-「지」(地)-「천」(天)은 같은 종류가 아니다. 그러므로 「인법지, 지법천」(人法地, 地法天)에서 본받는 바는 구체적인 것이다. 그러나 「천법도」(天法道)에서 본받는 바는 구체적인 것이 아니다. 가정하여 「인」(人)-「지」(地)-「천」(天)이 같은 종류라면 그것은 곧 같은 차원(層)이다. 즉 이 삼자가 모두 도(道)를 본받는다. 이것은 도(道)로서 본(法)을 삼는 것이다(以道爲法). 「인」(人)-「지」(地)-「천」(天)이 모두 도(道)를 따른다. 「도」(道)를 영어로 번역하면 음역(音譯)으로 「tao」이다. 보통 「principle」이라고 번역할 수 있다. 「logos」라고도 번역할 수 있다. 역시 「reason」이라고도 번역할 수 있다. 그렇지만 「principle」-「reason」이라고 하면 너무 광범위하다.

도(道)는 무엇인가? 도(道)는 하나의 리(理)이다. 도(道)는 구체적인 것은 아니다. 도가(道家) 방식으로 말하는 도(道)이든지, 혹은 유가(儒家) 방식으로 말하는 도(道)이든지, 도(道)는 모두 구체적인 것은 아니다. 유가에서 말하는 「도」(道)는 곧 moral reason으로 풀이된다. 도가의 도(道)에는 이런 의미가 없다. 그렇다면 도가에서는 어떻게 이 도(道)를 이해하는가? 『도덕경』 제1장에 비추어 보자면 「무」(無)-「유」(有)를 통하여 이해한다. 가장 중요한 것은 「무」(無)이다. 첫걸음은 「무」(無)이다. 두 번째 걸음은 「자연」(自然)을 통하여 이해하는 것이다. 단 여기서 자연(自然)은 자연계(自然界)를 가리키는 것은 아니다. 자연계는 구체적인 것이다. 「도법자연」(道法自然) 이 한 구절이 말하는 「자연」(自然 = 저절로 그러함)은 우리가 현재 말하는 자연은 아니다. 우리가 지금 말하는 자연은 천(天)-지(地)이다. 천(天)-지(地)는 자연이다. 사람도 자연이다. 사람은 하나의 natural being이다. 만물 중의 하나이다. 하나님이 창조한 바이다.

특별히 나누어서 human being이라고 하고, 기타는 natural being이라고 부른다.

그러므로 「인법지, 지법천, 천법도.」(人法地, 地法天, 天法道.) 이렇게 한 차원씩 말하는 것은 어문(語文)의 습관을 따른 것이다. 방편(方便)으로 이와 같이 말한다. 이른바 방편으로 말한다는 것은 여실히 말하는 것이 아니다. 「방편」(方便)과 「여실」(如實)은 서로 반대한다. 이러한 방편은 어찌하여 온 것인가? 이것은 우리 중화민족 중문(中文)의 자연언어의 습관을 따른 것으로, 사람은 하늘이 덮고 땅이 싣고 있는 가운데(天覆地載之中)에 머무른다. 그러므로 천지(天地)는 사람과 비교하여 광대하다. 이것은 그림언어-자연언어이다.

「천법도.」(天法道.)에서 이미 「도」(道)가 구체적인 어떤 것이 아니라면, 그렇다면 우리는 어떻게 도(道)를 이해하는가? 유가(儒家)의 이해에 비추어 보면 우리는 도덕적인 심(心)-성(性)을 통하여 이해한다. 「천명(天命)은 그침이 없다」(天命不已). 그러므로 결과적으로 심(心)-성(性)-천(天)은 합일(合一)이다. 이것은 도덕의 길로 이해한 것이다. 도덕의 길을 경유하여 이해된 바의 「도」(道)는 하나의 창조성 원리이다. 하나의 창조성의 실체(實體)이다. 유가가 이해하는 도(道)는 공자가 말한 「인」(仁)을 통과해야 하고, 맹자가 말한 「심」(心)-「성」(性)을 통해야 하며, 객관적으로 말해서 「천명불이」(天命不已)이다. 「인」(仁)-「심」(心)-「성」(性)-「천명불이」(天命不二) 이 몇 개의 명제는 함께 합일(合一)된다. 통하여 하나가 되어 이해된다. 이것은 도덕적 이해이다.

공자가 「인」(仁 = 사람다움)을 이야기하고, 맹자가 심성(心性)을 이야기하는데 심(心)은 사단(四端)의 심(心)이고, 성(性)은 성선(性善)의 성(性)이다. 심성으로 말미암아 천명(天命)에 달한다. 객관적으로 말해서 「천명불이」(天命不二)이니 로고스(logos)에 상당한다. 「천명불이」(天命不二)는 『시경』에 근거해 온 것이다. 『시경』 「주송, 유천지명」(周頌, 維天之命)에서 「유천지명, 오목불이; 오호불현, 문왕지덕지순.」(維天之命, 於穆不已; 於乎不顯, 文王之德之純. = 아 천명(天命)이여 삼가고 공경함이 그침이 없다. 어찌 나타나지 않으랴! 문왕(文王)의 덕의 순수함이여!)이라 한다. 이렇게 이해된 「도」(道)는 반드시 창조성의 실체(creative reality)이다. 어떤 것이 능히 창조를 대표하는가? 가장 마지막의 가장 절실한 것은 곧 도덕적 의지(moral will)이다. 유가에 의거해서 말하자면 창조적 실체인 「인」(仁)-「심성」(心性)은 모두 도덕에서부터 이야기한다. 천명(天命)은 왜 그치지 않고 창조하는가? 즉 정지하지 않고 작용을 일으키므로 자연 우주의 생생불식(生生不息)을 끌어 발휘한다. 이것이 유가의 성격이다.

천(天)은 도(道)를 대표한다. 천도(天道)가 끊임없이 작용을 일으키니 이것을 일컬어 「천명불이」(天命不已)라고 한다. 이 명(命)은 명령의 명(命)이다. 왜냐하면 천도(天道)는 정지하지 않고 작용을 일으키므로, 그런 까닭으로 현상계의 종종(種種)의 출현이 있게 되고, 또한 일체의 변화가 있게 된다. 이것이 곧 『역전』(易傳)에서 말하는 「생생불식」(生生不息)을 끌어오는 것이다. 이것은 유가의 생각의 길(思路)이다. 유가는 도덕의 길로 진입한다. 이해하는 바는 곧 창조성의 실체(creative reality)이다. 끊임없이 작용을 일으키는 것은 곧 창조이다. 이것은 철학적 의미의 창조이다. 창세기의 그 창조가 아니다. 창세기의 창조는 하나님(上帝)의 창조이다.

그렇다면 당신이 『도덕경』을 볼 때 당신은 곧 노자의 생각의 길과 유가의 생각의 길이 같지 않음을 안다. 『도덕경』의 생각의 길에서는 어떻게 도(道)를 이해하는가? 거기서는 분명히 다른 하나의 계통(系統)을 표시한다. 도가는 다른 하나의 형이상학적 계통이 있다. 그래서 하나의 학파(一家)를 이루었다. 학파를 이룬다는 것은 곧 하나의 큰 학파이니 나타나는 학문(顯學)을 이룬다.

도가에서는 「무명천지지시; 유명만물지모」(無名天地之始; 有名萬物之母.)라고 말한다. 그것은 「무」(無)를 통하여 천지지시(天地之始)를 말하는 것이다. 「도법자연」(道法自然)이니 거기서 말하는 도(道)는 「자연」(自然)을 법(法 = 본받음)으로 한다. 「천법도.」(天法道.)이다. 「천」(天)은 오히려 구체적인 것이다. 도(道)는 리(理)이다. 리(理)는 오히려 실(實)이다. 도(道)는 실(實)이라는 글자(字)이다. 「자연」(自然)은 실(實)이 아니다. 천지간에는 어떤 것도 「자연」(自然)이라고 부르는 것은 없다. 「자연」(自然)은 허자(虛字)이다. 그러므로 말하기를 「도법자연」(道法自然)과 앞에서 말하는 「인법지, 지법천, 천법도」(人法地, 地法天, 天法道) 모두 같은 것이 아니다. 「인법지, 지법천.」(人法地, 地法天.)과 「천법도」(天法道)는 같지 않다. 「인법지, 지법천, 천법도.」(人法地, 地法天, 天法道.) 이 세 구절을 합친 것과 「도법자연」(道法自然)은 또한 같지 않다. 왜냐하면 앞의 세 구절은 모두 실(實)이 있는 것을 본받으나, 「자연」(自然)은 곧 의미를 풀어서 사용하는 글자이다. 「도법자연.」(道法自然.)은 실(實)이 없는 것으로 본(法)받을 일이 아니다.

그러므로 도가에서 말하는 「자연」(自然)과 우리가 지금 말하는 자연계의 자연은 같은 것이 아니다. 그리고 서양에서 말하는 자연주의(自然主義 = naturalism)와는 완전히 같지 않다. 서양에서 말하는 「자연」(自然)은 모두 물리(物理)의 의미이다. 그러므로 그리스어로 쓰인 글 중에서 「자연」(自然)과 「물리학」(物理學) 두 말은 동의

어이다.

　도가에서 말하는 「자연」(自然)은 정신적인(spiritual) 것이다. 수행을 통하여 도달하는 하나의 최고 경지이다. 도가에 비추어 보자면 우리가 지금 말하는 자연계 중의 이러한 것들은 즉 자연계에 본래 있던 것인데 자연계에 본래 있던 저런 것은 하나도 자연인 것이 없다. 우리가 지금 「자연」(自然)이라고 하는 것은 모두 타연(他然)이다. 도가에서 말하는 「자연」(自然)은 곧 자기가 이와 같은 것(自己如此)이니 「타연」(他然)과 자연은 상반된다. 즉 다른 것을 기다려서 그런 것(待他而然)이다. 즉 곁에 있는 것이 그것을 그렇게 하는 것이다. 이것은 모든 것마다 다 인과관계 중에 있다는 것이다.

　서양 자연주의에서는 인과관계 위에 있는 자유로운 것 즉 도덕적 자유(moral freedom)에 속하는 것을 인정하지 않는다. 자연주의는 도덕적 의지(moral will)에 속하는 자유(freedom)를 인정하지 않는다. 자연주의에 비추어 보면 일체(一切)의 것이 모두 인과관계 중에 있다. 이른바 자유의지는 없다. 자연주의를 이야기하는 사람마다 모두 자유의지(free will)를 싫어한다. 자유의지를 말할 수 없고, 도덕을 말할 수 없다. 그래서 유물론-기계론으로 빠져들어 간다. 자연주의-유물주의-기계론은 모두 같은 종류의 것들이다. 서양 정통의 사상에 의거하여 보자면 이런 사상은 모두 타락한 것이고, 정통(正宗)이 아니다.

　도가에서 보자면 「인」(人)-「지」(地)-「천」(天) 이런 구체적인 것들은 모두 도(道)를 따라서 간다. 도(道)는 최고의 것이면서, 또 「도법자연」(道法自然 = 저절로 그러함을 본받는다)이다. 어느 하나 구체적인 것을 가지고 「자연」(自然)이라고 부르지는 않는다. 「자연」(自然)은 하나의 풀어서 사용하는 의미 글자이다. 그러므로 「도법자

연」(道法自然)은 즉 말하자면 도(道)는 자연(自然)이다(道是自然 =
도(道)는 저절로 그러함이다)라는 것이다.

「도법자연」(道法自然) 이 구절은 말을 해내기가 매우 어렵다. 여
러분들이 왕필의 주(註)를 보라. 그 주(註)에서 밝힌 것이 대단히
좋다. 그렇지만 왕필의 주(註)는 원문(原文)보다 더 이해하기가 어
렵다. 왕필은 주(註)에서 「법은 법칙을 일컫는다.」(法, 謂法則也.) 즉
말하자면 자기의 표준으로 여기는 것에서 본받아 온다(取法於它以
爲自己的一個標準)라고 하였다. 「법」(法)과 「칙」(則)을 연합해서 동
사(動詞)로 여겨 사용한다. 당신을 그것을 지금 사람들이 말하는 법
칙(law)으로 여겨서는 안 된다.

「사람은 땅을 위배할 수 없어 이에 전적으로 안전을 얻고, 땅을
본받는다.」(人不違地, 乃得全安, 法地也. ─ 왕필의 주) 사람은 아무
래도 땅 위에서 산다. 당신은 별나게 왜곡하지 마라. 당신은 나무
위에 산다고 말할 수도, 하늘 위에 산다고도 말할 수도 없다. 이것
이 곧 「법지」(法地 = 땅을 본받는다)이다. 「땅은 하늘을 위배할 수
없어 이에 전적으로 싣는다(載). 하늘을 본받는다.」(地不違天, 乃得全
載, 法天也. ─ 왕필의 주) 땅은 하늘을 위배하고 떠날 수가 없다. 이
렇게 하여야 비로소 땅이 온갖 것을 실을 수 있는 공능(功能)을 이
룬다. 「재」(載 = 싣다)는 지재(持載)이니 만물을 싣고 붙잡는 것이
다. 곧 「후덕재물」(厚德載物)이다. 이것이 곧 「지법천」(地法天)이다.
「하늘은 도를 위배할 수 없어 이에 전적으로 덮는다. 도를 본받는
다.」(天不違道, 乃得全覆, 法道也. ─ 왕필의 주) 단계적으로 미루어
나아가면 마지막에는 도를 본받는다(法道). 「인」(人)-「지」(地)-「천」
(天) 모두 도(道)를 본받는다. 앞의 두 구절은 무엇을 예로 들어서
말해도 관계없다.

「천법도」(天法道.)라면 도(道)는 무엇을 본받는가? 「도」(道)는 이미 구체적인 것이 아니다. 「도」(道)는 곧 리(理)이다. 도가(道家)에 있어서 이 「도」(道)는 곧 말할 수 없는 도(道)이다. 최고(最高)이다. 왕필은 주(註)에서 말하기를: 「도는 저절로 그러함을 위배할 수 없다. 이에서 그 본성을 얻는다. 저절로 그러함을 본받는다는 것은, 모난 곳에서는 모남을 본받고, 둥근 것에서는 둥긂을 본받는다는 것이다. 저절로 그러함에는 위배되는 바가 없다. 저절로 그러함은 칭할 수 없는 말로서, 궁극적인 말이다.」(道不違自然, 乃得其性. 法自然者, 在方而法方, 在圓而法圓, 於自然無所違也. 自然者, 無稱之言, 窮極之辭也.)라 했다.

「도(道)는 자연(自然 = 저절로 그렇게 됨)을 위배하고 배리(背離)할 수 없어 이에 전적으로 그것이 도다움을 이룬다.」(道不違自然, 乃得其性.)라고 했다. 즉 도(道)가 도(道)로 되는 것이다. 「도(道)가 도(道)로 되는 것」(道之成爲道) 이 말 안에 「성」(性) 자가 그 안에 감추어져 있다. 말하여 「도의 본성」(道的性)이라고 하면 매우 번거롭고 대단히 왜곡하기 쉽다. 「도는 저절로 그러함을 위배할 수 없다. 이에서 그 본성을 얻는다.」(道不違自然, 乃得其性.) 이것은 곧 「도법자연」(道法自然)이다.

무엇을 「도법자연」(道法自然)이라고 하는가? 왕필은 주(註)에서 「저절로 그러함을 본받는다는 것은, 모난 곳에서는 모남을 본받고, 둥근 것에서는 둥긂을 본받는다는 것이다. 저절로 그러함에는 위배되는 바가 없다.」(法自然者, 在方而法方, 在圓而法圓, 於自然無所違也.)라고 하였다. 이러한 말은 모두 동어반복(tautology)이다. 이러한 문장은 곧 철학적 문장(philosophical sentences)이다. 이러한 구절은 궁극적으로 무슨 의미인가? 표면적으로 보자면 동어반복과 별 차이가 없다.

왕필이라는 사람은 중국 철학가 중에서 가장 젊고, 가장 총명하다. 이 사람은 대단한 사람이다. 그는 『도덕경』에 주(註)를 달았는데 능히 그렇게 분명히 주(註)를 달 수 있었다. 훗날 사람들이 『도덕경』에 주(註)를 달았지만, 『도덕경』을 이해함에 아무도 능히 그를 초과할 수 없다. 왕필은 24세에 죽었다. (우리) 이전의 사람들은 조성(早成)했고, 조숙했다. 스물 몇 살에 큰 이름을 이루었다. 제갈량도 불과 27~28세에 출세했다. 그는 주유(周瑜)보다 젊다. 주유(周瑜)는 그때 이미 서른 몇 살이었다. 비록 그렇더라도 창(唱) 놀이를 할 때에, 제갈량은 수염을 길렀다. 그는 노생(老生)이고 주유(周瑜)는 소생(小生)이기 때문이다. 이것은 성격을 가지고 분별하는 것이며, 연령을 가지고 분별하는 것이 아니다. 이전의 철학가들은 모두 성숙이 대단히 일렀다. 지금은 안 그렇다. 지금 대학생은 하나도 쓸모가 없다. 동한의 광무제(東漢, 光武)의 집단은 모두 스물 몇 살로 천하를 타도했다. 모두 젊은 사람들이었다. 젊은 사람들은 천하를 타도할 수 있다. 천하 타도는 젊은이에 의거하였다. 늙은이는 쓸데없다. 불교의 승조(僧肇)도 매우 젊었다. 그가 죽었을 때가 겨우 서른 몇 살이었다. 그의 사상이 저렇게 분명하고, 문장 또한 그렇게 아름답다. 지금 어디서 이런 사람을 찾겠는가? 여러분은 또한 문자마저도 통하지 않는다.

「법자연」(法自然)은 무슨 뜻인가? 「모난 곳에서는 모남을 본받고, 둥근 것에서는 둥긂을 본받는다는 것이다. 저절로 그러함에는 위배되는 바가 없다.」(在方而法方, 在圓而法圓, 於自然無所違也.)라 한다. 이것은 자연계의 모난 것-둥근 것이라는 이런 자연현상을 가리키는 것이 아니다. 자연계 안에는 모난 것이 있고, 둥근 것이 있다. 그

것은 서양인들이 말하는 자연(自然)이다. 그러나 왕필은 모난 것-
둥근 것 자체를 말하는 것이 아니다. 그가 말하는 「모난 곳에서는
모남을 본받고, 둥근 것에서는 둥긂을 본받는다는 것이다. 저절로
그러함에는 위배되는 바가 없다.」(在方而法方, 在圓而法圓, 於自然無
所違也.) 이 세 구절은 당신이 이러한 본분(本事)이 있어야 한다는
것이다. 즉 말하자면 당신에게 이러한 수행이 있어야 한다는 것이
다. 그것은 일종의 수행을 대표한다. 정신적인 것에 속한다. 모난
것-둥근 것이 자연계의 것 그 자체를 가리키는 것은 아니다. 이것
은 수양을 통하여 도달하는 하나의 정신적 경치이다. 이 세 구절은
당신이 이때에 생명은 영허(靈虛＝신령스럽게 비어 있다)하다는
것을 표시한다.

  왕필은 당신이 자연현상에 낙착되기를 가르치는 것이 아니다. 모
난 것이면 그것은 모났다고 말하고, 둥근 것이면 그것은 둥글다고
말한다. 그것은 과학의 지식이 된다. 과학의 문제이다. 이것은 「도법
자연」(道法自然)이 아니다. 「법」(法)은 따른다는 의미이다. 모난 여
기서는 당신은 그러므로 그것은 모라고 말한다. 그런데 가령 그것
이 모난 것인데, 당신이 고의로 그것은 모나지 않았다고 말한다거
나 둥근 것인데 고의로 둥글지 않다고 말한다. 다른 사람이 기분 좋
을 때에 당신은 오히려 거기서 통곡을 한다. 다른 사람이 비애(悲
哀)에 젖을 때 당신은 오히려 기뻐한다. 이런 사람을 가리켜 통하지
않는다고 한다. 그러므로 모난 데에서 당신이 고의로 그것은 모나
지 않다고 한다면 이것을 일컬어 모난 것에 따른다고 한다. 둥근 것
에서는 나는 둥근 것을 따른다. 고의로 이것은 둥글지 않다고 말하
지 않는다. 그렇다면 확대하여 말하자면 사회에서 모두 기뻐할 때
나도 역시 기뻐한다. 사회에서 모두 기뻐할 때 당신은 울고, 다같이

울 때 당신은 웃는다면 이런 사람은 인정(人情)에 통하지 않는 사람이다. 이것을 일컬어 자연에 위반되며, 이치에 어긋난(違離自然) 것이라고 한다.

「저절로 그러함에는 위배되는 바가 없다」(於自然無所違). 이것은 최고의 수행(修行)을 표시한다. 이러한 최고의 수행은 곧 최고의 극기를 표시한다. 이것은 서양에서 말하는 「자연」(自然)이 아니다. 서양에서 말하는 「자연」(自然)은 방종이고, 방자하고, 거리낌 없는 것이다. 완전히 감성에 떨어져서 말하는 것이다. 도가에서 말하는 「자연」(自然)은 바로 (아래로) 떨어지는 것이 아니고, 위로 올라가는 것이다. 이것은 수행상의 일이고, 정서(事情)이다. 「저절로 그러함에는 위배되는 바가 없다」(於自然無所違)는 것은 하나의 정신경지이다.

「저절로 그러함은 칭할 수 없는 말로서, 궁극적인 말이다.」(自然者, 無稱之言, 窮極之辭也. — 왕필의 주) 이 구절은 대단히 좋다. 매우 철학적(philosophical)이다. 이것은 24세 청년이 쓴 문장이다. 「자연」(自然) 역시 하나의 이름으로 말하는 것이다. 하나의 명제이다. 「자연자」(自然者)라는 것은 곧 「자연」(自然)이라는 이 하나의 명제(term)이다. 이것은 하나의 글자이다. 「자연」(自然)이라는 이것을 이름으로 말하는 것은 무칭(無稱)이라고 칭할 수 있는 하나의 이름으로 말하는 것이다. 우리는 평상시에 「분필」(粉筆)이라고 한다. 「분필」(粉筆)은 유칭(有稱)의 말이다. 「무칭지언」(無稱之言)은 즉 말하자면 당신이 그것에 이름을 붙여 말할 수 없는 하나의 것 바로 그것의 「이름」(名)이다.

「궁극」(窮極)은 종극(終極)의 의미이다. 「ultimate」이고, 「finality」가 아니다. 「궁극지사」(窮極之辭)는 말하자면 「자연」(自然)이라는

이 글자가 하나의 어떤 것이 아님을 말한다. 하나의 정명(定名)이
아니다. 「자연(自然)」은 근본적으로 하나의 실(實)을 가리키는 글자
가 아니다. 그것은 본래 풀어서 설명하는 글자이다.

「모난 곳에서는 모남을 본받고, 둥근 것에서는 둥긂을 본받는다.」
(在方而法方, 在圓而法圓.) 이것은 하나의 예이다. 생활상의 체인(體
會)이다. 예를 들어 강철을 단련시킬 때에는 과학의 방법에 따라 강
철의 본성에 비추어 단련시켜야 하고 함부로 해서는 안 된다. 마지
막으로 한 걸음 더 나아가서 「저절로 그러함은 칭할 수 없는 말로
서, 궁극적인 말이다.」(自然者, 無稱之言, 窮極之辭也.) 「자연」(自然)-
「도」(道)-「현」(玄)은 모두 정해진(규정된) 이름(정명(定名)이 아니
고 칭위(稱謂＝부르는 것))에 속한다. 칭위는 주관(主觀)에 머무르
고, 섭구(涉求＝찾는 데 미치는 것)에 머무른다. 정명(定名)은 객관
(客觀)으로부터 온다.

「자연」(自然)은 하나의 칭위(稱謂＝부르는 것)로 본다. 그것은
「무칭지칭」(無稱之稱)이다. 여기에 이르면 할 말이 없다. 이것이 곧
「궁극지사」(窮極之辭)이다. 이 「자연」(自然)은 경지이다. 풀어서 설
명하는 것이다. 그리고 이 서의(抒義)는 마지막(最後)이고-종극(終
極)이다. 다시 어떤 일정한 개념을 가지고 그것을 논설할 수 없다.
이것이 최후의 서의(抒義)의 경지이다. 어떻게 이러한 경지에 도달
하는가? 수양(修養)을 통해서인가? 당신이 「모난 곳에서는 모남을
본받고, 둥근 것에서는 둥긂을 본받는다는 것이다. 저절로 그러함에
는 위배되는 바가 없다.」(在方而法方, 在圓而法圓, 於自然無所違.)라고
할 때에 이것은 곧 매우 커다란 극기 공부를 표시하는 것이다. 이것
은 과학지식에서 주관으로 객관에 복종하는 것이 아니고, 복종할
객관 대상이 없는 것이다. 이것 역시 객관이라고 부른다. 즉 대객관

(大客觀)이라고 부른다.

　이런 것은 주객(主客) 상대의 객관이 아니고 대객관이라고 부른다. 대객관은 절대적이다. 허(虛)를 능가한다. 이것은 초연(超然) 능허(凌虛)의 경지이다. 능허라고 하는 것은 주객 대립 위로 능가한다는 것이다. 보통 과학 연구에서 그 객관은 소객관(小客觀)이니 옆에 서서 관찰하는 태도를 가지고 객관적으로 이것을 보는 것이다. 그것은 초연한 능허가 아니다. 그러므로 여기서 커다란 극기 공부가 필요하다. 「모난 곳에서는 모남을 본받고, 둥근 것에서는 둥긂을 본받는다는 것이다. 저절로 그러함에는 위배되는 바가 없다.」(在方而法方, 在圓而法圓, 於自然無所違.) 이것은 하나의 높은 수행을 대표한다. 최후의 서의(抒義)의 경지를 대표한다. 이 서의(抒義)의 경지가 곧 초연능허(超然凌虛)의 하나의 경지이다.

　초연능허의 경지에 도달하는 것이 곧 자연의 리(理)를 따르는 것이다. 이것은 곧 그렇게 해야 할 때 꼭 그렇게 하는 것이다. 이러면 된다. 불신해서는 안 된다. 반드시 먹어야 할 때는 먹어야 한다. 반드시 울어야 할 때는 울어야 한다. 반드시 웃어야 할 때는 웃어야 한다. 그러므로 왕필은 말하기를 「성인유정.」(聖人有情.)이라고 했다. 어떤 사람들은 말하기를 수도(修道)하는 사람은 일반 사람과 꼭 같은 감정이 없다고 말한다. 도가에서 수도하여 가장 높은 곳에서는 일반의 감정이 없다는 것이다. 왕필은 말하기를 이것은 옳지 않다. 성인도 정이 있다(聖人有情). 역시 희노애락이 있다. 성인(聖人)도 밥을 먹어야 한다. 그렇지만 성인과 우리 일반 사람들은 무엇이 서로 같지 않은가? 성인(聖人)은 정(情)이 있지만 정에 묶이지 않는다. 정이 있으나 정에 묶이지 않는다. 그가 바로 성인이다. 성인은 정(情)에 묶이지 않는다. 그러나 그는 사람과 같다. 어디에 사람과

같지 않은 성인이 있는가? 그러므로 유가에서는 「여민동락」(與民同
樂＝백성과 더불어 즐긴다)이라고 하였다.

이미 이렇게 「도법자연」(道法自然＝도는 저절로 그러함을 본받
는다)이니 곧 「저절로 그러함에는 위배되는 바가 없다.」(於自然無所
違.) 도(道)와 자연은 같은 모양이다. 도가의 형태에 비추어 말하자
면 도(道)는 곧 자연이다. 「자연」(自然)은 곧 서의(抒義＝펼쳐서 설
명하는)의 초연능허의 경지이다. 여기에 이르게 되면 다시 설명하
는 말로 그것을 말할 필요가 없다. 여기는 설명하는 말이 없다. 왜
냐하면 그것은 서의(抒義)의 경지이기 때문이다. 그것은 하나의 주
어가 아니다. 주어와 목적어의 방식으로 말하는 것으로 낙착될 수
없다. 이것은 최고의 경지이다. 이것이 곧 도가에서 말하는 「자연」
(自然)이다. 그러므로 도가에서 말하는 「자연」(自然)은 수행을 통해
도달한 하나의 최고의 여여(如如)한 경지이다. 여여(如如)의 경지는
곧 이와 같이(如此) 이와 같은(如此) 것이다.

그러므로 불교에서 말하는 「진여」(眞如)라는 이 관념은 대단한
의의(意義)가 있는 것이다. 불교의 진여는 하나의 본체(本體)가 아
니다. 「진여」(眞如)를 영어로 번역한 단어 suchness는 reality 즉, 실
체(實體)를 가리키지 않는다. 다시 말해 서양인들이 말하는 sub-
stance reality가 아니다.

「자연자, 무칭지언, 궁극지사.」(自然者, 無稱之言, 窮極之辭.) 이것은
대단히 아름답게 형용한 한 구절이다. 이러한 말은 고도의 이해력
과 고도의 표현력에 의지해야 한다. 문자는 매우 능허하여야 비로
소 능히 써 낼 수 있다. 당년(當年)에 당군의(唐君毅) 선생은 먼저
이 두 구절에 주의를 기울였다. 일반인들은 평소 이 두 구절의 말을
이해하지 못하고, 알지 못한다. 이것은 아직도 도(道)의 본체론에

대한 체인(體會)이다. 이 장은 아직도 도(道)의 우주론의 체험에 관한 것은 아니다. 왜냐하면 우주론은 천지만물과 관련하여 말하는 것이다.

자연경지(自然境界)는 곧 여차여차한 것이다. 우리는 불교의 suchness를 빌려서 이야기하자. 단 불교에서 말하는 「진여」(眞如)는 무엇이 suchness이니, 무엇이 여차여차하다는 것인가? 그것은 「공」(空)에서부터 이해해야 한다. 내용은 같은 것이 아니지만, 이 글자를 사용하는 의의는 같다. 이런 글자는 어떤 사람이라도 사용할 수 있다. 유가에서도 사용한다. 그것은 곧 하나의 어떤 것을 여차여차하게 (이와 같게) 이해한다. 불증불감(不增不減)하니, 그것이 곧 suchness이다. 불교는 먼저 여기서부터 제법실상(諸法實相)을 형용한다. 불교에서 말하는 「여」(如)는 자성(自性)을 없애려는 것이다. 「공」(空)에서부터 이해해야 한다. 그렇다면 우리나, 다른 사람들은 「여」(如)를 「공」(空)이 아닌 것에서 이해하는가? 이것은 빌려 쓰는 것이다. 도가에서는 이른바 「공」(空)-「불공」(不空)이 없다.

그러므로 나는 도가는 경지형태의 형이상학(境界形態的形而上學)이라고 말한다. 비록 『도덕경』에서 「무명, 천지지시; 유명, 만물지모.」(無名, 天地之始; 有名, 萬物之母.)라고 한다 하더라도 도(道)에는 창생(創生)의 의의(意義)는 없다. 창조(創造)의 의의는 없다. 창조성의 실체(creative reality)를 사용하여 도가의 도(道)를 말할 수 없다. 그렇지만 도가에도 우주론의 의미가 있다. 이 문제는 다음 강의에서 다시 이야기한다. 이번에 나는 많은 말로써 「인법지, 지법천, 천법도, 도법자연.」(人法地, 地法天, 天法道, 道法自然.)을 말하였다. 이 네 구절은 쉽게 말할 수 있는 것이 아니다.

「도법자연」(道法自然)에서 무엇을 「자연」(自然)이라고 부르는가?

그것은 수행(修行)에서부터 사람의 수양경지, 정신경지가 능히 저절로 그러하여 어그러짐이 없는 일종의 초연의 능허의 여차여차한 경지로 말하는 이러한 도(道)이니 결코 하나의 로고스(logos)가 아니다. 하나의 「천명불이」(天命不已)가 아니다. 이 도(道)는 곧 「자연」(自然＝저절로 그러함)이다. 「도법자연」(道法自然)은 곧 선종(禪宗)에서 말하는 「평상심이 곧 도(道)이다」(平常心就是道)라고 하는 것이다. 「평상심」(平常心)은 고의로 어그러뜨리지 않는 것이다. 역시 정(情)이 있다. 세상에 있는 것은 모두 나에게 있다. 일반 사람들이 밥을 먹으면 나도 밥을 먹는다. 그렇지만 당신이 그가 보통 사람과 같은가? 라고 한다면 그는 역시 같지 않다. 보통 사람은 다만 밥만 먹을 따름이다.

불교에서 말하는 「여여」(如如)라고 이렇게 풀어서 설명하는 경지는 곧 평상심의 도(道)에서 말하는 것이다. 하나의 하나님(上帝)-하나의 로고스(logos) 혹은 하나의 「천명불이」(天命不已)가 아니다. 당신이 능히 이러한 경지에 도달한다면 당신은 곧 도(道)가 있다. 당신이 이 경지에 도달하지 못한다면 말마다 하나님(上帝)을 이야기해도 역시 도(道)는 없다. 하나님은 다만 당신의 하나의 짐이 되고 만다. 그러므로 어떤 의미에서 말하자면 도가는 가장 철학적이다. 도가에서는 철학의 의미가 무겁고, 종교의 의미는 가볍다. 유가-불교-기독교 모두 교(敎)의 의미가 무겁다. 바로 이러한 의미에서 내가 말하는 도가의 도리(道理)는 어떤 교(敎)도 위배할 수 없다. 불교의 언어를 가지고 말하자면 그것은 공법(共法)이다. 그것이 말하는 이러한 도리는 하나님(上帝)도 위배할 수 없다. 하나님(上帝) 역시 「저절로 그러한」(自然) 것이다. 가령 하나님이 저절로 그러하지 못하다면(不自然) 이 하나님은 매우 유한하다. 그러므로 도가의 이런 방식의 도리는 하나의 common frame이니 어떠한 교(敎)라도 이 위에서 덮어 쓰게 된다. 이렇게 하여 그것은 하나의 커다란 학파가 되었다. 당신은 도가에서 말하는 「도」(道)가 유가의 천명(天命)이라고 말할 수 없을 것이다. 당신은 역시 기독교의 하나님(上帝)이라고 말할 수 없을 것이다. 역시 인도교의 바라문이라고 말할 수 없을 것이다. 그것은 특수화할 수 없다. 그것은 「무」(無)를 통하여 이해된다. 「유」(有)-「무」(無)-「현」(玄)-「자연」(自然)을 통하여 이해된다.

　도가는 풀어쓰는 것을 통하여 「도」(道)를 이해하며, 특정화할 수 없다. 거기에 하나의 특수한 결정(special determination)을 할 수도 없다. 유가에서는 「인」(仁)을 가지고 특수화한다. 유가에서는 하나의 특수한 결정을 한다. 기독교에서는 God을 가지고 특수화하는 도리이다. 이 도리(道理)에 하나의 특수한 결정을 한다. 이름하여 「God」이다. 이것은 방편(方便)이다. 그러나 도가는 특수한 결정이 없다. 이것이 곧 가장 철학적이다. 이것은 가장 자연스러운 도이며, 가장 보편성이 있는 것이다. 그러므로 도가의 도리는 common frame이다.

　「인법지, 지법천, 천법도, 도법자연.」(人法地, 地法天, 天法道, 道法自然.) 이 구절은 도가의 「도」(道)를 이해하는 마지막 구절이다. 나머지는 모두 이것의 중심(center)을 돌면서 말하는 것이다.

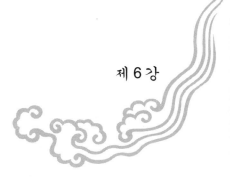

우리는 제37장을 보자. 『도덕경』 상편(上篇)의 가장 마지막 장이다.

道常無爲而無不爲. 侯王若能守之, 萬物將自化. 化而欲作, 吾將鎭之以無名
도 상 무 위 이 무 불 위   후 왕 약 능 수 지   만 물 장 자 화   화 이 욕 작   오 장 진 지 이 무 명

之樸. 無名之樸, 夫亦將無欲. 不欲以靜, 天下將自定.
지 박   무 명 지 박   부 역 장 무 욕   불 욕 이 정   천 하 장 자 정

도(道)는 항상 (무엇을 의도적으로) 하는 것이 없으면서 그러면서도 아
니하는 것이 없다. 만약 후왕(侯王 = 제후와 제왕)이 능히 지켜 가면, 만
물은 장차 저절로 변화되고, 변화가 되어서 (무엇을) 만들어 내려고 한
다면 나는 장차 무명의 박(樸)으로 진압하리라. 무명의 박(樸)은 하고자
함이 없는 것이다. 하고자 함이 없으면 고요하여, 천하는 장차 저절로 안
정되리라.

이것은 도(道)에 대한 가장 구체적인 이해이다. 「도상무위이무불
위」(道常無爲而無不爲. = 도(道)는 항상 (무엇을 의도적으로) 하는
것이 없으면서 그러면서도 아니하는 것이 없다.) 이것은 가장 구체

적이다. 이것은 『도덕경』에서 가장 유명한 구절이다.

「무위」(無爲)를 왕필은 「자연(저절로 그러함)에 따른다.」(順自然也.)라고 주(註)한다. 「무위」(無爲)는 제1장에서 말한 「무」(無)와 같다. 무위(無爲)를 말한다. 단 그것은 무위(無爲)에 머물러 있지는 않다. 그것은 또 「무불위」(無不爲)이다. 「무불위」(無不爲)는 제1장의 「유명, 만물지모.」(有名, 萬物之母.) 「상유욕이관기요.」(常有欲以觀其徼.)의 그 요향(徼向)의 유(有)이다. 「무위」(無爲)-「무불위」(無不爲), 아무튼 두 개가 같이 있어야 한다. 가정해서 다만 「무위」(無爲)라면 그것은 죽은 것이다. 그것은 작용이 없는 것이다. 가정하여 「무불위」(無不爲)에 머무른다면 그것은 곧 본(本)이 없는 것이다. 그것이 「무불위」(無不爲)가 되는 까닭은 거기서 그것이 「무위」(無爲)를 본(本)으로 하기 때문이다. 그렇지 않으면 당신은 무불위(無不爲) 할 수 없다. 당신이 어떻게 능히 무불위(無不爲) 할 수 있는가? 당신이 「무위」(無爲)를 근본으로 하지 않으면 당신은 이것을 위하여 하는 것이고 저것을 위해 할 수 없다.

그러므로 「무위」(無爲)와 「무불위」(無不爲)라는 이 두 개의 체용(體用)은 분석적으로 함께 있는 것이다. 종합적으로 함께 있는 것이 아니다. 터트려 열어 놓을 수 없는 것이다. 동의어이다. 그러므로 제1장에서 「차양자, 동출이이명, 동위지현.」(此兩者, 同出而異名, 同謂之玄. = 이 둘은 같은 근원에서 나오지만 이름은 달리 부른다. 가마득한 것이라고 일컫는다.)이라고 말했다. 이 「무위이무불위.」(無爲而無不爲.)가 곧 현(玄)이다. 그 무(無)는 무(無)가 아니며, 무(無)이면서 또 유(有)이다. 유(有)는 유(有)에 머물러 있을 수 없고, 그것은 또 무(無)이다. 그것은 돌아오면서 이렇게 돈다. 「도상무위이무불위.」(道常無爲而無不爲.)는 곧 제1장에 호응하며, 또한 「도법자연.」(道法

自然.)에도 호응한다.

「자연」(自然 = 저절로 그러함)에 따르는 것이 곧 무위(無爲)이다. 「자연」(自然 = 저절로 그러함)에 따른다는 것은 여기서 죽는다는 것이 아니다. 그것은 「재방이법방, 재원이법원, 어자연무소위.」(在方而法方, 在圓而法圓, 於自然無所違.)를 가리키는 것이다. 이렇게 할 때 당신은 능히 「무불위」(無不爲)이다. 그러므로 「무위이무불위」(無爲而無不爲)는 두 단락으로 이루어지는 것이 아니다.

「후왕약능수지, 만물장자화.」(侯王若能守之, 萬物將自化. = 만약 후왕(侯王)이 능히 지켜 가면, 만물은 장차 저절로 화(化)할 것이다.) 이것은 정치(政治)에서 말하는 것이다. 실용에 낙착된다. 정치를 하는 사람들은 후(侯)이든지 왕(王)이든지 혹은 황제이든지 능히 이 도리를 지키면 「만물장자화.」(萬物將自化.)이다. 친히 가서 그들을 교화할 필요가, 또 개혁하고 변화시킬 필요가 없다. 그것이 저절로 고쳐지고 변화된다. 「자화」(自化)는 그것이 자연적으로 전화(轉化)된다는 것이다. 그것이 저절로 꼭 살아야 할 때는 살고 꼭 자라나야 할 때는 자라난다. 당신이 날마다 손을 놀리고 발을 놀려 조종하고 붙잡아도 이 사회는 반드시 죽는다. 자화(自化)할 수 없기 때문이다.

미국에서는 조종하고 붙잡는 것이 없다. 미국 사회는 날마다 천하태평이 아니다. 어떤 사정(事情)이 발생하지도 않는다. 영국-미국 사회는 도(道)에 가까운 사회이다. 마르크스(Marx)는 그때 미국을 가장 공경하였다. 왜냐하면 거기에 특권계급이 없었기 때문이다. 헤겔의 국가론 역시 영국과 미국을 모형으로 하여 쓴 것이다. 헤겔 방식으로 가장 잘 표현한 것이 영미 사회이다. 비교적 도(道)에 가깝기 때문이다. 중국의 하(夏)-상(商)-주(周) 삼대(三代)가, 비록 소강(小康)이었으나 그것은 왕도(王道)에 가까웠다.

낙후한 민족은 가장 쉽게 치우쳐 격동하고, 반동하는 이론으로 치우치고 관념에 영향을 받고 조종되어 움직인다. 영국-미국인은 이러한 방식을 믿지 않는다. 독일 사람도 믿지 않는다. 중국 사람들은 왜 믿는가? 즉 중국의 문화 학통(學統)을 상실했기 때문이다. 그러므로 더욱 낙후될수록 어리석은 민족일수록 더더욱 쉽게 그 방식을 받아들인다. 중국이 이전에는 학문(學問)의 전통이 있었다. 이 학문의 전통을 언제 잃어버렸는가? 즉 청조(淸朝) 삼백 년 동안 잃어버렸다.

청조 만주 사람들은 이족(異族)이 중국을 통치했다. 왜 청조는 중국 학문 전통을 상실했는가? 청조 사람들은 가장 잘 고거(考據)를 이야기했기 때문이다. 고거는 학문을 대표할 수 없다. 중국에서 이전에는 각종의 리(理)를 이야기했다. 선진(先秦)에서는 가장 일찍이 문리(文理)를 이야기했다. 주공(周公)은 예(禮)를 만들고 악(樂)을 지었다. 전장(典章＝법과 규정)의 제도를 만들었다. 그것이 곧 문리(文理)이다. 유가에 오면 도덕을 이야기한다. 맹자는 성선(性善)을 이야기하니 그것은 성리(性理)이다. 도가는 현리(玄理)를 이야기한다. 그렇다면 명가(名家)에서는 명리(名理)를 이야기한다. 명리는 곧 논리(logic)이다. 명리는 수학(數學)을 개괄한다. 불교가 들어와서 공리(空理)를 이야기한다. 청조(淸朝)에 이르면 이러한 리(理)를 하나도 아는 사람 없게 되었다. 그것이 곧 훈고(訓詁)의 리(理)이다. 그러므로 청조의 사람들은 다만 훈고(訓詁)의 리(理)만 알고 학문(學問)은 모두 없어졌다. 학문은 다만 하나의 『설문』(說文)-『이아』(爾雅)가 되고 말았다. 지식분자의 학문은 완전히 『설문』-『이아』의 학문이 되고 말았다. 이런 국가가 어떻게 일어설 수 있겠는가? 이런 국가는 마땅히 망해야 한다. 마땅히 낙후하고, 마땅히 다른 사람에게 부끄러움을 당해야 한다.

청조 사람들은 다만 문자학(文字學)만 알고 다른 것은 모두 알지 못하였다. 중국의 이전에는 모두 알고 있었다. 성리(性理)-공리(空理)-현리(玄理) 모두 사상이다. 한 민족에게 사상이 없으면 곧 생명이 없는 것이다. 그러므로 중화민족이 청말(淸末)에 이르면 관념을 운용할 수 없었고, 관념이 없었으며, 다만 하나의 생물의 본능만 남았고, 세속의 총명만 있었다. 세속의 총명은 완전히 쓸데없는 것이다. 관념을 운용할 줄 모르면 사상이 없다. 그래서 내가 말하기를 중화민족이 청말(淸末)에 오면 no idea, no life라고 했다. 그러한 사상은 자연적인 총명이며, 모두 자연 본능의 반영이다. 교활(狡猾)-본능적 총명 등등, 이러한 것을 본전으로 삼는 것은 많고도 많다. 그렇지만 조금도 쓸모가 없다. 이것을 세속적 총명이라고 한다. 자연의 반응을 따라가는 세속의 총명, 이것은 idea가 아니다.

자연(自然) 반응은 본능이다(biological instinct). 이것은 반드시 이익을 좇아가고, 해를 피한다. 그것은 사상이 아니다. 청조 삼백 년 동안 중화민족에게 끼친 영향이 대단히 크다. 민국(民國) 초년의 지식분자는 모두 청말(淸末) 몇 년 동안에 근거하였다. 그래서 팔고문(八股文)을 짓는 일로 총명을 삼은 일이 대단하였다. 팔고문을 만드는 훈련은 동쪽은 억제시키고, 서쪽은 끌어오는 것이다. 훈련하는 것과 관계있는 것과-관계없는 것을 함께 끌어온 상상력이다. 그들은 멋대로 하나의 제목을 찾아낸다. 당신은 그것을 파제(破題)라고 한다. 그것은 당신에게 거짓말을 하도록 훈련을 시킨다. 당신이 이 거짓말과 엉망인 것의 총명으로 반드시 수재(秀才)-진사(進士) 시험에 합격한다. 대동원(戴東原)은 청조에서 가장 학문이 있는 사람이었다. 이 사람이 서양에서 태어났다면 과학가가 되었을 것이다.

애석하게도 그는 청조에 태어났다. 그는 다만 거인(擧人)이었고 진사(進士)에도 합격하지 못하였다. 즉 그 팔고문을 아름답게 짓지 못하였기 때문이다. 그래서 팔고문을 짓는 것과 학문을 하는 것은 완전히 두 가지 다른 일이다.

청조가 이러한 모양이었다. 그래서 민국(民國)에 이르러 서양사상이 들어오자 대응할 방법이 없게 되었다. 거짓말과 함부로 어지럽히는 것뿐이었다. 지식분자들이 대응할 방법이 없었다. 그래서 오늘날과 같은 중국의 모습은 우연이 아니다. 가령 문화(文化)가 정상이었다면 어떻게 이렇게 되었을까? 요괴(妖怪)-마귀(魔鬼)의 것이 어찌 능히 나타났을까? 이것은 곧 학문전통을 잃어버렸기 때문이다. 중국인은 청말(淸末)에 이르러 어떠한 리(理)도 알지 못하였다. 다만 세속적인 총명만 있었고 생물적인 본능만 있었다. 팔고문만 지을 줄 알고, 『설문』-『이아』만 알았다. 그래서 그들이 알고 있는 중국문화는 곧 『설문』-『이아』이니, 즉 어문(語文)이다. 즉 호적(胡適)이 이끌던 그 계통이 아직도 그런 모양이다. 지금 대만의 중앙연구원은 주로 역사어언연구소(歷史語言硏究所)이다. 저 역사어언연구소가 중앙연구원의 정신을 대표하는가? 역사어언(歷史語言)은 곧 어문(語文)이다. 오히려 역사마저 없다. 그들은 다만 어문만을 이야기한다. 그래도 지금 눈앞의 중국의 대학의 어떤 학과라도 모두 전도(前途)가 있고, 희망이 있다. 그러나 중문과는 모두 마찬가지로 전도도 없고, 출로(出路)도 없다.

중문과에서 가장 완정(完整)한 것은 사장(辭章)-의리(義理)-고거(考據)가 모두 있는 것이다. 사장(辭章)은 문학이다. 천재성에 의거해야 하고 창조하여야 한다. 몇 사람이 문학적 천재성을 가졌는가? 의리(義理)는 철학에 속한다. 그러나 그들은 이것을 이야기하지는 않았다. 그 결과 의리도 없다. 남은 것은 다만 고거뿐이다. 그 고거가 곧 『설문』-『이아』이니, 중문과에서 말하는 중국문화는 다만 『설문』-『이아』이다. 이러한 국가는 마땅히 망해야 한다. 하늘 아래 중문과는 같은 모양이다. 모두 이러한 문제이다.

홍콩대학의 중문과는 중문과가 아니다. 그곳에서는 동양에 대해 연구한다. 그들의 문제는 동양인에 대한 편견을 갖고 있다는 점이다. 그들은 당신에게 중국철학이 있다고 인정하지 않는다. 그러므로 거기에는 역사-고거-문학-철학 이런 것이 한 무더기로 모두 거기에 있다. 지금에 와서도 중국인은 아직 깨닫지 못하고 있다. 지식분자의 두뇌가 이러하니 당신은 이 시대에 저항할 방법이 없다. 당신은 이 시대에 적응할 수 없다. 그러므로 서양에서 하나의 어떤 것을 가지고 오면 본래는 밥 먹듯이 하는 일상의 것인데 중국에 와서 하나의 종교로 되었다.

그러므로 하나의 문화의 학문 전통은 액살(扼殺 = 눌러 죽임)할 수 없다. 학문의 전통이 없으면 생명이 없는 것이고, 지혜가 없는 것이다. 서양인은 몇 개의 전통이 끊어지지 않으니 과학전통이 끊어지지 않았다. 과학은 고대 그리스에서 시작하여 중세기를 거쳐 근대에 이르러 장족의 진보를 하였다. 철학 전통이 끊어지지 않았으니, 철학, 과학 모두 그리스에서 발원하였다. 계속 내려오면서 끊어지지 않았다. 종교 전통도 끊어지지 않았다. 고대 그리스의 도시국가(polis)의 정치 전통 역시 끊어지지 않았다.

그러므로 『도덕경』에서 말하기를 「후왕약능수지, 만물장자화.」(侯王若能守之, 萬物將自化.)라고 하였다. 「만물장자화」(萬物將自化) 즉 그것이 왁자지껄 떠들거나 굽어져서 뒤틀리지 않는 것이다. 사정을 만들어 내지 않는다. 그것은 저절로 전화(轉化)되고 초화(超化)된다.

마치 봄이 오면 얼음이 저절로 융화(融化)되는 것과 같다. 여기 「화」(化)는 바로 이러한 의미이다. 즉 전화-초화(超化)-융해의 의미이다. 생명이 매우 순조롭고 잘 펼쳐지며 응결되거나 동결되지 않고 번거롭지 않은 것이다.

「화이욕작.」(化而欲作.)에서 「욕」(欲)은 반드시 「욕망」(欲望)의 욕(欲)은 아니다. 「욕」(欲)은 「상」(想 = …를 하려고 생각한다)이라고 해석할 수 있다. 「욕작」(欲作)은 곧 「상작」(想作 = 만들려고 생각한다)이다. 작(作)이라는 것은 일으킨다는 것이다(作者, 興也).「욕작」(欲作)은 곧 어떤 모양을 만들어 내려고 생각하는 것이다. 화(化)하는 가운데서 갑자기 어떤 모양을 만들어 내려고 생각하는 것이다. 도가에서 가장 반대하는 것이 모양을 만들어 드러내는 것이다. 화(化)하는 가운데서 갑자기 모양을 만들어 내려 하고, 무엇인가를 일으키려 하는 것이다. 도가에서 가장 반대하는 것이 모양을 만들어 내는 것인데 모양을 만들어 내는 것은 가장 부자연한 것이고, 곧 조작이다. 껄껄거리고 웃는(噱笑) 것이고 정밀하고 고운 빛깔(精彩)이다. 껄껄거리고, 고운 자태는 도가의 도리를 가장 위반하는 것이다.

그러므로 「화이욕작」(化而欲作)하려 할 때, 모양을 만들어 내려고 할 때, 무엇을 일으키려고 생각할 때, 나는 곧장 「무명의 박(樸)으로 진압하리라」(鎭之以無名之樸). 그것을 눌러 버리리라. 「진지」(鎭之)는 곧 그것을 진정시켜 멈추게 하여 그것으로 모양을 꾸며 내지 못하게 하는 것이다. 어떻게 그것을 눌러 멈추게 하는가? 곧 저 「무명지박」(無名之樸)을 가지고 그것을 멈추게 한다. 「무명지박」(無名之樸)이 가장 좋다. 당신이 모양을 드러내려 하고, 껄껄거리려 하는 것은 곧 「유명」(有名)이다. 그러므로 「무명의 박(樸)으로 진압하리라」(鎭之以無名之樸)이다. 이러한 모든 것을 없애 버린다.

「사인방」(四人幇)은 유소기(劉少奇)와 투쟁하고 백성들과 투쟁하였다. 그 모양이 많고도 많았다. 새로운 이름을 만들어 내는 것이 매우 컸다. 그 모양이 많고 많아 사람이 생각하지도 못한 것이었다. 중화민족이 이렇게 큰 재난을 받게 되고, 그렇게 많은 사람들이 죽게 된 것은 지나가면 모두 잊어버리고 만다. 재난이 어디서부터 오는 것인가? 왜냐하면 그것은 날마다, 날마다 모양을 만들어 내기 때문이다.

「나는 장차 무명의 박(樸)으로 진압하리라.」(吾將鎭之以無名之樸.) 「박」(樸 = 가공하지 않은 통나무)은 곧 질박(質樸)이다. 가장 원시적인 것이다. 새기고 다듬은 것이 없다. 도끼로 판 흔적도 없다. 곧 원초(原初)의 혼돈이다. 즉 도가에서 나아가려는 그 혼돈이다. 「일곱 구멍을 뚫으니 혼돈이 죽더라.」(七竅作而混沌死. —『장자』)라는 것이다.

「무명지박, 부역장무욕.」(無名之樸, 夫亦將無欲.)에서 「무명지박」(無名之樸)은 곧 어떠한 욕망도 없는 것이다. 욕망이 없다는 것은 어떤 일정한 방향이 없다는 것이다. 껄껄거림이 없고, 빛깔(精彩)이 없다. 「작」(作)은 곧 유욕(有欲)이다. 「무명지박」(無名之樸)은 곧 무욕(無欲)이다.

그렇다면 「불욕이정, 천하장자정.」(不欲以靜, 天下將自定.)에서 「불」(不)은 곧 「무」(無)이다. 「불」(不)은 잘못된 글이다. 「무욕」(無欲)은 위의 구절 「부역장무욕.」(夫亦將無欲.)을 이은 것이다. 이 「무욕」(無欲)은 앞의 「화이욕작, 오장진지이무명지박」(化而欲作, 吾將鎭之以無名之樸)에 근거한 것이다. 「진지이무명지박」(鎭之以無名之樸)이 비로소 무욕(無欲)이다. 이 「욕」(欲)은 곧 사람의 욕망이다. 「무욕함으로 고요하면」(無欲以靜) 천하는 저절로 안정된다.

우리는 다시 제40장을 보자.

反者, 道之動; 弱者, 道之用. 天下萬物生於有, 有生於無.
반자 도지동 약자 도지용 천하만물생어유 유생어무

되돌아가는 것은 도의 움직임이고, (부드럽고) 약한 것은 도의 작용이다.
천하만물은 유(有)에서 생기고, 유(有)는 무(無)에서 생긴다.

「천하만물생어유」(天下萬物生於有 = 천하만물은 유(有)에서 생(生)
한다) 하는 말에서 「유」(有)는 만물의 mother ground이다. mother
ground라고 이야기할 때에 그것은 흩어서 만물에 대해 말하는 것이
다. 그것은 여러 모양이며, 역시 다원성을 띤다. 가령 우리는 이
「유」(有)를 뒤로 돌아가게 하면 그래서 도(道)에 통하게 해서 말하
자면 그것은 곧 도(道)에 속하는 것을 제기하는 것이 된다. 그렇다
면 당신은 매우 쉽게 도(道)가 일(一) 이라고 생각하게 된다. 도
(道) 자신은 일(一)이다. 다시 뒤로 돌아가면 도(道)는 「무」(無)이
다. 어떤 조짐도 일어나지 않는다. 앞으로 나가 보면 「유」(有)라고
말할 때 곧 작용이 있게 된다. 한번 도(道)의 작용을 말하게 되면
그것은 곧 여러 모양(多相)이 된다. 「여러 모양」(多相)이라고 하는
것은 중국식 표현이다. 불교의 표현이다. 서양철학의 표현은 곧 다
원적(pluralistic)이다.
　그러므로 가령 당신이 도(道) 여기서부터 말한다면 도의 「무」
(無)성(性)은 곧 하나의 모양(一相)이 된다. 「일상」(一相)은 불교의
표현이다. 서양철학의 표현은 곧 일원적(monistic)이다. 도(道)의
「유」(有)성(性)에 의거해 말한다면? 그것은 곧 「여러 모양」(多相)이
다. 왜 「유」(有)성(性)은 「여러 모양」(多相)인가? 왜냐하면 그것은

만물에 대해서 말하는 것이기 때문이다. 그러므로 『반야경』(般若經)에서는 「실상이상, 일상무상, 무상여상.」(實相一相, 一相無相, 無相如相.)이라 한다. 무(無)라고 말하면 일(一)이고, 한번 유(有)라고 말하면 곧 다(多)이다. 이것이 곧 도(道)의 이중성이다.

『도덕경』에서 이 「유」(有)는 여러 모양(多相)이다. 여기서 당신은 플라톤이 말한 「이데아」를 생각하게 될 것이다. 둘(『도덕경』과 플라톤)은 같은 곳이 있고, 아마 약간은 서로 다른 점도 있다.『도덕경』의 「유」(有)는 도저히 이데아는 아니다. 서로 같지 않은 것이 어디 있는가? 플라톤의 이데아는 아주 많다. 분필의 이데아는 책상의 이데아와 같지 않다. 단 「유」(有)의 작용은 여러 모양(多相)이다. 그것(有)은 도(道)의 이중성 중의 하나의 성격이다. 그것이 도(道)로 가서 받아들여질 때 저 많음(多)은 아주 많음(定多)으로 규정되는 것이 아니다. 이 점이 하나이다. 또 하나 다른 점은『도덕경』의 이러한 말은 동태적이고, 플라톤의 이야기는 정태적이라는 것이다. 이렇게 『도덕경』에서 말하는 「유」(有)와 플라톤의 이데아가 서로 다른 것을 비교해 낼 수 있을 것이다. (이것으로) 논문을 만들 수도 있을 것이다. 이러한 논변으로 토론하는 논점은 가장 철학적이다. 당신이 만약 논점이 없고 한 무더기의 재료만 베껴 쓴다면 그것은 논문이라고 할 수 없다.

여러분 자신들이 돌이켜 생각해 보고 곧장 가서 플라톤을 잘 읽어야 할 것이다. 플라톤이 이데아를 어떻게 이야기하고 있는지를 이해하고 나서 다시 자세히『도덕경』이 어떻게 이 「유」(有)를 말하는지를 이해해야 한다. 이것을 표현해 내려고 하면 쉽지는 않을 것이다. 이것을 비교철학이라고 한다. 당신이 둘 다 알아야 비로소 비교할 수 있다. 이것은 논변할 만한 것이다. 철학에는 곧 변론이 있는 것이다.

또 하나의 문제는 『도덕경』에서 말하는 「무명, 천지지시; 유명, 만물지모.」(無名, 天地之始; 有名, 萬物之母.)이다. 이것은 도가의 방식으로 말하는 것이다. 가령 『역전』에서는 어떻게 천지(天地)의 시작을 말하는가? 『역전』에서는: 「대재건원, 만물자시.」(大哉乾元, 萬物資始.)라고 한다. 이것은 다른 하나의 계통이다. 그렇다면 당신은 비교할 수 있을 것이다. 하나는 유가 계통이고, 하나는 도가 계통이다. 이것은 분명하게 서로 같지 않은 두 개의 계통이다. 그렇다면 서로 다른 점이 어디에 있는가? 이것도 논문을 만들 수 있는 것이다. 이것이 비로소 당신의 사고(思考)를 훈련하는 것이다. 그러므로 당신이 『도덕경』의 제1장을 읽을 때에 이 두 계통을 머리에 넣어 두어야 한다.

하나는 플라톤과 비교하는 것이고, 하나는 『역전』과 비교하는 것이다. 플라톤과 비교하는 것은 「유」(有) 거기서부터 비교하는 것이고; 『역전』과 비교하는 것은 「무」(無) 거기서부터 비교하는 것이다. 왜냐하면 『도덕경』은 말하기를 「무」(無)는 천지지시(天地之始)라고 하기 때문이다. 그리고 『역전』은 말하기를 「대재건원, 만물자시.」(大哉乾元, 萬物資始.)라고 한다. 그것은 「건원」(乾元)을 만물의 시작(萬物之始)으로 삼는다. 이것은 다른 하나의 계통이다. 이렇게 되어야 비로소 토론이 된다. 『도덕경』을 비로소 이야기할 수 있고, 비로소 철학적 사변을 해낼 수 있다. 그렇지 않으면 어떻게 『도덕경』을 이야기할 수 있는가?

「유」(有)의 많은 모양(多相)은 「무」(無)와 함께 연결시켜 야기할 수 있을 것이다. 한번 「유」(有)를 생각하게 되면 우리는 금방 「무」(無)를 생각하게 된다. 「유」(有)에서 위로 올라가면서 생각하면 곧

「무」(無)를 생각하게 된다. 「유」(有)는 본래 아래로 내려가서 떨어진다. 왜냐하면 그것은 만물에 대해서 말하는 것이기 때문이다. 그것은 「무」(無)와 연결되어 있으나, 그러나 그것은 또 「무」(無)와 같지 않은 것이다. 「유」(有)는 모(母 = mother ground)이다. mother ground는 하나의 형식근거(formal ground)이다. 모(母)는 근거(根據)이다. 근거는 형식의의(formal sense)이다. 일반 사람들은 mother ground를 구체적인 것으로 여긴다. 그것은 일반 사람들이 철학적 훈련을 하지 않았기 때문이고, 논리적 훈련을 하지 않았기 때문이다.

　일반 사람들의 생각에 비추어 보면 그들이 생각할 때 「근거」(根據)는 구체적인 것이다. 구체적인 것은 다시 구체적인 것을 찾아 그 근거로 삼는다. 그들은 구체적인 것의 뒤에는 결국 하나의 근거가 있다는 것을 생각하지 못한다. 논리 훈련을 조금 받은 사람은 모두 알고 있는 것이 구체물(具體物)의 근거라고 말하면 그 근거는 다시는 구체적이지 않은 것을 안다. 그것은 반드시 formal이다. 가령 우리가 말하는 물리세계의 일체현상은 마지막에 전자(電子)-양자(量子)-원자(原子)라고 한다. 원자-전자-양자는 구체적인 것이다. 이것은 과학적 해석이고, 철학적 해석은 아니다.

　플라톤이 말하는 하나의 어떤 것에는 그 근거가 있다. 그 이치(理)가 있다. 그것은 가장 최후의 것이다. 이렇게 말하는 것은 철학적인 것이다. 『도덕경』에서는 「유명, 만물지모」(有名, 萬物之母.)라고 말한다. 이 「모」(母) 역시 마지막이다. 형식근거이다. 「모」(母) 곧 어머니이다. 지식의 정도 문제가 아니다. 우리가 원자-전자-양자라고 말할 때는 물리현상의 마지막 근거이다. 그것은 우리 눈앞의 지식 정도로 말하는 마지막이다. 그것은 고쳐질 수 있다.

「유」(有)는 도(道)의 이중성을 이루는 것으로 그것은 또 「무」(無)를 끌어와 함께할 수 있다. 「유」(有)와 「무」(無)를 함께 끌어오면, 이것이 곧 도(道)의 이중성(double characters) 즉 도(道)의 「무」성(「無」性); 도의 「유」성(「有」性)을 이룬다. 도(道)는 왜 「유」성(「有」性)을 드러내는가? 왜냐하면 그것이 앞으로 나아가서 보려고(往前看) 하기 때문이다. 만물(萬物)과 더불어 관계가 발생한다. 만약 만물과 관계가 발생하지 않으면 이 도(道)를 요구해서 무엇 하겠는가? 그러므로 양면이 통한다. 그렇지만 당신은 아무튼 「유」(有)의 이 중간층을 나누어야 한다. 이것은 대단히 번거로운 일이다. 왜냐하면 일반인은 「유」(有)와 물(物)을 나누지 않는다. 아주 적은 수의 사람들이 알고 있는 것은 「유」(有)로부터 뒤로 돌아가면 도(道)의 이중성(雙重性)을 말하게 된다는 것이다. 도(道)의 이중성은 다만 『도덕경』 제1장에서 찾아볼 수 있다. 뒤의 장구(章句)에서는 볼 수 없다.

그러므로 제40장에서 말하기를; 「천하만물생어유, 유생어무」(天下萬物生於有, 有生於無.)라 하였다. 「천하만물」(天下萬物)은 구체적인 것이다. 물(物)은 「유」(有)에서 생긴다. 「유」(有)는 물(物)의 mother ground이다. 「유」(有)는 「물」(物)보다 한층 높다. 이것은 두 번째 층이다. 단 「유」(有)는 어디서 나오는가? 「유」(有)는 「무」(無)에서 나온다. 「유」(有)는 왜 「무」(無)에서 나오는가? 이것은 다만 『도덕경』 제1장으로부터 이해해야 한다. 「상무, 욕이관기묘; 상유, 욕이관기요」(常無, 欲以觀其妙; 常有, 欲以觀其徼.)를 보자. 도(道)의 「무」(無)성(性)이다. 이것은 뒤로 가서 도(轉)는 것이다. 뒤로 가서 돌면 곧 소리도 없고, 냄새도 없다. 어떠한 한정도 있을 수 없고, 어떠한 조짐도 있을 수 없고, 어떠한 단서도 노출될 수 없다. 그렇지

만 도(道)는 죽어 없는 것이 아니고, 그것은 만물과 관계를 발생하
게 한다. 그것이 「무」(無)인 까닭은 (그것이) 무한묘용(無限妙用)이
기 때문이다. 「무」(無)는 아무것도 아닌 것이 아니다. 이 「무」(無)는
곧 무한묘용(infinite function)과 같다.

　그러므로 「무」(無)라고 말할 때, 그것은 소극적(negative)으로 말
하는 것이다. 「무」(無)라고 말하는 것은 하나의 무한한 묘용(妙用)
이다. 그것이 묘용으로 쓰이는 까닭은 어디에 있는가? 곧 「유」(有)
에서 드러난다. 이 「유」(有)가 곧 묘용이 쓰이는 모양(用相)이다. 가
령 「유」(有)를 통과하지 않고는 이 무한묘용의 쓰이는 모양은 드러
나지 않는다. 「묘용」(妙用)은 다만 하나의 빈말이다. 묘용이 용(用)
이 되는 까닭은 그것이 만물에 관련되기 때문이고, 만물지모(萬物之
母) 바로 여기서 드러난다.

　그렇다면 당신은 왜 「모」(母)라는 이 쓰임의 모양(用相)이 「무」
(無)에서 나오는가? 라고 물을 수 있을 것이다. 왜냐하면 무한묘용
은 어떠한 한정도 없다. 어떠한 하나의 쓰임에 있으면 그것은 곧 한
정에 머무르게 된다. 무릇 한정에 머무르는 것이 되는데 X에 한정
이 되면 Y에 한정될 수는 없다. 다만 무한의 묘용만이 비로소 한정
이 있는 작용을 발휘해 낸다. 그러므로 「유」(有)는 유(有)에서 생겨
날 수가 없다. 「유」(有)에서 「유」(有)가 생기면 영원히 멈추지 않는
다. 닭이 달걀을 낳고, 달걀이 닭을 낳고, 닭과 달걀은 모두 유(有)
이다. 영원히 순환하여 어디에 가서 멈추는가? 「유」(有)가 「유」(有)
에서 생기는 것은 하나의 무한히 꿰어지는 것이다. 멈추려고 한다
면 반드시 「무」(無)이어야 한다. 그러므로 「유생어무」(有生於無 = 유
는 무에서 난다)이다. 「유생어무」(有生於無.)는 곧 「유출어무」(有出
於無 = 유는 무에서 나온다)이다.

「천하만물생어유, 유생어무.」(天下萬物生於有, 有生於無.) 이 한 구절은 제1장과 관련된다. 다시 중복하면 이것은 도(道)의 우주론적인 체인(體會)이다. 무릇 천지만물과 관련되는 것은 우주론이다. 본체론은 도(道) 본체(本體)에 대한 체인(體會)이다. 어떤 것과도 관련되지 않는다.

이 한 구절의 의미를 알게 되었으면 다시 제39장을 보자.

昔之得一者: 天得一以清, 地得一以寧, 神得一以靈, 谷得一以盈, 萬物得一
석 지 득 일 자   천 득 일 이 청   지 득 일 이 녕   신 득 일 이 령   곡 득 일 이 영   만 물 득 일

以生, 侯王得一以爲天下貞, 其致之一也.
이 생   후 왕 득 일 이 위 천 하 정   기 치 지 일 야

옛날에 하나를 얻은 것으로는, 하늘은 하나를 얻어 맑고, 땅은 하나를 얻어 편안하고, 신(神)은 하나를 얻어 영묘(靈妙)하고, 골짜기는 하나를 얻어 가득차고, 만물은 하나를 얻어 생겨(자라)나고, 후왕(侯王)은 하나를 얻어 천하를 바르게 한다. 그것들은 이 하나로써 이루어지는 것이다.

「석」(昔)이라고 말하는 것은 옛것을 중시하는 것이다. 이전 사람들은 옛사람을 중시했다. 도(道)는 고금(古今)이 없다. 도(道)는 이른바 시간의 제한이 없다. 당신은 「지금 일(一)을 얻은 자」(今之得一者)라고 해도 된다. 그렇지만 당신이 저 「석」(昔) 자를 없애 버린다면 누구를 막론하고라도 어떤 사람이라도 저 「일」(一)을 얻게 된다. 저 「일」(一)은 어떤 의미의 「일」(一)인가? 즉 다음에서 말하는 것인데 즉 예를 들어 표시하는 그가 얻은 바의 「일」(一)은 어떤 의미로서 하나의 「일」(一)인가? 「천득일이청, 지득일이녕, 신득일이령, 곡득일이영, 만물득일이생, 후왕득일이위천하정, 기치지일야.」(天得一以

淸, 地得一以寧, 神得一以靈, 谷得一以盈, 萬物得一以生, 侯王得一以爲
天下貞, 其致之一也. = 하늘은 하나를 얻어 맑고, 땅은 하나를 얻어
편안하고, 신(神)은 하나를 얻어 영묘하고, 골짜기는 하나를 얻어
가득차고, 만물은 하나를 얻어 생겨(자라)나고, 후왕(侯王)은 하나를
얻어 천하를 바르게 한다. 그들은 이 하나로서 이루어지는 것이다.)
모두 예를 들어서 설명하는 이 「일」(一)은 어떤 모양의 「일」(一)인
가?

그렇다면 이 「일」(一)과 「천」(天)-「지」(地)-「곡」(谷)-「만물」(萬
物)-「후왕」(侯王) 등등과는 어떤 관계인가? 어떻게 하여 이런 구절
은 우주론(cosmology)을 표시하는가? 이 「일」(一)은 곧 도(道)를 대
표한다. 이것은 mother ground가 아니다. 「유」(有)-「무」(無) 양자에
모두 도(道)가 내재한다. 왜냐하면 도(道)의 「유」(有)성(性)과, 「무」
(無)성(性)은 나눌 수 없기 때문이다. 나눌 수 없기 때문에 비로소
현(玄)이라고 일컫는다. 현(玄)은 비로소 도(道)가 도(道)답게 되는
것이다.

무엇이 「천득일이청」(天得一以淸)인가? 하늘(天)이 위에 있기 때
문이다. 『중용』에서 말하기를: 「천지지도, 박야-후야-고야-명야.」
(天地之道, 博也-厚也-高也-明也. = 천지의 도는 넓다-두텁다-높
다-밝다.)라고 했다. 고명(高明)은 곧 청(淸)이다. 박후(博厚)가 곧
녕(寧)이다. 그러므로 말하기를 천(天)은 청(淸)이라 말하고, 지(地)
는 녕(寧)이라고 말한다.

땅은 만물을 싣고 있다. 모든 것은 땅에서 난다. 대지(大地)는 당
신을 싣고 있다. 그러므로 당신은 안녕(安寧)하다. 안녕(安寧)이라는
이 관념은 곧 유가에서 말하는 싣고 있다는 것이다. 땅(地)은 넓고
두텁고(博厚)-싣고(持載) 있다. 그러므로 당신은 그 위에 살고 있으

면서 안녕(安寧)을 얻는다. 천(天)은 곧 높고 밝다(高明). 왜 하늘은 높고 맑은가? 왜냐하면 하늘은 위에 있기 때문이다. 고명(高明)은 곧 청명(淸明)이다. 이 「청」(淸)은 저 고명(高明) 거기에서 말하는 것이다.

유가에서 말하기를: 「안토돈호인」(安土敦乎仁. ─『역전』)이라 했다. 이것은 유가의 말이다. 도가(道家)에서는 이런 종류의 말은 하지 않는다. 도가에서는 「녕」(寧)이라고 말한다. 실은 「녕」(寧)은 「안」(安)으로부터 온 것이다. 「안」(安)과 「녕」(寧)의 의미는 서로 통한다. 땅(土)이 있는 곳에서는 곧 평안(安)하다. 도가에서 말하는 「녕」(寧)은 실은 「안」(安)이다. 땅(土)을 「안」(安)이라고 말하는 것은 곧 「안토」(安土)에서 돌려서 온 것이다.

「천득일이청, 지득일이녕」(天得一以淸, 地得一以寧.)이라 한다면 「일」(一)과 「청」(淸)의 관계는 어떠한 관계인가? 「일」(一)과 「녕」(寧)의 관계는 어떠한 관계인가? 「일」(一)은 볼 수 없는 것이다. 우리가 볼 수 있는 것은 하늘에서 말하자면 맑은 것이고, 땅에서 말하자면 편안한 것이다. 하늘은 위에 있고 우리가 볼 때에는 밝고 환하다. 우리가 직접 나가서 땅을 보면 땅은 우리로 하여금 안정되게 한다. 이런 것은 우리가 감각할 수 있는 것이다. 단 「일」(一)은 볼 수 없다. 그렇지만 하늘이 맑은 것, 땅이 편안한 것은 마땅히 주어진 (given) 것으로 봐야 한다.

다음 「신득일이령, 곡득일이영, 만물득일이생, 후왕득일이위천하정」(神得一以靈, 谷得一以盈, 萬物得一以生, 侯王得一以爲天下貞.) 모두 같은 모양의 구절 법칙이다. 신지령, 곡지영, 만물지생, 후왕지이위천하정, 만물지생(神之靈, 谷之盈, 萬物之生, 侯王之以爲天下貞, 萬物之生) 모두 마땅히 주어진(given) 것으로 봐야 한다. 참된 우주론

어구는 여기서부터 봐야 한다. 우주론은 곧 이 도리(道理)를 이해하는 것이다. 즉 「천득일이청, 지득일이녕, 신득일이령, 곡득일이영, 만물득일이생, 후왕득일이위천하정.」(天得一以淸, 地得一以寧, 神得一以靈, 谷得一以盈, 萬物得一以生, 侯王得一以爲天下貞.)을 이해하는 것으로 어떤 것도 「일」(一)을 떠날 수가 없다.

나누어서 말하자면 하늘이 바로 「일」(一)을 얻어서 그것이 능히 하늘답게 된다. 하늘의 본질(essence)은 곧 맑은 것이다. 하늘이 하늘 된 까닭은 맑음이다(天之所以爲天是淸). 중문(中文)에서는 「본질」(本質＝essence)이라는 글자를 말하지 않는다. 중문(中文)에서 말하는 것은 「소이」(所以)이니, 「소이」(所以)는 곧 「소이연」(所以然)이다. 즉 영문(英文)의 「essence」(본질)이다.

그렇다면 「청」(淸)은 하늘의 하나의 본래부터 가지고 있던 특성이다. 「청」(淸＝맑음)이 가지고 있는 이 본유(本有)의 특성은 어떻게 가능한가? 『도덕경』의 여기에서 말하는 것에 비추어 보아 말하자면 「일」(一)이 그것을 가능하게 한다. 이미 「일」(一)이 그것을 가능하게 한다면 분명히 「일」(一)은 그것의 밖에 있다. 그렇다면 「일」(一)과 「하늘의 맑음」(天之淸)과의 관계는 형이상(形而上)의 관계이다.

그로 하여금 가능하게 한다는 것은 곧 그가 이러하게 된다는 것이다. 하나의 어떤 것을 그렇게 한다는 것은 몇 종류의 의의가 있을 수 있다. 형이상(形而上)의 가능성도 있다. 형이상(形而上)의 가능 중에서 본체론에 속하는 것도 있을 수 있고, 우주론에 속하는 것도 있을 수 있다.

예를 들면 원자(原子)-양자(量子)를 가지고 물리현상을 해석할 수도 있어서 물리현상으로 하여금 가능하게 한다. 이러한 해석이

가능한 까닭은 물리학적 의미가 가능하기 때문이다. 물리학은 경험적인 것에 속한다. 다른 한 종류는 논리적 가능에 속한다. 예를 들어 하나의 대전제가 있고 하나의 소전제가 있으면 이러한 결론의 가능성이 있다. 예를 들어: 「무릇 사람은 죽는다.」(凡人有死.) 「공자는 사람이다.」(孔子是死.) 「공자는 죽는다.」(孔子有死.) 이 삼단 논법 중에서 「무릇 사람은 죽는다.」 「공자는 사람이다.」 이 두 전제는 곧 「공자는 죽는다.」라는 이러한 결론의 가능(可能) 근거이다. 이러한 가능은 논리적 가능이다.

매우 분명한 것은 「천득일이청, 지득일이녕.」(天得一以淸, 地得一以寧.) 이러한 가능은 물리적 의의(意義)의 가능도 아니고 역시 논리 의의(意義)의 가능도 아니라는 것이다. 그러나 「일」(一)은 「천지청」(天之淸)으로 하게 하는 가능이다. 「지지녕」(地之寧)으로 하게 하는 가능이다. 이러한 가능은 일컬어서 형이상(形而上)의 가능이라고 한다. 그리고 이 형이상은 어느 일면(一面)에 속하는 형이상인가? 그것은 존재론이 아니다. 우주론이다. 「우주론적」(宇宙論的)이란 말은 무슨 의미인가? 즉 말하자면 이것이 이 사실로 하여금 출현하게 하는 것이다. 「일」(一)로 하여금 「천지청」(天之淸)-「지지녕」(地之寧)을 실현하게 하는 것이다. 이것을 아리스토텔레스는 실현원리 (principle of actualization)라고 부른다. 실현(actualize)은 곧 그것으로 하여금 하나의 현실적인 것으로 되게 한다. 곧 그것을 실현한다.

도(道)의 실현원리는 우주론적인(cosmological) 것이다. 우주론은 곧 만물에 대해서 만물의 실현을 말하는 것이다. 이것은 철학사(哲學史)에서 가장 광범한 것이다. 그러나 이러한 실현원리는 아주 여러 가지로 이야기된다. 뭉뚱그려서 말하여 실현원리이다. 그러므로 『도덕경』에서 말하는 그 「도」(道)는 먼저 실현원리를 이야기한다.

그것이면 충분하다.

어떻게 실현하는가? 그것은 매우 여러 가지의 형태가 있다. 기독교에서는 하나님(上帝)의 창조를 말한다. 하나님(上帝)도 역시 실현원리이다. 하나님(上帝)이 만물을 창조했다. 만물로 하여금 존재하게 했다. 그 실현원리는 곧 창조원리로 변했다. 또 이「창조」(創造)는 종교가 이야기하는 것이니 창조이다. 창조는 곧 무(無)에서부터 만드는 것이다. 무엇을 창조라고 말하는가? 창조(創造)는 곧 무(無)에서부터 유(有)에 이르는 것이다. 무(無)에서부터 유(有), 본래 이것이 없었는데 하나님(上帝)이 그것으로 하여금 있게 했다. 이것을 실현원리의 창조설이라고 말한다. 가령 이미 있던 재료를 가지고 만든다면 이것을 창조라고 말하지 않는다. 이것은 제조이다. 철학가 안에서 플라톤의 (철학)계통은 제조설이다. 그가 말하는 조물주(Demiurge)는 다만 형상(form)을 가지고 질료(matter)에 더 보탤 뿐이다. 질료(matter)는 본래 있는 것이다. 그것을 제조라고 부른다. 목장(木匠)이 책상을 제조하는 것과 같다. 종교가가 나와서 창조를 이야기하면 그것은 무(無)에서부터 만드는 것이다. 또 만드는 것은 모두 개체이다.

『역전』은 또 다른 하나의 형태이다.『역전』도 창조를 이야기한다. 단 그 창조는 종교가의 창조는 아니다.「대재건원, 만물자시.」(大哉乾元, 萬物資始.)이므로「건원」(乾元) 또한 창조이다. 하나의 창조원칙이다.「건원」(乾元) 역시 만물로 하여금 실현하게 한다. 어떤 것도 건원(乾元)을 떠날 수 없다.「건원」(乾元) 역시「천득일이청, 지득일이녕, 신득일이령.」(天得一以淸, 地得一以寧, 神得一以靈.)이다. 이것은 유가의 형태이다.

도가(道家) 형태는「무」(無)이다. 이 도(道)는 다만 실현원리를 말하는 것이고, 그것은 종교가(宗敎家)가 말하는 창조는 아니며, 유가에서 말하는 창조도 아니다. 그러므로 이것은 가장 철학적(philosophical)이다. 또 도가의 실현원리는 우주론적이고, 본체론적(ontological)이지 않다. 이 우주론적 실현원리는 역시 「소이연」(所以然)으로도 볼 수 있다.

도(道)로 하여금 「하늘을 맑게」(天之淸) 하여, 그 하늘의 맑음(天之淸)을 이룬다. 「일」(一)은 소이연(所以然)이니, 「하늘의 맑음」(天之淸)을 그렇게 한다. 「하늘을 맑게」(天之淸) 함으로 여길 수 있는 것은 곧 실연(實然)이다. 「연」(然)은 곧 사실이 이와 같다는 것이니 「연」(然)에는 반드시 「소이연」(所以然)이 있게 된다. 우리는 이것의 사실이 이러하다는 것에 대하여 하나의 설명을 한다. 또 이 설명은 근원적 설명이다. 곧 우주론적 설명이고, 과학적 설명이 아니다. 이 「소이연」(所以然)은 우주론적 이야기이다. 예를 들어 주자(朱子)는 이러한 생각의 길을 좋아하였다. 주자의 저 「태극」(太極)은 기화(氣化)에 대한 하나의 설명이다. 기화는 곧 「연」(然)인 저 기화라는 「소이연」(所以然＝그러한 바)의 그 리(理)는 곧 태극(太極)이다. 태극은 기화(氣化)의 「소이연」(所以然)을 설명하는 것이다. 이것은 본체우주론의 설명이다. 태극이 짊어진 「소이연」(所以然)은 이미 물리학 의미의 「소이연」(所以然)도 아니고, 역시 논리 의미의 「소이연」(所以然)도 아니다. 그러므로 태극이라는 이 「소이연」(所以然)은 초월적인 「소이연」(所以然)이니 그것과 도(道)의 지위는 같은 것이다.

하늘이 「일」(一)을 얻으면 곧 능히 맑다. 그래서 말하기를 「천득일이청.」(天得一以淸.)이라고 했다. 땅이 「일」(一)을 얻으면 곧 능히 편안하다. 그러므로 「지득일이녕.」(地得一以寧.)이다. 그렇다면 「신득일이영.」(神得一以靈.)에서 신(神)의 영(靈)함은 사실이다. 이것은 모두가 아는 일이다. 우리도 이미 알고 있다. 단 그것이 어떻게 하여 영(靈)한가? 곧 그것이 「일」(一)을 얻었기 때문이다. 가령 그것에 「일」(一)이 없었다면 그것은 곧 영(靈)하지 못하였을 것이다. 세 갈 래 생각 두 가지 마음(三心兩意)으로 전일(專一)하지 못하여 곧 신 (神)이 없고, 신(神)이 없으므로 따라서 신령스럽지 못하다. 다음에 서 말하는 「골짜기가 채워짐」(谷之盈)-「만물의 생겨남」(萬物之生) 등등은 모두 기성(旣成)의 사실이다. 구체적 사실에 대해서 그것의 근원을 찾아 「일」(一)이라고 말한다. 이것은 곧 우주론적인 설명이 다. 또 본체(本體)에 통한다. 왜냐하면 이 「일」(一)을 「도」(道)로 간 주하여 말하기 때문이다. 이것을 본체우주론적인 설명이라고 한다.

「만물득일이생」(萬物得一以生)에서 이 「일」(一)을 「도」(道)로 간 주해서 말하면, 도(道)의 이중성은 곧 이 안에 있게 된다. 「득일이 생」(得一以生)은 곧 「득일이성」(得一以成)이니 이 「생」(生)은 곧 성 (成)이다. 성(成)은 곧 존재이다. 「득일이생」(得一以生)은 곧 「득일 이존재」(得一以存在)이다. 만물(萬物)은 일(一)을 얻어서 존재한다. 만물의 존재는 곧 실연(實然)의 문제이다. 만물존재는 실연이다. 이 실연에 대해서 설명하는 「일」(一)은 곧 소이연(所以然＝그것이 그 러한 바로의 원리)이다.

「후왕득일이위천하정」(侯王得一以爲天下貞.)은 정치(政治)에서 말 하는 것이다. 후왕(侯王)이 「일」(一)을 얻어서 비로소 능히 천하가 안정된다. 당신이 「일」(一)을 얻지 못한다면 당신은 천하를 안정시 키지 못한다. 당신으로 하여금 천하가 크게 어지럽게 된다. 왜냐하 면 당신에게 도(道)가 없기 때문이다. 「정」(貞)은 정정(貞定)이다.

「도」(道)-「유」(有)-「무」(無) 모두 내재(內在)라고 말한다. 그리고 도(道)의 유(有)-도(道)의 무(無)라고 말하지 않는다. 나누어서 말하지 않는다. 「유」(有)와 「무」(無)의 혼일(混一)이 「현」(玄)이다. 나누어서 말하자면 도(道)의 유(有)성(性)-도(道)의 무(無)성(性)이지만, 도(道)는 「유」(有)-「무」(無)라는 둘을 통하여 분석적으로 그 내용을 이해하나, 분석의 자리에 정지해 있지는 않고, 함께 섞는다. 그러므로 『도덕경』제1장에서 말하는 것은 「차양자, 동출이이명, 동위지현.」(此兩者, 同出而異名, 同謂之玄.)이다. 「현」(玄)은 비로소 도(道)의 구체성-진실성을 회복한다. 제39장에서 말하는 「일」(一)은 곧 이것을 가리켜서 말하는 것이다. 도(道)는 우리의 사상(思想) 중에 있는 것은 아니다. 그것을 「유」(有)이다-「무」(無)이다라고 말하는 것은 우리가 나누어서 표시하는 것이다. 그것은 우리가 도(道)에 대해서 분석하여 이해하는 것이다.

「일」(一)은 단순히 「유」(有)를 가리켜서 말하는 것도 아니고, 단순히 「무」(無)를 가리켜서 말하는 것도 아니고, 유(有)이면서 무(無)이고, 무(無)이면서 유(有)인 「현」(玄)을 말하는 것이니, 곧 도(道) 자체(道本身)이다. 「천지청」(天之淸)-「지지녕」(地之寧)-「곡지영」(谷之盈)-「만물지생」(萬物之生)-「후왕지이위정」(侯王之以爲貞) 그것이 능히 이러한 경지에 도달할 수 있는 까닭은 모두 그것이 「일(一)을 이룸에.」(基致之一也.) 원인을 둔다. 이것은 정면(正面)의 해석이다.

다음은 반면(反面)에서부터 이야기해 보자:

天無以淸將恐裂, 地無以寧將恐發, 神無以靈將恐歇, 谷無以盈將恐竭, 萬物
천 무 이 청 장 공 열   지 무 이 녕 장 공 발   신 무 이 령 장 공 헐   곡 무 이 영 장 공 갈   만 물

無以生將恐滅, 侯王無以貴高將恐蹶.
무 이 생 장 공 멸   후 왕 무 이 귀 고 장 공 궐

하늘에 맑음이 없으면 갈라질까(裂) 두렵고, 땅에 평안이 없으면 쏟아질
까(發) 두렵고, 신(神)에 영묘(靈妙)함이 없으면 시들(歇)까 두렵고, 골짜
기에 채워짐이 없으면 마를(竭)까 두려우며, 만물에 생(生)겨남이 없으
면 멸망할까 두렵고, 후왕(侯王)에 귀하고 존귀함이 없으면 넘어질까 두
렵다.

「천무이청」(天無以淸 = 하늘에 맑음이 없다)이라는 것은 마땅히 「천
무이청지」(天無以淸之 = 하늘에 맑음이 없어 간다)라고 해야 한다.
가령 하늘에 「일」(一)이 없어서 그것으로 하여금 하늘을 맑게 하지
못한다면, 그렇다면 이 하늘은 아마 갈라질까 두렵다. 갈라진다는
것은 그의 unity를 계속 지니지 못하여 그것이 붕괴(崩潰)되는 것이
다. 가령 땅에 「일」(一)이 없어서 그것으로 하여금 땅을 편안하게
하지 못한다면, 그렇다면 이 땅은 쏟아질까 두렵다. 「쏟아진다」(發)
는 것은 안온하지 않고 안으로 끓어오른다는 것이다. 이런 것은 모
두 문장(文章)을 만드는 것이고 깨끗이 한마디로 말하자면 즉 「일」
(一)이 없으면, 안 된다라는 것이다. 이 몇 마디 말은 반면(反面)으
로 표시한 것이다. 다음에서 이 몇 개의 예에 근거하여 종합해서 말
한다.

故貴以賤爲本, 高以下爲基. 是以侯王自謂孤-寡-不穀. 此非以賤爲本邪?
고 귀 이 천 위 본   고 이 하 위 기   시 이 후 왕 자 위 고 과 불 곡   차 비 이 천 위 본 야

非乎? 故致數輿無輿(至譽無譽). 不欲琭琭如玉, 珞珞如石.
비 호   고 치 수 여 무 여 지 예 무 예   불 욕 록 록 여 옥 낙 낙 여 석

그러므로 귀(貴)한 것은 천(賤)한 것을 근본으로 하고, 높은 것은 아랫것
을 터로 한다. 이러므로 후왕(侯王)은 스스로 고(孤 = 고독한 사람)-과

(寡 = 부족한 사람) - 불곡(不穀 = 알곡이 못 되는 사람 = 쭉정이)이라고 하는데, 이것이 천한 것을 근본으로 삼는 것이 아니겠는가? 아닌가? 그러므로 지극히 명예로운 것은 명예가 없다. 진귀한 옥과 같이 되기를 바라지 않고, 널려 있는 돌같이 한다.

「일」(一)은 귀(貴)이다. 「천지청」(天之淸) - 「지지녕」(地之寧) - 「신지령」(神之靈) - 「곡지영」(谷之盈) - 「만물지생」(萬物之生) - 「후왕지이위천하정」(侯王之以爲天下貞), 이런 것은 귀(貴)이다. 당신이 능히 이러한 귀(貴)에 도달하려고 한다면, 천(賤)을 근본으로 해야 한다. 「고이하위기, 시이후왕자위고 - 과 - 불곡, 차비이천위본야비호?」(高以下爲基, 是以侯王自謂孤 - 寡 - 不穀, 此非以賤爲本邪非乎? = 높은 것은 아랫것을 터로 한다. 이러므로 후왕(侯王)은 스스로 고(孤 = 고독한 사람) - 과(寡 = 부족한 사람) - 불곡(不穀 = 쭉정이)이라고 하는데, 이것이 천한 것을 근본으로 삼는 것이 아니겠는가?) 이 말은 크게 간여할 바가 아니다.

「고치수여」(故致數輿)에서 「여」(輿)는 명예스럽다는 뜻이다. 「수」(數)는 많다는 의미이다. 당신이 허다한 명예를 구하여도 결과는 명예가 없다. 우리의 현재 생활 중에서 입신(立身) - 처세(處世)에 보석같이 빛나고 돌같이 되기를 바라는 것은 좋은 것이 아니다. 당신은 명예를 요구하지만 이런 명예를 버려야 한다. 이것이 도가의 지혜이다. 우리들 개인은 당연히 빛이 나기를 바라고, 일어서기를 바란다. 당신이 날마다 빛나기를 바라고, 옥과 같이 밝고, 돌과 같이 되기를 바라지만 그러나 당신에게는 빛이 없으며, 일어서지 못한다.

「불욕록록여옥, 낙낙여석.」(不欲珠珠如玉, 珞珞如石.) 이 구절에 대한 왕필의 주(註)는 다음과 같다: 「옥(玉)과 석(石)이 빛나지만 그 본성(本性)이 궁진(窮盡)되면 가지려고 하지 않는다.」(玉石珠珠珞珞, 體盡於形, 故不欲也.) 이 주(駐)는 매우 좋다. 「체」(體)는 그것의 본성이다. 그것 자체(自體)다. 옥(玉)이 옥빛이 나고 돌에 (돌) 빛이 나지만 그 자체의 본성에서 그 모양을 다한 것이다. 「형」(形)은 록록(珠珠＝옥돌의 빛) 낙낙(珞珞＝돌 목걸이)을 가리킨다. 우리는 옥을 좋아하고 옥을 칭찬한다. 좋아하고, 칭찬하는 것은 옥의 덕(德)이다. 그러므로 이전의 선비-군자(君子)들은 검(劍)을 차고, 옥을 차고 있었다. 옥은 굳고 곧음을 상징하며, 그 표면은 따사롭고 윤기난다. 따사롭고 윤기가 나는 것이 옥과 같다고 한다. 그것은 옥의 덕(德)이다. 옥의 모양이 아니다. 만약 당신이 오직 옥의 빛나는 것만 본다면 그것은 곧 「체진어형」(體盡於形)이다. 「체진어형」(體盡於形)이면 당신이라는 사람은 별로 희망이 없다. 그것은 유한하기 때문이다. 왕필의 이런 구절은 매우 아름답다.

우리의 체(體＝본성)는 모양(形)으로 다할(표현할) 수 없다. 덕(德)에서 이야기하면 무궁무진하다. 덕(德)에서 당신의 체(體＝본성)를 이해한다면 당신의 체(體＝본성)는 형(形)에서 다하는 것은 아니다. 이것은 마치 속담에서 말하는 「사람을 외모로 취할 수는 없다」는 것이다. 만약 외모를 가지고 사람을 취한다면 이 사람의 체(體＝본성)는 외모에서 다하는 것이다. 외모로 다한다면 끝난 것이다. 그러므로 말하기를: 「불욕록록여옥, 낙낙여석.」(不欲珠珠如玉, 珞珞如石.)이라고 하였다. 우리들은 살면서 이렇게 되기를 원하지 않는다. 그러므로 날마다 성예(聲譽)를 구하지는 않는다. 날마다 성예를 구한다면 당신에게 성예는 없다. 이것은 도가의 곡선의 지혜이다. 이것은 생활에서 체인(體會)한다-실천(實踐)에서 체인한다.

이 제39장은 주로 우주론적인 어구이다. 중요한 것은 「일」(一)과

「청」(淸)-「일」(一)과 「녕」(寧)-「일」(一)과 「영」(靈)-「일」(一)과 「영」(盈)-「일」(一)과 「생」(生)-「일」(一)과 「정」(貞)의 관계를 이해하는 것이다. 이 관계는 곧 우주론적 관계이다. 본체론은 다른 하나로서, 도(道) 본체에 관한 체인(體會)이다. 이 장은 도(道)와 관련된 만물의 체인(體會)에 대해 말한다. 당신이 먼저 이러한 도(道)를 이해한다면 그것에는 곧 우주론적인 작용이 있다. 왜 도(道) 자체에 대해서 이러한 체인(體會)을 해야 하는가? 즉 거기에 이러한 작용이 있음을 예비(預備)하는 것이다. 이 작용은 곧 천지(天地)와 만물(萬物)의 관계 작용이다. 이것이 곧 우주론으로 변한다. 가령 당신은 도(道)가 이와 같지 않다면 이것은 곧 작용이 없는 것이다. 예를 들어서 만약 당신이 도(道)에 대한 체인(體會)이 하나님과 같이 된다면 거기에는 이러한 작용은 없다.

「귀이천위본.」(貴以賤爲本.) 왜 그것이 귀하게 되는가? 곧 당신이 더 겸허해지라는 것이다. 당신이 겸허해지면 비로소 능히 그 「일」(一)을 얻을 수 있다. 그러면 당신의 생명은 비로소 도(道)에 부합된다. 당신이 날마다 교만하고 오만하면서, 날마다 바람을 일으키면 「일」(一)은 없다. 「일」(一) 자체에는 「귀」(貴)나 「천」(賤)이 없다. 그러나 당신이 조금 더 겸허하여 「불욕록록여옥, 낙낙여석.」(不欲珠珠如玉, 珞珞如石.)하게 되면 당신은 귀하다. 이것은 생활의 지혜이다.

다음 강의에서 우리는 제42장을 강의하려고 한다. 이 한 장도 우주론적인 체인(體會)에 대해서 말한다. 이것은 『도덕경』 중에서 가장 강의하기가 어려운 한 장이다. 역시 가장 중요하다. 관건(關鍵)이 되는 것이다. 이것은 철학 방면에서 의리(義理) 방면에서 관건이 되는 것이다. 그러나 약간의 문구(文句)는 강의하기가 쉽지 않다.

道生一, 一生二, 二生三, 三生萬物. 萬物負陰而抱陽, 沖氣以爲和.
도 생 일 일 생 이 이 생 삼 삼 생 만 물 만 물 부 음 이 포 양   충 기 이 위 화

도(道)는 일(一)을 낳고, 일(一)은 이(二)를 낳고, 이(二)는 삼(三)을 낳
고, 삼(三)은 만물을 낳는다. 만물은 음(陰)을 등에 지고 양(陽)을 끌어안
고 있다. 텅빈 가운데 휘저어 조화를 이룬다.(『도덕경』 제42장)

무엇을 가지고 「도생일, 일생이, 이생삼, 삼생만물.」(道生一, 一生二,
二生三, 三生萬物.)이라고 하는가? 이 일(一)-이(二)-삼(三)은 중외
(中外) 고금(古今)이 같은 바이다. 중국인은 일(一)-이(二)-삼(三)
이라 하고, 서양인은 역시 one-two-three라고 한다. 중국에 서양으
로부터 온 것도 아니고, 서양에 중국으로부터 온 것도 아니다. 중국
이나 서양 모두 일(一)-이(二)-삼(三)에 흥미를 느끼고 있었다.
　음양(陰陽) 기화(氣化)는 구체적이다. 「기」(氣)라는 이 관념을 말
하게 될 때에 나는 아리스토텔레스가 말한 질료(matter)-질료적인
것(material)을 생각하게 된다. 플라톤-아리스토텔레스의 이야기는
정태적(靜態的) 의미가 무겁다. 왜 정태적 의미가 무거운가? 왜냐

하면 그들은 분석적인 두뇌를 가졌기 때문이다. 추상적 사고로 하나의 것을 관찰하고 형상(form)과 질료(matter)로 나누었다. 중국인이 말하는 음양(陰陽) 기화(氣化)는 추상적 사고를 통하지 않았다. 구체적인 동태(動態)의 관찰이다.

음양(陰陽) 기화(氣化)는 추상의 사고는 아니고, 구체적인 생활에서 이해된 것이다. 낮은 양(陽)이고 밤은 음(陰)이다. 가령 당신은 무엇이 음양인 줄 모른다면 당신이 『홍루몽』(紅樓夢)을 읽으면 곧 알 수 있다. 사상운(史湘雲)은 조그마한 계집아이라도 곧장 안다. 작은 아이도 안다면 이것은 대단히 어려운 것이 아니다. 아리스토텔레스의 저 하나의 계통은 대단히 번거롭다. 작은 어린아이가 반드시 아는 것이라고 할 수 없다. 우리가 예를 들어 표시하자면 중국인이 말하는 음양 오행은 구체적인 동태적 관념을 사용하여 보는 것이다. 비록 이러한 서로 다른 점이 있다고 하더라도 아무튼 질료적인(material) 일면(面)에 속한다. 이것은 잘못이 아니다. 질료(matter)가 한 면을 말하게 되면 형상(form) 한 면을 예설(豫設)하게 된다. 형상(form)은 정신(mind)을 대표한다. 혹은 이성(reason)을 대표한다. 저 정신(mind)은 합리적 정신(rational mind)이다. 정신(mind)이라고 말하면 반드시 합리적 사유(rational mind)이다. 이것은 곧 논리적 사고(logical thought)에 속함을 표시하는 것이다.

「만물부음이포양」(萬物負陰而抱陽.) 이 한 구절은 기(氣)에 낙착되어 말해지는 것이다. 이것은 곧 구체적 생활을 이야기하는 것이니, 만물의 하나하나 개체마다 존재이니 사람 또한 이와 같다. 매 개체는 모두 「부음이포양」(負陰而抱陽.)한다. 앞은 양(陽)이고, 뒤는 음(陰)이다. 즉 말하자면 한 개 개체에는 하여튼 음양 양면이 있다. 음양 양면은 분해해서 말하는 것이다. 분해해서 말하는 음(陰)-양

(陽)은 한 개의 개체로 설립할 수 없다. 분해해서 말하는 음양은 반드시 해화(諧和)하여야 비로소 하나의 개체를 이룰 수 있다. 그러므로 「충기이위화.」(沖氣以爲和.)라고 말하였다.

비록 음(陰)-양(陽) 양면으로 나눈다고 하더라도 반드시 「충기」(沖氣)에 기대어야 한다. 충기(沖氣)는 빈 것이다. 이 「허」(虛)라는 글자는 좋은 글자이다. 도가에서는 「무」(無)를 말하고, 불교에서는 「공」(空)을 말하지만, 유가에서는 「무」(無)를 이야기하지도 않고, 또 「공」(空)을 이야기하지도 않는다. 유가에서는 「허」(虛)를 이야기한다. 곧 허령(虛靈)의 허(虛)이다. 허(虛)는 곧 령(靈)이다.

가령 오로지 음(陰)-양(陽) 양면(面)으로만 나뉜다면 죽어서 기(氣)가 통하지 않는다. 음(陰)이 양(陽)에 통하지 않고, 양(陽)이 음(陰)에 통하지 않는다. 음양(陰陽)이 나뉘어 합해지지 못한다면, 즉 충기가 아니라면, 곧 해화(諧和)가 없다. 그러므로 기(氣)는 허(虛)해야 한다. 기(氣)가 허(虛)하면 비로소 흘러 통한다. 자유사회는 안배를 잘하였다. 거기에는 먼저 사회에 기(氣)가 통하게 하였다. 자유사회는 법치(法治)를 한다. 궤도(軌道)가 있다. 이것은 사회에 기(氣)가 흘러 통하도록 보장한다.

「만물부음이포양.」(萬物負陰而抱陽.) 이것은 기화설(氣化說)의 대우성(對偶性＝duality)이다. 나는 「이원론」(二元論)이라고 번역한 것을 좋아하지 않는다. 곧바로 대우성(對偶性)도 안 되는 것이다. 거기에 충기가 더하여 비로소 충분히 음양이 해화(諧和)한다. 해화해야 비로소 하나의 개체가 된다. 비로소 인격의 분열을 면한다. 인격의 분열은 곧 음양(陰陽) 불화(不和)이다.

「만물부음이포양, 충기이위화.」(萬物負陰而抱陽, 沖氣以爲和.) 이 구절 안에서 음(陰)-양(陽)은 이(二)이다. 화(和)는 곧 삼(三)이다.

여기에 일(一)-이(二)-삼(三)이 있지 않은가? 일(一)-이(二)-삼(三)은 구체적 기화(氣化) 방면에서 생각한 것이다. 가령 구체적인 기화(氣化) 안에 일(一)-이(二)-삼(三)이 있다면 이「일」(一)은 도(道)로부터 생겨나 온 것이다. 도(道)는 기(氣)에 속한 것이 아니다. 도(道)는 리(理)에 속한다. 기화(氣化)는 현상세계에 속한다. 도(道)는 초월세계에 속한다. 그렇지만 기(氣)에 속하지 않는 도(道)로부터 어떻게 기(氣)가 생겨나는가? 어떻게 기(氣)에 속하는 일(一)-이(二)-삼(三)이 생겨나는가?

여기서 문제가 성립되는 것이다.

「만물부음이포양, 충기이위화.」(萬物負陰而抱陽, 沖氣以爲和.) 이것은 구체적인 방면에서부터이고 기화(氣化)의 방면에서부터 말하는 것이다. 일(一)-이(二)-삼(三)으로 표시되는 하나의 예(example)이고, 자체(本身)는 아니다. 그렇다면 도(道)로부터 말하는「일생이, 이생삼」(一生二, 二生三)의 이 일(一)-이(二)-삼(三) 자체(本身)는 마땅히 어떻게 이야기해야 하는가?

어떤 사람들은 말하기를 음(陰)-양(陽)은 기화 방면에서 이(二)이다. 이(二) 위에 하나의 일(一)이 있다. 이「일」(一)은 곧 혼연(混然)의 기(氣)이다. 하나의 혼일(混一)의 기(氣)가 있어 이 혼일(混一)의 기(氣)로 말미암아 다시 둘(二)로 나뉜다. 그렇다면「충기이위화」(沖氣以爲和) 여기서 곧 삼(三)이다. 가령 이「일」(一)이 혼연의 기라면 혼연의 기(氣)는 아직도 기(氣)에 속한다. 도(道)는 기(氣)에 속하지 않는다. 도(道)가 어떻게 하나의 혼연지기(混然之氣)를 낳을 수 있는가? 이것은 대단히 어렵다. 그렇지만 무엇이「도생일」(道生一)인가? 이것은 쉽게 이야기할 수 없는 것이다.

일반인들이 말하는 것에 의하면 도(道)가 곧 원기(元氣)-호한지

기(浩瀚之氣)라고 한다. 혼연지기로 말미암아 다시 음(陰)-양(陽) 이기(二氣)로 나누어지고 만물은 곧 나오게 된다. 만물은 곧 기화(氣化)이다. 단, 「만물은 곧 기화이다」(萬物就是氣化) 이것은 하나의 의미이다. 이것과 「무명, 천지지시; 유명, 만물지모.」(無名, 天地之始; 有名, 萬物之母.)에서 이중성(有性-無性)을 통하여 설명하는 천지만물과는 같은 것이 아니다. 도(道)의 이중성을 통하여 설명하는 무물(無物) 그것은 도(道)의 우주론적 체인(體會)이다. 이것은 우리가 앞에서 몇 번 강의했던 것이다. 그리고 천지만물을 이야기할 때는 음양(陰陽) 오행(五行)이라는 기화(氣化)를 떠날 수 없다. 음양의 변화로 말미암아 만물이 나온다는 이런 의미와 앞에서 몇 번 강의했던 그 의미와는 완전히 같지 않은 것이다.

음양의 기(氣)라는 여기서부터 천지만물을 설명하는 것은 자연적 전개(natural evolution)를 말하는 것이다. 이것은 만물 자체(本身)의 자연연화(自然演化)-자연변화(自然變化)를 말하는 것이다. 이것은 도(道)로부터 말하는 것이 아니다. 이것은 물리-화학의 입장에서 말하는 것이다. 천지만물 및 그 변화의 도리는 우리가 모두 물리-화학을 통하여 말한다. 단 물리원칙-화학원칙은 도(道)와 같은 것이 아니다. 그러므로 일(一)-이(二)-삼(三)을 기(氣)에 낙착시켜 말하게 되어 「이」(二)는 음양의 기(氣)가 되고, 「일」(一)은 혼연의 기(氣)가 된다. 이렇게 말하면 안 된다. 일(一)-이(二)-삼(三)을 기(氣)에 낙착시켜 말할 수 없다. 첫걸음은 이러한 관념을 버리는 것이다.

다시 한 걸음 더 나아가 일(一)-이(二)-삼(三)의 수목(數目)을 어떤 진실한 것을 가리키는 것으로 본다. 이것도 안 된다. 일(一)-이(二)-삼(三) 이 세 개의 수목(數目)에 대해 어떤 것이 도(道)로부터 생겨났다고 본다면 그러면 일(一)은 어떤 것을 대표하는가? 이(二)는 어떤 것을 대표하는가? 삼(三)은 어떤 것을 대표하는가? 이렇게 말하는 것도 안 된다. 즉 말하자면 일(一)-이(二)-삼(三)은 어떤 진실한 것을 대표할 수 없다. 어떤 사람들은 일(一)은 기수(奇數)를 대표하고, 이(二)는 우수(偶數)를 대표한다고 한다. 서양에서도 이렇게 말하는 수가 있다. 고대 그리스 시대에 기수와 우수를 이야기하였다. 기(奇)-우(偶)는 천변만화(千變萬化)하니 곧 변화하여 만물을 나오게 한다. 일체(一切)의 것들이 기-우의 수(數)의 변화를 떠날 수 없다. 그렇지만 기-우의 수가 어떻게 도(道)에서 생겨나는가? 그러므로 이것도 말하여 통하기가 대단히 어렵다.

그러므로 기(氣)에 낙착되어 음양(陰陽) 이기(二氣)의 변화로 말하는 것은 안 되는 일이다. 당신이 일(一)-이(二)-삼(三)을 다만 기수-우수로 본다면 기수-우수는 어떤 진실한 것이 된다. 일(一)-이(二)-삼(三)을 기(氣)에 낙착시켜 말하여 어떤 진실한 것으로 말한다면, 이렇게 이야기하는 것은 통하지 않는다. 『도덕경』에 비추어 이야기를 시작한다면 도(道)는 무한(無限)한 묘용(妙用)이다. 그 안에 이른바 기(奇)도 이른바 우(偶)도 없다.

고대 그리스의 피타고라스는 수론(數論)을 이야기하였다. 기수-우수를 이야기했다. 중국에서 이야기하는 것에 비추어 말하자면 기우(奇偶)는 아직도 음양의 기(氣)에 속한다. 기우(奇偶)는 오히려 음양(陰陽) 기화(氣化)이다. 기(氣)를 떠날 수 없다. 만약 기(氣)를 떠나면 피타고라스로부터 이야기가 된다. 단순히 기수, 우수로 이야기하는 것이다. 일(一)-이(二)-삼(三)을 단순히 기수-우수로 본다면 마찬가지로 안 되는 것이다. 그러므로 이것은 이야기하기가 매우 어렵다. 나는 지금까지 이런 방법을 취하지 않았다. 이런 이야기는 사람들로 하여금 왜 「도생일, 일생이, 이생삼, 삼생만물」(道生一, 一生二, 二生三, 三生萬物)이라고 하는지 명백하게 하지 않는다. 왜 「삼생만물」(三生萬物)이라고 하는지 명백하게 하지 않는다. 왜 「삼생사, 사생오,……」(三生四, 四生五, ……)라고 하지 않는가? 왜 삼(三)에 와서 머무르는가? 그것은 기수(奇數)를 무한히 늘린 것이 아니다. 삼(三)에 와서 하나의 경계선을 긋는 것이다. 삼(三) 이하는 이 숫자(數目) 안에 드는 것이 아니다.

일(一)-이(二)-삼(三) 이것이 한 층이고, 삼(三) 이하는 따로 한 층이다. 이것은 두 층(兩層)이다. 왜 삼(三) 여기서 「삼생만물」(三生萬物)이라고 하는가? 가령 기(氣)에 낙착시켜 말한다면 음양이 합하여 개체 존재가 된다. 기(氣)에 낙착되어 말하면 일체의 것(東西)이 음양 이기(二氣)의 변화를 떠날 수 없다. 이것은 우리가 도(道)로부터 설명하는 「일생이, 이생이, 삼생만물.」(一生二, 二生三, 三生萬物.)과 근본적으로 같은 것이 아니다.

세상 사람들이 이것을 이야기할 때에 연세가 많은 분이거나, 아니면 젊은 사람을 막론하고, 대체로 이 두 종류를 벗어나지 않는다. 이 두 가지 이야기 모두 안 된다. 총명하려고 해서는 안 된다. 한 개인이 생각하는 하나의 투(套)를 가지고 이야기해서도 안 된다. 도(道)는 꼭 그러한 것이다. 하나의 도리(道理)로 되느냐 아니냐 하는 것은 함부로 눈감고 말하면 안 된다. 가장 중요한 것은 하나의 관념으로 이루어지는 것이다.

혼연의 기(氣)에서부터 음양(陰陽) 이기(二氣)로, 음양(陰陽) 이기(二氣)가 혼화(混和)하여 개체를 생산한다. 이것은 하나의 관념을 이루는 것이다. 그러나 이러한 관념은 기화(氣化) 방면의 변화에 속한다. 이러한 기화 방면의 변화가 어떻게 도(道)로부터 이야기되겠는가? 도(道)가 어떻게 일(一)을 생기게 하는가? 당신이 말하는 기화(氣化) 변화의 천변만화(千變萬化) 모두 도(道)에서 떠날 수 없다. 도(道)가 있다는 것은 그 뒤에 하나의 초월적 근거가 있다는 것이다. 하나의 초월적 소이연(所以然)이다. 이렇게 말할 만하다: 그렇지만 이렇게 말하는 것은 「도생일, 일생이, 이생삼.」(道生一, 一生二, 二生三.)이 아니다. 도(道)를 말하게 되면 그것은 하나의 초월적 소이연(所以然)이다. 그것은 곧 「무명, 천지지시; 유명, 만물지모.」(無名, 天地之始; 有名, 萬物之母.)이다. 그것이 일(一)-이(二)-삼(三)을 경과함이 없으면 「도생일, 일생이, 이생삼.」(道生一, 一生二, 二生三.)이 아니다.

천변만화(千變萬化)는 곧 기화 방면의 변화이다. 어떻게 변하는가를 막론하고, 그 뒤에는 어찌하든 하나의 초월적 소이연(所以然)이 있다. 주자(朱子)가 말하는 태극(太極)은 곧 이러한 소이연(所以然)이다. 태극은 곧 실현원리(實現原理)이다. 태극이라는 이 초월적 리(理)가 뒤에서 운용되므로 기(氣)의 변화가 비로소 이와 같이 이루어진다. 가령 태극이 없다면, 바로 뒷면의 이 태극을 내려 없애 버리면, 기(氣)는 이리저리 변하게 되니, 오늘은 이렇게 변하고 내일은 저렇게 변한다. 변하는 것이 없으면 죽어 버린다. 영원히 이렇게 변해 갈 수는 없는 것이다. 왜냐하면 우주 변화 방면의 생생불식(生生不息)을 긍정한다고 하더라도 이 말은 증명할 수 없다. 과학적 근거가 없다. 과학은 이렇게 긍정적 단정을 할 수 없다. 과학은 우리의 이 우주가 영원히 계속해 간다고 보장할 수가 없다.

서양에서는 우주가 계속하여 간다고 말한다. 중국에서 말하는 「생생불식」(生生不息)이다. 서양에서 우주가 영원히 계속해 간다는 것을 누가 보장하는가? 상제(上帝 = 하나님)에 의지해야 한다. 상제

(上帝)는 물리-화학 중의 개념이 아니다. 그렇다면 되돌려 말해서 물리-화학은 왜 이 우주가 영원히 계속해 간다는 것을 보장하지 못하는가? 물리-화학은 다만 태양계가 어떻게 유지되는지 설명할 뿐이다. 이 태양계가 붕괴되지 않고 유지되는 것은 태양열의 힘에 의거하기 때문이다. 당신은 태양열의 힘이 영원히 방사(放射)된다고 보장하는가? 가령 태양열의 힘이 방사되는 것이 완료된다면 우리의 지구는 떨어지지 않겠는가? 이 태양계에 어떤 보장이 있는가?

그러므로 「생생불식」(生生不息) 이 말은 과학의 말이 아니다. 이 말은 과학적 근거가 없다. 그러므로 이 말은 역시 과학철학도 아니다. 이런 종류의 말을 하는 저 철학은 형이상학적인(metaphysical) 것이다. 그렇지만 유가(儒家)에서는 왜 「생생불식」(生生不息)을 긍정하는가? 유가에서는 어디서부터 「생생불식」(生生不息)을 긍정하는가? 유가에서는 도(道)를 긍정한다. 도(道)는 곧 「천명불이」(天命不已)」-「건원」(乾元)-「태극」(太極)이다. 서양인은 상제(上帝 = 하나님)에 의거하여 이 우주가 영원히 계속된다는 것을 보장한다. 단 상제(上帝)에서부터 이야기할 때 상제(上帝)는 반드시 필연적으로 이 우주로 하여금 영원히 계속된다. 이것이 상제(上帝)의 본래 하는 일이지만, 상제는 그것으로 하여금 계속 내려가게 할 수도 있고, 반대로 계속 내려가지 않게 할 수도 있다. 상제(上帝)에게는 이러한 자유가 있다. 이 세계가 너무 나쁘면 상제는 그것을 없애 버릴 수도 있다. 중국인은 이러한 견해에 동의하지 않는다. 중국 사상 안에서는 이러한 생각을 허락하지 않는다. 이런 사상은 통하지 않는다.

라이프니츠는 낙관적인 서양철학가이다. 그는 서양의 종교전통에 근거하여 말하는데 상제(上帝)에게는 허다한 가능의 세계가 있다고 한다. 상제는 가장 좋은 세계를 선택하여 우리에게 주었으니 이것이 곧 우리 눈앞의 이 세계이다. 가령 우리 인생이 이 세계에서 맹목적으로 시끄럽게 하면 어느 날 상제가 발견하고 이 세계를 만든 것이 좋지 않다고 말할 수 있다. 그에게는 없앨 권리가 있다. 그렇다면 중국의 성인(聖人)이 보기에는 당신 상제(上帝)께서 이미 이 세상을 만드시고 또 처음과 같지 않다고 후회하니 이 상제는 불인(不仁)하고 부지(不智)하다.

중국인의 생각에 비추어 보면 상제는 허다한 가능(可能)의 세계가 있으나, 가장 좋은 것을 찾아 우리에게 주었다라고 하는 이 말은 한마디로 통하지 않는 말이다. 상제(上帝)의 주머니에 허다한 가능의 세계가 있는데 그가 하나의 가장 좋은 것을 당신에게 주었다는 말은 통하지 않는다. 가령 상제(上帝)에게 무한히 많은 가능의 세계가 있다면 상제가 그 모두를 펼쳐 놓아야 한다. 절대로 이것을 가져오고 저것을 가져오지 않았다고 말할 수 없다. 우리가 잘하지 못하면 그것을 멸망시킨다는 말 또한 맞지 않는다. 중국인이 볼 때에 웃기는 말이다. 이것이 곧 중국과 서양의 최고 지혜가 서로 같지 않은 점이다.

이 세계는 영원히 계속될 수도 있다. 우리는 그것이 생생불식(生生不息)이라고 긍정한다. 유가에서 보자면 이것은 「천명불이」(天命不已)-「대재건원」(大哉乾元)-「도」(道)에 의거한다. 「천명불이」(天命不已)-「대재건원」(大哉乾元)-「도」(道)는 마지막(최후)에 「인」(仁)으로 돌아간다. 그러므로 유가에서 말하는 「인」(仁)은 도(道)를 낳는다. 「인」(仁)은 하나의 도덕적 관념이다. 이것은 과학적인 것이 아니다. 여기에는 과학적 근거가 없다. 과학 안에서 「인」(仁)을 찾아낼 수 없다.

서양에서는 상제(上帝)를 말한다. 상제(上帝) 역시 이상주의(理想

主義)이다. 노자의 도(道) 역시 이러한 차원이다. 그렇지만 저 도(道)는 「인」(仁)은 아니고, 「무」(無)이다. 「무」(無)는 천지 만물의 실현원리이다. 『도덕경』에서 말하는 바의 「도생일, 일생이, 이생삼, 삼생만물」(道生一, 一生二, 二生三, 三生萬物)이라고 하는 도(道)의 방면에서 말하는 것이다. 일(一)-이(二)-삼(三)은 기(氣)에 낙착될 수 없다. 어떤 진실된 것이 될 수 없다. 도(道) 외에 어떤 진실된 것을 일(一)-이(二)-삼(三)이라고 부를 수 없다.

우리는 일(一)-이(二)-삼(三)을 통하여 도(道)를 설명한다. 그렇지만 이 일(一)-이(二)-삼(三)을 어떻게 이해할 것인가? 본래 말하기를 「무명, 천지지시; 유명, 만물지모.」(無名, 天地之始; 有名, 萬物之母.)라고 하였다. 「무」(無)-「유」(有) 이것은 도(道)의 이중성이다. 즉 도생만물(道生萬物)이다. 왜 제42장에서는 또 「삼생만물」(三生萬物)이라고 하는가? 그러므로 이것은 이해하기가 매우 어렵다. 쉽게 강의할 수가 없다.

제1장에 근거하면, 본래 즉 도생만물(道生萬物)이다. 왜 지금 반드시 일(一)-이(二)-삼(三)을 통과해야 하는가? 왜 「삼생만물」(三生萬物)이라고 하는가? 그리고 「삼생사-오-육……」(三生四-五-六……)이라고 말하지 않는가? 왜 삼(三) 여기서 멈추는가? 「순일」(純一)로서 곧 「삼위일체」(三位一體)이다. 「삼위」(三位)는 곧 일(一)-이(二)-삼(三) 이 세 개의 자기(三自己)이다. 「삼위일체」(三位一體)라고 하면 곧장 반드시 성부(聖父)-성자(聖子)-성령(聖靈)을 생각할 일은 아니다. 성부-성자-성령을 말하여 이것이 「삼위일체」(三位一體)라고 하는 것은 종교를 향해서 응용하는 것으로 예를 제공하는 것이다. 성부(聖父)는 곧 일(一)이며, 성자(聖子)는 곧 이(二)이고, 성령(聖靈)은 곧 삼(三)이다. 이것은 종교에서 말하는 삼

위일체이다.

상제(上帝)는 아버지 신분이다. 일(一)이다. 오로지 아버지의 신분으로만은 안 된다. 우리 사람과 서로 교제할 수 없다. 사람은 무엇이 상제(上帝)인지 알지 못한다. 상제(上帝)는 (바로) 거기(그러한데)에 있다. 그러므로 상제(上帝)는 반드시 예수를 통해야 한다. 성자(聖子)를 통해 이(二)가 나오게 된다. 그러므로 예수는 이(二)를 대표한다. 단 예수는 오히려 돌아가야 한다. 십자가를 진다. 돌아가지 않으면 안 된다. 돌아가면 성령이 된다. 예수의 내려옴-십자가에 매달림을 통해 상제(上帝)임을 증명한다. 상제(上帝)는 순일(純一 = pure unity)이다. 순일은 예수를 통해 증명된다. 예수의 보편적 사랑(universal love)-희생(犧牲)-너를 대신하여 속죄하는 것을 통하게 되니, 이것은 당연히 대표적인 정신이다. 이것은 곧 성령(聖靈)이다. 예수를 통해 상제(上帝)는 하나의 spirit임을 증명한다. 하나의 혼돈이 아니다. 역시 아무것이 아닌 것도 아니다. nothing이 아니다.

상제(上帝 = 하나님)는 영(靈)이다. 사랑이다. 이것은 예수를 통하여 증명된다. 왜냐하면 예수가 없다면 우리는 상제(上帝)가 무엇인지 알지 못한다. 그러므로 예수의 지위는 중요하다. 성인(聖人)의 지위이다. 단 서양인은 예수를 신(神)으로 본다. 사람으로 보지 않는다. 일(一)-이(二)-삼(三)은 이 방면으로 가서 응용한다. 이것은 종교 안에서 삼위일체(三位一體)이다. 이 삼위일체(三位一體)를 말하는 것은 오히려 상제(上帝)이다. 그렇다면 우리는 일(一)-이(二)-삼(三)을 통하여 상제(上帝)를 이해한다. 왜 일(一)-이(二)-삼(三)을 통하여 도(道)를 이해하지 못할 것인가?

상제(上帝)는 아버지의 신분으로 일(一)이다. 그는 아버지이다. 기(氣)가 아니다. 기화(氣化) 중의 일이 아니다. 예수는 성자(聖子)이다. 예수의 신분은 이(二)이다. 예수는 곧 상제의 화신(化身)이다. 도가 육신을 이루었다(道成肉身). 이것은 모두 상제 자신(本身)에 속하는 사정이다. 기(氣)에 속한 것이 아니다. 기(氣)에 낙착되는 것이 아니다. 그렇다면 우리는 일(一)-이(二)-삼(三)을 통하여 상제 자신(本身)을 알았다. 상제(上帝)가 상제(上帝)됨을 이해했고, 상제는 pure spirit이고, love임을 알았다.

일(一)-이(二)-삼(三)을 통하여 상제를 알았다. 그것은 종교가가 이야기하는 것이다. 우리는 지금 도가를 이야기한다. 역시 일(一)-이(二)-삼(三)을 통하여 도(道)를 이해한다. 왕필의 주(註)는 이것에 근거하여 온 것이다. 즉 말하자면 「유」(有)-「무」(無)-「현」(玄) 삼위일체를 가지고 도(道)를 이해한다. 이러한 이야기는 하나의 도리(道理)를 이룬다. 단 아무도 왕필의 이야기를 능히 이해하는 사람이 없다. 왕필은 말하기를

萬物萬形, 其歸一也. 何由致一? 由於無也. 由無乃一, 一可謂無; 已謂之一,
만 물 만 형 기 귀 일 야 하 유 치 일 유 어 무 야 유 무 내 일 일 가 위 무 이 위 지 일

豈得無言乎? 有言有一, 非二如何? 有一有二, 遂生乎三. 從無之有, 數盡乎斯!
기 득 무 언 효 유 언 유 일 비 이 여 하 유 일 유 이 수 생 호 삼 종 무 지 유 수 진 호 사

만물(萬物) 만형(萬形)이 모두 하나(一)로 돌아간다. 어찌하여 일(一)로 말미암는가? 무(無)에서 말미암기 때문이다. 무(無)에서 말미암는 것이 일(一)이다. 일(一)을 무(無)라고 말할 수 있다. 이미 일(一)이라고 말하였는데 어떻게 무(無)라고 말할 수 있는가? 유(有)라고 말하면 일(一)이 있고 이(二)가 아닌 것은 어찌됨인가? 일(一)이 있고 이(二)가 있으면 따라서 삼(三)이 생긴다. 무(無)로부터 유(有)로 가는 것이니 수(數)는 여기서 다하는 것이다.

「하유치일? 유어무야」(何有致一? 由於無也.) 선종(禪宗)의 말을 가지고 말하자면;「마음은 가는데 길은 끊어지고, 말은 하는데 도(道)는 끊어지고」(心行路絕, 言語道斷.)이다. 완전히 심행(心行)의 도로(道路)를 가지고 표현할 수 없다. 어떠한 언어로도 표현하면 모두 맞지 않는다. 이것이 곧「무」(無)의 경지이다. 즉『도덕경』제1장에서 말하는「도가도, 비상도; 명가명, 비상명」(道可道, 非常道; 名可名, 非常名.)이니, 이것은 객관적이다. 나의 심경(心境)은 이「일」(一) 가운데에 처하게 되면 나의 수도(修道)는「일」(一)이라는 이 경지에 도달하게 되고, 이「일」(一)의 경지에 도달한다는 것은 그저 빈말이 아니다. 나의 생활은 곧 객관적으로 이「일」(一)의 경지이다. 곧「일」(一) 가운데 머문다. 나의 생명 being one은 이미 이렇게「일」(一)이니, 나의 생명은 크고 변화된다(大而化之). 그렇다면 어떤 말도 할 수 없다.

그렇지만 내가 문장을 쓸 때에 또「일」(一)이라고 한다. 장자는 말하기를「천지(天地)와 내가 함께 살고, 만물(萬物)과 내가 하나이다」(天地與我並生, 而萬物與我爲一. ―『장자』「제물론」)라고 하였고, 나는 말하기를「만물과 내가 하나이다」(萬物與我爲一.)라고 말한다. 이것은 내가 그것이「일」(一)이라고 하는 것이다. 이「일」(一)은 내가 말하는 것이다. 내가 언어를 사용해서 말하는 것이다. 왕필은 말하기를「이미「일」(一)이라고 말하였는데 어찌 무언(無言)을 얻을 수 있을까!」(己謂之一, 豈得無言乎!)라고 하였다. 왕필의 근거는 장자이다. 장자는 말하기를「이미 일이 되었는데, 또 언어를 얻어야 한다고 하는가? 이미 일이라고 하였는데 또 언어가 있어야 하는가!」(既已爲一矣, 且得有言乎. 既已謂之一矣, 且得無言乎! ―『장자』「제물론」)라고 하였다. 당신이 그것은「일」(一)이라고 하였으니, 그것이 곧 말한 것이다.

　이어서 장자는 또 말하기를 「하나와 말은 둘이 된다. 둘과 하나는 삼(三)이다. 이로부터 (계속) 가면 교력(巧歷＝계산의 명수)도 해 낼 수 없을 것인데 하물며 보통사람이랴?」(一與言爲二, 二與一爲三. 自此以往, 巧歷不能得, 而況其凡乎?)라고 하였다. 「일여언위이.」(一與 言爲二.) 이 구절은 어떻게 말해지는 것인가? 이 「일」(一)은 「위지 일」(謂之一)의 그 「일」(一)이다. 내가 그것은 일(一)이다라고 말하면 이 「일」(一)은 곧 내가 말한 그것이다. 이때에 이 「일」(一)은 어떤 신분인가? 즉 목적어(object)이니, 목적어는 받는 말이다. 이때에 「일」(一)은 수사(受詞)이다. 「언」(言)은 명언(名言＝이름하는 말)이 다. 「일」(一)은 소(所)로 하는 말이고, 「언」(言)은 능(能)으로 하는 말이다. 능(能)과 소(所)가 상대(相對)가 된다. 이것은 바로 서양의 주어(subject)와 목적어로서 상대이다. 능(能)으로 말하는 것과 소 (所)로 말하는 것이 마주 열을 짓는다. 서양에서는 언어상의 대우성 (對偶性＝duality)이라고 부른다. 가령 지식에 낙착시켜서 말한다면 인식론상의 대우성(對偶性)이라고 부를 수 있을 것이다.

　왜냐하면 능(能)‐소(所)가 마주하여 짝하기 때문이다. 그래서 「일 과 말이 둘이 된다.」(一與言爲二.)고 한다. 예를 들어 내가 분필이라 는 이 명제(term)를 가지고 분필이라는 이 목적어를 이름 지었다면 그렇게 되면 분필은 목적어(object)가 되고 곧 수사(受詞)이다. 분필 이라는 이 말은 곧 부르는 것이다. 여기에 대우(對偶)가 있는 것이 다. 이것을 일컬어 「일과 말이 둘이 된다.」(一與言爲二.)는 것이다. 「언」(言)이 있음으로 내외(內外)가 나뉜다. 곧 「유」(有)의 경계 안에 서이다.

　다시 한 걸음 더 나아가서 말하자면, 「둘과 하나는 셋이 된다.」(二

與一爲三.) 이 구절의 말은 어떻게 말해지는 것인가? 「이」(二)는 곧 저 대우성이다. 「일」(一)은 원초(原初)의 그 「일」(一)이니, 곧 「무」(無)이다. 「이」(二)는 유(有)이다. 유명(有名)은 이름이 있는 바이다; 능(能)-소(所)가 있으니 그것은 곧 「유」(有)이다. 「유」(有)와 「무」(無) 그래서 삼(三)이다. 삼(三)에서 정지된다. 왜 다시 아래로 내려가서 사(四)-오(五)-육(六) …… 을 말하지 않는가? 그것은 여기에 와서 완료된다. 왕필의 주(註)에서 말하기를 「무(無)로부터 유(有)로 가는 것이니 수(數)는 여기서 다하는 것이다!」(從無之有, 數盡乎斯!)라 했다. 이것을 지나가면 도(道)가 아니다. 왜냐하면 일(一)-이(二)-삼(三)이 말하는 것은 도(道)이다. 삼(三)을 지나면 곧 도(道)에 속하지 않는다.

　「도생일, 일생이, 이생삼.」(道生一, 一生二, 二生三.—『도덕경』) 이것이 말하는 것은 도(道)의 경지이다. 「삼」(三)을 지나가면 그것은 만물(萬物)에 속한다. 만물은 숫자(數目)를 가지고 말할 수 없다. 왜냐하면 만물은 무궁(無窮) 무진(無盡)하기 때문이다. 그러므로 왕필의 주(註)는 완전히 『장자』「제물론」에 근거하여 말하는 것이다. 왕필은 장자의 그 한 단락의 문장에 근거하여 『도덕경』을 해석하는 것이다. 그렇지만 여기를 다시 자세히 보면 조금 같지 않으니 이것은 대단히 세미(細微)하다. 장자가 말하는 그 단락의 문장과 『도덕경』 제42장에서 말하는 「도생일, 일생이, 이생삼.」(道生一, 一生二, 二生三.)의 어맥(語脈)은 서로 같은가? 같지 않은가? 말하는 방향-목적이 같은가? 같지 않은가? 서로 같지 않은 것은 어디에 있는가? 장자는 마지막에 「무적언, 인시이.」(無適焉, 因是已.=즉 더 나아갈 바가 없다, 이렇게 그냥 놓아둘 따름이다.)라고 했다. 다시 말하자면 당신은 「기이위일」(旣已爲一) 즉 이미 하나가 된 것을 따르기만 하

면 된다. 다시 딴소리할 필요가 없다. 당신은 다만 「천지는 나와 더
불어 살고, 만물은 나와 하나이다.」(天地與我竝生, 而萬物與我爲一.)
에 머물기만 하면 된다. 다음에서 말하는 그 모든 것은 딴소리이다.
당신은 「자무적유」(自無適有 = 즉 무(無)에서부터 유(有)로 간다.)
그렇게 할 필요가 없다. 더더욱 「자유적유」(自有適有 = 즉 유(有)에
서부터 유(有)로 갈)의 필요가 없다. 장자의 생각은 이「from … to
…」를 버리라는 것이다. 그는 당신에게 당장 여기에 머무르는 것이
경지라고 한다. 「인시이」(因是已)라고 하는 것은 바로 이와 같이 이
와 같이(如此如此)의 의미이다. 스님들은 「여시여시.」(如是如是.)라고
말하기를 좋아한다. 이것은 당신과 딴소리하지 않는다는 것을 표시
하는 것이다. 이것이 곧 「여」(如)이다. 이것은 하나의 가장 묘(妙)한
경지이다.

　단 왕필은 『장자』 원래의 어맥(語脈)이 어떠하든지 관여하지 않
는다. 그는 『장자』에서 한 말 「무(無)에서부터 유(有)에 이르고 삼
(三)에서 그친다.」(自無適有以至於三.)에 근거하여 그것을 뽑아내어
하나의 객관적인 도리로 여기고, 이것으로써 노자가 말한 「도생일,
이생이, 이생삼, 삼생만물.」(道生一, 一生二, 二生三, 三生萬物.)을 해석
한다. 이것 또한 하나의 방향이다. 왕필이 주(註)를 단 방향과 장자
의 그 한 단락의 방향은 같지 않다. 즉 말하자면 어맥(語脈)이 같지
않다. 장자는 「from … to …」와 같은 이러한 딴소리를 좋아하지 않
는다. 장자는 이러한 딴소리를 버리려 한다. 단 왕필이 『도덕경』(제
42장)에 「도생일, 일생이, 이생삼, 삼생만물.」(道生一, 一生二, 二生三,
三生萬物.)에 대하여 내린 주(註)는 옳은 것이다. 이 일(一)-이(二)-
삼(三)의 process는 도(道)에 대한 하나의 전시(展示 = show)이다.
일(一)-이(二)-삼(三)은 오히려 도(道)의 통류(統類)에 속한다. 이

것은 하나의 객관적인 우주론을 펼쳐 놓은 것이다.

비록 이 일(一)-이(二)-삼(三)은 도(道)에 나아가서 말해진다 하더라도 삼(三)부터는 셈하지 않는다. 삼(三)에서 정지한다. 단 아직도 오히려 하나의 벌려 놓은 것이다. 장자는 이렇게 벌려 놓는 것을 좋아하지 않는다. 그렇지만 『도덕경』에서는 「도생일, 일생이, 이생삼, 삼생만물.」(道生一, 一生二, 二生三, 三生萬物.)이라고 한다. 이것은 딴소리가 아니다. 이 도(道)는 반드시 천지만물과 관계가 발생된다. 하나의 우주론적 전개(cosmological evolution)를 반드시 그 안에 담고(涵) 있다. 그러므로 『도덕경』에서는 도(道)와 천지만물과의 관계를 표시하려고 한다. 「도생일, 일생이, 이생삼, 삼생만물.」(道生一, 一生二, 二生三, 三生萬物.) 이것은 하나의 우주론적인 어구이다. 우주론적 질서를 표시하며, 도(道)와 만물의 관계를 표시한다.

「도생일, 일생이, 이생삼, 삼생만물.」(道生一, 一生二, 二生三, 三生萬物.)은 우주론의 연화(演化)는 하나의 과정이니, 도(道)와 만물의 하나의 관계를 표시하는 것이다. 도(道)가 있으므로 이 우주로 하여금 연화가 가능하게 한다. 도(道)가 없으면 이 우주론의 연화는 불가능하다. 도(道)가 없으면 거기에는 다만 물리-화학의 변화만 있다. 물리-화학의 변화는 어떤 때가 되면 완료된다. 언제 곧장 붕괴될 것인지 알지 못한다. 당신이 이 우주론의 연화가 영원히 계속된다고 말하더라도 과학에서는 증명하지 못한다.

그러므로 자연과학 안에서는 이 우주가 생생불식(生生不息)이라고 말할 수 없다. 단 도가이든지 아니면 유가이든지 막론하고 모두 하나의 「도」(道)를 제출하여 천지만물을 보장한다. 「도」(道)로 하여금 하나의 실현원리(實現原理)를 이루게 한다. 실현원리가 되는 이 「도」(道)는 곧 이 우주론의 연화(演化)의 필연성을 보장한다. 가령 이 도(道)가 없다면 혹은 유가의 「대재건원」(大哉乾元)의 이 도(道)가 없다면 이 우주가 영원히 계속되어 간다는 당신의 말은 혹은 유가의 말로 말하는 「생생불식」(生生不息), 그것은 불가능한 것이다. 그러므로 이러한 것은 초월적 형이상학적 문제에 속한다. 이런 문제는 칸트의 말로 말하자면 초월적 형이상학(transcendental metaphysics)에 속한다. 서양의 초월철학은 반드시 상제(上帝 = 하나님)-영혼불멸-의지자유를 말한다. 이것은 드러내어서 말하는 것이고 내재적 형이상학(immanent metaphysics)은 아니다. 내재적 형이상학은 현상계의 것이다. 도가의 계통, 유가의 계통 모두 내재적 형이상학은 아니다. 초월적 형이상학이다.

『장자』에서 볼 때에 이 우주론의 연화는 도리가 없는 것이다. 『도덕경』에서 말하는 「도생일, 일생이, 이생삼, 삼생만물.」(道生一, 一生二, 二生三, 三生萬物.)은 장자가 말하는 「그러므로 무(無)로부터 유(有)에 가서 삼(三)에 이른다. 하물며 유(有)로부터 유(有)로 가는 것인가. 간다는 것은 없다. 이것에 원인할 뿐이다.」(故自無適有以至於三, 而況自有適有乎. 無適焉, 因是已.)라고 하는 것이 아니다. 장자의 이러한 태도는 최후의 태도이다. 내가 왜 반드시 이러한 우주론의 연화이어야 하는가? 그렇지만 이 주관적인 적(適 = 간다)은 아무 도리도 없다. 우주론의 연화는 객관적이다. 이것은 도리가 없는 것이 아니다. 이것은 도(道)와 천지만물에는 일정한 관계가 있음을 표시한다. 그러므로 장자의 이러한 경지는 또 다른 하나의 경지이다. 이것은 주관적 수도(修道)의 경지이다. 그리고 노자가 표시하는 도(道)와 천지만물의 관계, 이것은 객관적이다. 마지막으로 주관적인 이것이 객관적인 진정(進程 = progress)을 거쳐 이 두 개의 process identify이다. 도가에서 이 양자는 최후에 합일(合一)이 된다.

우리는 잠깐 동안 먼저 이렇게 나누어 보았다. 그래서 장자의 저 문단을 빌려 와서 하나의 객관적 도리를 가지고 『도덕경』(제42장)의 첫머리 말을 해석하였다. 비록 우리가 직접 장자의 말을 사용하지는 않았으나 단 「무」(無)로 「일」(一)을 삼고, 「유」(有)로 「이」(二)를 삼았으니, 아무튼 말이 되게 하였다. 「이 둘은 함께 나왔으나 이름이 다르다. 함께 현(玄)이라고 부른다.」(此二者同出而異名, 同謂之玄.) 그렇다면 우리는 「현」(玄)으로 「삼」(三)을 삼을 수도 있지 않은가? 장자는 「일(一)과 말(言)은 이(二)가 되고, 이(二)와 일(一)은 삼(三)이 된다.」(一與言爲二, 二與一爲三.)라고 했으며 「가는 것은 없다. 이것 때문일 뿐이다.」(無適焉, 因是已.)라고 말하였다. 이 「이」(二)와 원초의 그 「일」(一)(「旣已爲一矣.」의 「一」) 이 합하여 「삼」(三)이 된다. 즉 저 「이」(二)를 없애 버리고 또다시 「무」(無)로 돌아온다. 그것은 오히려 「현」(玄)이 아니겠는가? 장자는 당신으로 하여금 영원히 「일」(一)의 경지에 머물게 한다. 당신은 뛰어넘어 딴소리하면 안 된다. 이것이 장자의 생각이다.

장자가 말하는 「적」(適)의 의미는 좋지 않은 의미이다. 「유」(有) 역시 좋지 않은 의미이다. 단 『도덕경』에서는 이 「적」(適)의 의미가 없다. 『도덕경』 제1장에서 말하는 「무」(無)-「유」(有)는 모두 정면(正面)이다. 도(道)의 이중성이다. 도(道)에는 「유」(有)「성」(性)이 있고, 또 「무」(無)「성」(性)이 있다. 그러므로 「상무, 욕이관기묘; 상유, 욕이관기요.」(常無, 欲以觀其妙; 常有, 欲以觀其徼.)라고 했다. 당신은 늘 「무」(無)일 수는 없다. 영원히 「무」(無) 여기에 머무를 수 없다. 「무」(無) 안에서 죽는다. 당신은 역시 「유」(有) 여기에 고정될 수 없다. 그러므로 「유」(有)-「무」(無)가 회전한다. 이렇게 하여 주관-객관 양면이 모두 긍정된다. 즉 「유」(有)-「무」(無) 모두 적극적(positive)

으로 본다. 모두 정면으로 본다. 우리는 「무」(無)라는 이 면을 통해 도(道)를 본다. 역시 「유」(有)라는 이 면을 통해 도(道)를 본다. 단 당신은 「유」(有)-「무」(無)를 갈라놓으면 안 된다. 왜냐하면 이 둘은 「동출이이명」(同出而異名)이어서 같은 하나의 뿌리이기 때문이다. 그러므로 「동위지현, 현지우현, 중묘지문.」(同謂之玄. 玄之又玄, 衆妙之門.)이다.

  그러므로 「현」(玄)은 「유」(有)-「무」(無)의 혼화(混化)이다. 「유」(有)-「무」(無)가 섞여서 하나가 된 것(混而爲一)이 곧 「현」(玄)이다. 「현」(玄)은 참으로 도(道)의 본성을 회복한다. 비로소 도(道)의 도(道)다움을 회복한다. 『도덕경』에서 말하는 「현」(玄)은 「중묘지문」(衆妙之門)이다. 즉 말하자면 도(道)는 중묘지문(衆妙之門)이니, 즉 도생만물(道生萬物)이다. 이른바 「삼생만물」(三生萬物)이다. 곧 도생만물(道生萬物)이다.

  그렇다면 『도덕경』에서 말하는 것에 근거하여 「유」(有)-「무」(無)-「현」(玄)을 가지고 말한다. 그것은 장자의 저 단락의 문장에 근거한 것이 아니다. 비록 장자의 그 단락의 문장이 능히 「무」(無)가 「일」(一)이고, 「유」(有)가 「이」(二)라는 것을 표출하지만, 단 이 「유」(有)의 의미는 같은 것이 아니다. 이 「유」(有)는 「일여언위이」(一與言爲二 = 일(一)과 말(言)은 이(二)가 되고)의 「유」(有)이다. 『도덕경』 제1장의 「유명, 만물지모.」(有名, 萬物之母.) 「상유, 욕이관기요.」(常有, 欲以觀其徼.)에서 말하는 이 「유」(有)는 장자의 「일여언위이」(一與言爲二 = 일(一)과 말(言)은 이(二)가 되고)의 의미가 아니다. 장자가 말하는 「이」(二)는 「유」(有)를 대표한다. 이미 만물의 모(母)도 아니고, 역시 「상유, 욕이관기요.」(常有, 欲以觀其徼.)일 수도 없다. 그러므로 『장자』에 따르면 「일여언위이」(一與言爲二.)는 딴소리이다. 좋지 않은 것이다.

　그렇지만 『도덕경』 제1장에 비추어 보면 이 「도」(道)와 천지만물은 관계가 발생된다. 이것은 딴소리가 아니다. 이것은 객관적 필연이다. 반드시 이러하여야 한다. 그렇지 않으면 당신이 말하는 그 「도」(道)는 무엇을 말하는 것인가? 우리가 왕필의 주(註)에 근거하고, 장자의 말을 빌려 왔다. 이것은 다만 우리가 기(氣)에 낙착되어 일(一)-이(二)-삼(三)을 말하지 않는다는 것이다. 그것은 오히려 「유」(有)-「무」(無)를 가지고 일(一)-이(二)-삼(三)을 말하는 것이다. 이렇게 말하면 된다. 왜냐하면 일(一)-이(二)-삼(三)은 기수(奇數)가 아니기 때문이다. 역시 기(氣)에 낙착시켜 말할 수 없다. 그러므로 나는 직접 왕필의 주(註)를 사용하지 않았다. 나는 그의 그것을 근거로 해서 표시하였다. 우리는 「유」(有)-「무」(無)를 가지고 일(一)-이(二)-삼(三)을 말하는 것일 뿐이다. 「삼」(三)은 「유」(有)-「무」(無)의 혼(混 = 섞임)이다.

　그러므로 첫 걸음으로는 왕필의 주(註)를 보았고, 다시 한 걸음 더 나아가 검찰(檢察)하였으며, 『도덕경』에서 말하는 「도생일, 일생이, 이생삼, 삼생만물.」(道生一, 一生二, 二生三, 三生萬物.) 이 말은 어떤 의미인가 이해하려 하였다. 『장자』「제물론」의 그 단락은 또 어떤 의미인가? 장자가 말하는 「이여일위삼. 자차이왕, 교력불능득.」(二與一爲三. 自此以往, 巧歷不能得.)에서 그는 만물이 저 「삼」(三)으로부터 나온다고 말하지 않았다. 이 「삼」(三)은 만물을 낳을 수 없다. 그러므로 이 두 단락의 문장은 같은 것이 아니다. 당신은 자세히 살펴봐야 한다. 이것은 쉽게 볼 수 있는 것이 아니다. 이러한 현담(玄談 = 가마득한 이야기)은 사람의 두뇌로 하여금 어지럽게 하고, 멍청하게 한다.

그러므로 나는 장자의 그 단락의 말을 사용하지 않았고,『도덕경』자체(本身)에서 말하는 「유」(有)-「무」(無)-「현」(玄)을 가지고 「도생일, 일생이, 이생삼, 삼생만물.」(道生一, 一生二, 二生三, 三生萬物.)을 말한다. 「현」(玄)은 「중묘지문」(衆妙之門)이다. 즉 「도」(道)가 중묘지문이다. 「현」(玄)에 이르렀을 때 이 「도」(道)는 곧 구체(具體)이며 진실이다. 도(道)의 구체와 진실의 의의가 충분히 표현되어 나온다. 왜냐하면 일(一)-이(二)-삼(三)은 도(道)에 대한 전시(展示)이기 때문이다. 「유」(有)-「무」(無)-「현」(玄)은 도(道)에 대한 분해(分解)적인 전시이다. 이것은 『도덕경』에서는 매우 분명하게 드러난다.

분해적 전시는 우리의 생각이다. 「현」(玄) 여기에 이르렀을 때 이 분해의 전시는 없어진다. 없어지면 곧 도(道) 자신(本身)으로 회복된다. 도(道)는 이 분해적 전시를 통하여 그의 구체적이고 진실한 의미가 충분히 표현되어 나온다. 그렇지 않으면 내가 아는 도(道)는 어떤 것인가? 「현」(玄)에 이르렀을 때 분해의 전시는 없어진다. 오히려 도생만물(道生萬物)이 된다. 나의 생각으로 만물을 낳는 것이 아니다. 그러므로 나는 이러한 이야기를 통하여 『도덕경』 제42장의 첫머리 단락을 강의했다. 기타 이야기는 도리로 성립되지 않는다. 기화(氣化)에 낙착시켜 이야기해서도 안 되니, 그것은 근본적으로 하나의 관념으로 성립할 수가 없다. 어떤 사람들은 고대 그리스의 피타고라스의 방법을 채용(採用)하여 기우(奇偶)를 가지고 와서 기(奇)는 일(一)이고, 우(偶)는 이(二)라고 하지만 그것도 도리가 아니다. 그것 또한 안 될 일이다.

내가 이야기하는 것은 근거가 있다. 왜냐하면 장자가 이렇게 이야기하였다. 장자는 노자에 아무튼 조금 가깝다. 장자는 「무(無)로부터 유(有)에 가서 삼(三)에 이르게 된다.」(自無適有以至於三.)라고 하였다. 이것은 도(道)의 흘러감에 속한다. 여기로부터 간다. 도(道)가 흐르는 것이 아니다. 그러므로 왕필이 총명하니 그는 이 점에 근거하여 노자의 그 단락에 주(註)를 달았던 것이다. 장자는 대단한 인물이다. 왕필 역시 대단하다. 우리와 비교해서 훨씬 총명하다. 함부로 말해도 좋은 점은 좋다. 그러므로 나는 왕필의 주(註)를 빌려 왔다. 단 직접적으로 장자의 문장을 사용하지는 않았다. 그리고『도덕경』첫 장(章)의「유」(有)-「무」(無)-「현」(玄)을 사용하였다. 일(一)-이(二)-삼(三)은 곧「무」(無)-「유」(有)-「현」(玄)을 가리켜 말하는 것이다.「유」(有)-「무」(無)-「현」(玄)은 곧「도생일, 일생이, 이생삼」(道生一, 一生二, 二生三.)이다.

도(道)에는「무」(無)「성」(性)이 있다.「상무, 욕이관기묘」(常無, 欲以觀其妙.) 이것은 곧「일」(一)이다. 단 당신이「무」(無)인「일」(一)에 머물러 있을 수 없다. 그것은 언제라도 유(有)이다. 한번「유」(有)로 있게 될 때에「이」(二)가 나온다. 그러므로「상유, 욕이관기요」(常有, 欲以觀其徼.) 이 양자가 섞여져서 이름하여「현」(玄)이다. 그러므로「현」(玄)은「삼」(三)을 대표한다.「무」(無)는 일(一)이고,「유」(有)는 이(二)이고, 삼(三)은 해화(諧和＝harmony), 원리(principle), 법칙(law)이다. 이렇게 되면 이것은 도리가 된다.「삼」(三)은 곧 일(一), 이(二)를 종합한 것이다. 해화(諧和)가 된다. 그러므로「삼」(三)은 해화(諧和)를 대표하고, 법칙을 대표한다. 순전히 일(一), 이(二)로는 법칙을 이룰 수 없다. 법칙은 여기서 해화(諧和)로 표현된다.

이러한 일(一)-이(二)-삼(三)은 논리적으로 하는 말이다. 일반적으로 말하자면 형식(form)의 의의(意義)이다. 어떠한 응용도 없다. 가령 성부-성자-성령에 응용한다면 그것은 종교에서 이야기하는 것이다. 이것은 곧 내용이 있는 의의(意義)이다. 가령 당신이 유가의 말로 응용하여 천(天)-지(地)-인(人) 삼재(三才)라고 말한다면 그것 역시 일종의 응용이다. 한번 응용되었다면 금방 내용이 있게 되고, 하나의 특수한 결정이 있게 된다.

그냥 one-two-three라고 말한다면 그것은 다만 하나의 형식이고 내용이 없다. 그것은 곧 논리적 의미의 해석이다. 이 「삼」(三)의 응용은 대단히 많다. 어떤 사람이 나에게 당신의 (이름) 「종삼」(宗三)은 어떤 삼(三)을 종(宗)으로 하는가? 라고 묻는다. 나의 이름은 소학(小學) 시절에 나의 선생님께서 나에게 주신 것이니, 그분께서 강희자전(康熙字典)을 펼치더니 『좌전』(左傳)에 있는 말 「하늘은 해 달 별로 종(宗 = 근본)을 삼는다.」(天宗三日月星.)를 보여 주셨다. 이것으로 보아서 「삼」(三)의 응용은 매우 많다. 이것은 고금(古今) 중외(中外)에서 다 같은 것이다.

다음에는 『도덕경』 제51장을 강의한다.

제 8 장

道生之, 德畜之, 物形之, 勢成之. 是以萬物莫不尊道而貴德. 道之尊, 德之
도생지 덕휵지 물형지 세성지 시이만물막불존도이귀덕   도지존   덕지

貴, 夫莫之命而常自然.
귀 부막지명이상자연

故道生之, 德畜之, 長之育之, 亭之毒之, 養之覆之. 生而不有, 爲而不恃, 長
고도생지 덕휵지 장지육지 정지독지 약지복지 생이불유 위이불시 장

而不宰, 是謂玄德.
이부제 시위현덕

도(道)는 낳는 것이고, 덕(德)은 기르는 것이며, 물(物)은 모습을 갖추어
가는 것이고, 세(勢)는 이루어 가는 것이다. 이러므로 만물은 도를 높이
고, 덕을 귀하게 여기지 않는 것이 없다. 도의 높음과 덕의 귀함은 명령
한 것이 없으나 항상 늘 그러하다.

그러므로 도(道)는 생겨나는 것이고, 덕(德)은 길러 주는 것이고, 키워
가며, 길러 가며, 성숙시키며, 열매 맺게 한다. 길러 주고 덮어 준다. 생겨
나게 하고도 소유하지 않으며, 잘되게 하고도 자랑하지 않으며, 자라나게
하면서도, 주재(主宰)하지 않는다. 이것을 가마득한 덕(玄德)이라고 한
다.(『도덕경』 제51장)

『도덕경』에서 「도」(道)와 「덕」(德)은 두 개의 이름이다. 「도」(道)와 「덕」(德)의 분별에 대해서 우리는 제21장에서 이미 말하였다. 「공덕지용, 유도시종.」(孔德之容, 惟道是從. = 큰 덕(德)의 모양은 오직 도(道)를 따른다.)이라 하였다. 「덕」(德)이라고 하는 것은 「득」(得)이다(德者得也). 마음에 얻어서 자기 생명의 하나의 본질이 되는 것이다. 그러므로 「덕」(德)은 주관적으로 말하는 것이다. 「도」(道)는 반드시 「덕」(德)에 의거하여 그것으로 하여금 내용이 있게 한다. 그렇지 않으면 우리는 「도」(道)가 무엇인지 알지 못한다. 무릇 객관으로 말하는 것이고, 형식으로 말하는 것이다. 이름하여 도(道)이다. 당신은 이 도(道)로써 어떠한 내용을 삼을 것인가? 그것은 곧 당신의 이 덕(德)을 어떻게 이야기하는가에 달려 있다.

도가의 「도」(道)는 「무」(無)를 가지고 규정하며, 자연을 가지고 규정한다. 이것은 첫걸음의 이해이다. 먼저 「무」(無)-「자연」(自然)을 통하여 이해한다. 다만 이렇게 말하여서는 아직 부족하다. 매우 뭉뚱그려서 하는 말이다. 당신은 이렇게 이해한 도체(道體)가 자기의 생명 안에 와서 드러날 필요가 있다. 얻는 바가 있는 것이다. 그러면 이 「도」(道)의 의의는 비로소 진실화되는 것이다. 이것은 도가에서 말하는 것이다.

유가에서 말하는 것에 비추어 보면 객관적으로 말해도 역시 「도」(道)이다. 유가에서는 「천명불이」(天命不已)라고 이야기한다. 천도(天道)의 창생(創生) 역시 주관 의의(意義)의 「덕」(德)에 의거하여 이해한다. 그 「덕」(德)은 우리가 평상에 말하는 「도덕」(道德)의 그 「덕」(德)이니, 곧 moral이다.

「도」(道)와 「덕」(德)은 나누어서 두 개의 말로써 이해한다. 우리는 바로 이렇게 이해하니 「도」(道)는 객관적인 말이고, 형식적인 말이다. 「덕」(德)은 주관적인 말이고, 내용적인 말이다. 주관적(subjec-tive)-내용적(intensional)으로 말하면 「덕」(德)이요, 객관적(objec-tive)-형식적(formal)으로 말하면 「도」(道)이다. 객관적으로 말하는 것은 모두 뭉뚱그려서 하는 말이고, 빈말이다. 이것은 서양인의 개념적 사고방식이다. 이것은 방법상의 것으로 서양에서 발생되었다고 할 수는 없다. 우리 중국 사람은 서양의 말을 사용하여 중국 학문을 말할 수 없는 것이다. 이러한 서양의 말을 가지고 맹목적으로 가져다 붙이면 안 된다. 방법은 공기(公器)이다. 모두 다 사용할 수 있다. 중국에서 이전에는 이런 말이 없었다. 다만 이렇게 분별하였다.

유가에서 도(道)를 말하고, 도가에서 도(道)를 말하고, 불교 역시 도(道)를 말한다. 각각 그 도(道)를 말한다. 이것은 곧 말하자면 도(道) 자체(本身)를 말하는 것이다. 그렇게 되면 뭉뚱그려지는 것이고, 빈 것이다. 각 도(道)는 그 도(道)의 내용에 따라서 결정된다. 한유(韓愈)의 「원도」(原道)에 아주 중요한 구절이 있으니 「도(道)와 덕(德)은 헛된 자리이고, 인(人)과 의(義)는 규정된 이름이다.」(道與德爲虛位, 仁與義爲定名.)라고 하였다. 한유의 말에 비추어 보면 그는 인(仁)과 의(義)를 겨냥하고 말하는 것으로 「도」(道)만 객관적으로 이야기하는 것이 아니라 「덕」(德) 또한 그러하다. 그러므로 말하기를 「도(道)와 덕(德)은 헛된 자리.」(道與德爲虛位.)라고 했다. 「인의」(仁義)가 비로소 실(實)이라는 것이다. 그의 이러한 주장은 유가에 나아가서 말하는 것이다. 도덕의 실(實)을 인의(仁義)에 낙착시킨다. 이것이 비로소 도덕(moral)의 참된 의의(意義)이다. 「도덕」(道德)이라는 이 말의 유가에서 참된 의의(意義)는 곧 인의(仁義)이다. 『맹자』「고자편」에서는 먼저 「인의내재」(仁義內在)를 이야기하고 있다. 유가에서 이야기할 때 인의(仁義)를 접촉하지 않고 그냥 도덕을 이야기한다면 그것은 뭉뚱그려서 하는 말이다.

칸트가 말한 것에 비추어 보면 moral이라는 이 글자를 뭉뚱그려서 그 자체로 말한다면 이것은 빈 것이다. 이것은 무조건의 정언명령(定然律令)이다. 무조건적인 정언명령은 무엇인가? 그것은 행위의 하나의 방향이다. 일체의 내용을 없앤 것이다. 한 개의 내용을 보탠다면 빈 것이 아니다. 그렇지만 한 개의 내용이라도 보태기만 하면 드러나지 않는다. 곧 그 정언명령(categorical imperative)이 아니다. 그러므로 도덕법칙은 빈 것이다. 하나의 예만 들어도 파괴된다. 예를 들면 반드시 그러한 것은 안 된다. 변할 수 있는 것이다. 도덕법칙 자체는 변하지 않으나 불변하는 것은 그 형상(form)이다. 그 빈 것의 걸이(架 = 지게)이다. 한번 내용을 보태면 그만 변해 버린다.

예를 들어 「사람은 거짓말해서는 안 된다.」 그렇지만 어떤 때는 거짓말을 한다. 어린아이가 약을 먹으려고 하지 않을 때 당신은 이것은 사탕이라고 말한다. 그 아이는 약을 먹는다. 이것이 도덕인가 아닌가? 대답해 보라! 이것으로 보아서 한번 내용이 주어지면 반드시 그렇게 되는 것은 아니다. 그렇지만 이 도덕법칙(moral law)을 떠나서는 안 된다. 첫걸음은 추상적으로 생각하는 것이다. 내용을 없애는 것이다. 한유(韓愈)가 말한 「도(道)와 덕(德)은 헛된 자리이고, 인(人)과 의(義)는 규정된 이름이다.」(道與德爲虛位, 仁與義爲定名.) 이것은 유가의 입장에 선 것이니, 그가 말한 이 구절은 곧 칸트가 말한 의미와 같다.

「도」(道)는 객관적으로 말하는 것이고 「덕」(德)은 주관적으로 말하는 것이다. 여기서 「주관」(主觀)은 나쁜 뜻이 아니다. 좋은 의미이다. 「주관」(主觀)이라고 말하면 곧 실제에 낙착되는 것이다. 왜냐하

면 우리는 보통 과학을 가지고 표준을 삼는다. 한번 「주관」(主觀)이
라고 말해 버리면 그만 겁을 내고 두려워한다. 이것은 일종의 선입
견이다. 왜냐하면 「도덕」(道德)은 과학적 지식이 아니다. 이 (도덕
의) 내용은 어디서 오는가? 당신의 주관 생명의 체험이 비로소 내
용이 된다. 주관 생명의 체험을 떠나서는 내용이 없다.

　어느 것을 가지고 「도」(道)라고 부르는가? 어느 것을 「덕」(德)이
라고 부르는가? 유가에서 말하는 것에 비추어 보면 당신은 오히려
도덕법칙(moral law)이라고 말할 수 있을 것이다. 당신은 「거짓말하
지 마라.」라고 말할 수 있다. 도가에서 말하는 이 「도」(道)-「덕」(德)
은 무엇인가? 도가에는 도덕법칙(moral law)은 없다. 「도」(道)의 의
의가 무엇인가? 「도법자연.」(道法自然. = 도는 저절로 그러함을 본받
는다.)에서 「자연」(自然)은 「지칭할 수 없는 말이고, 궁극의 말이다.」
(無稱之言, 窮極之辭.) 어떤 것을 자연(自然)이라고 부르는가? 「자
연」(自然)은 결코 네모난(方)-둥근(圓) 것은 아니다. 왕필은 「모난
곳에서는 모남을 본받고, 둥근 것에서는 둥긂을 본받는다는 것이다.
저절로 그러함(自然)에는 위배되는 바가 없다.」(在方而法方, 在圓而
法圓, 於自然無所違也.)라고 하였다. 이 「자연」(自然)은 하나의 빈 이
름이다. 하나라도 구체적인 것을 가지고 「자연」(自然)이라고 부르지
않고, 「도」(道)라고 부르지 않는다.

　도(道)는 하나의 경지이다. 도가에서는 「무」(無)를 통하여 그것을
이해한다. 그렇지만 무엇을 「무」(無)라고 하는가? 왜 반드시 「무」
(無)를 통하여 「도」(道)를 이해해야 하는가? 천지(天地) 사이에 역
시 하나도 「무」(無)라고 부르는 것은 없다. 이것은 실제에 낙착되어
야 한다. 실제에 낙착되려고 하면 당신 자신의 주관(subjective)을
말하는 데 의거하여야 한다. 당신 자신의 주관 생명의 체험을 말해

야 한다. 당신 자신이 생각해 보면 곧 알 수 있다. 이 주관은 사람마다의 주관이다. 당신은 당장 이해할 수 있다. 그러므로 이런 것은 과학을 이야기하는 것과 같은 것이 아니다. 과학의 진리는 경험대상에 대해서 말하는 것이다. 외재(外在) 세계의 하나의 어떤 것을 떠나서는 과학을 이야기할 수 없다. 단「도」(道)를 이해하는 데는 경험대상에 의거하지 않는다. 외재(外在) 세계의 하나의 어떤 것에 의거하지 않는다. 이것과 외재(外在) 세계와는 상관이 없다. 그렇다면「도」(道)는 어디에서 이해되어야 하는가?

『도덕경』에서 말하는 것에 비추어 보면 첫걸음은「무」(無)를 통하여「도」(道)를 이해하는 것이다.「무」(無)는 서양철학에서 말하는 non-being이 아니다.「무」(無)를 번역해서 nothingness라고 하면 비교적 좋다. 왜「무」(無)를 통하여「도」(道)를 이해하는가? 이것은 완전히 생활상의 체험에서 오는 것이다. 그러므로 『도덕경』에서는 첫걸음으로「상무, 욕이관기묘; 상유, 욕이관기요.」(常無, 欲以觀其妙; 常有, 欲以觀其徼.)라고 했으니 이것은 곧 당신이 실제 생활에 낙착한다는 것이다.

「무」(無)가 시작할 때는 다만 nothingness, 한 개의 명사이다. 당신은 이것을 동사를 통해(동사로 여기고) 보도록 하자. 당신이 볼 때 그것을 무(無)라고 하는 것은 무엇인가?「무」(無)를 동사, 즉 nullify로 여기게 되면, 그것을 빈 것으로 만든다. 왜 없애야만 도(道)가 드러나는가? 비로소 능히「그 묘(妙)를 볼 수 있다」(觀其妙)인가? 도가는 여기서부터「도」(道)를 이해한다. 이것은 매우 특별한 것이다. 도가의 이러한 형태는 쉽게 이해되는 것이 아니다. 왜냐하면 일반적으로는 모두 객관적으로 말한다. 기독교에서 도(道)는 어디에 있는가? 도(道)는 상제(上帝 = 하나님)와 함께 있다. 상제는 어

떤 것이다. 그는 하늘의 아버지이다. 도가에서는 「무」(無)를 말하는
데 어떤 것을 「무」(無)라고 하는가? 왜 빈 것으로 해야 하는가?

당신이 없애 버리지 않으면 당신은 「유」(有)에 제한된다. 「유」
(有) 가운데에 제한되면 곧 한정된다. 한정되면 「도」(道)가 될 수
없다. 한정하려고 한다면 이 「도」(道)가 어찌 능히 만물의 시(始)가
될 수 있는가? 그러므로 「무」(無)를 통하여 「유」(有)의 그 한정성을
버린다. 그리고 무한이 나타난다. 그 「유」(有)의 한정성을 없애 버림
으로써 「무」(無)가 나타난다. 「무」(無)는 곧 무한이다. 이 「무한」(無
限)을 가리켜 무한한 묘용(妙用)으로 이야기한다. 이것은 반드시 우
리의 심경을 가리켜서 말하는 것이다. 그러므로 「무」(無)를 동사로
여겨서 사용해야 한다. 즉 당신이 없애는 바가 무엇인가 봐야 한다.
당신이 당신의 생활에서 체험하면 되는 것이다. 「유」(有)의 한정성
을 없앤다는 것은 어디에 가든지 이롭지 않음이 없다. 가령 당신이
하늘 이야기만 한다면 다른 일은 할 수가 없다. 혹은 당신이 다만
희곡만 듣는다면 영화를 볼 수가 없다. 그렇다면 당신은 어떤 것에
빨려 든(흡수된) 것이다. 빨려 들었다는 것은 「묘」(妙)하지 않다는
것이다. 이것이 도가의 매우 높은 지혜가 아니겠는가? 도가는 곧 여
기서 한 사람이 도(道)가 있는가, 아닌가를 드러낸다. 이것은 대단
히 지혜로운 것이다. 그리고 매우 실제적이다. 기독교의 원죄(原罪)
와 비교해도 더 실제적이다. 아담과 하와가 원죄를 지었다고 이야
기해도 죄(罪)가 어디 있는가? 역시 아무도 알지 못한다.

도가의 이 한 방식은 매우 실제적이고, 또한 절실(切實)하다. 우
리 사람은 일생 동안 현실에 낙착되어 생활한다. 사람마다 한정이
있고, 제한이 따른다. 그러나 그것들은 하나의 무한을 향하여 나아
간다. 도가에서는 종교가와 같이 초인(超人)의 무한한 큰 신(神)을

바라고 나아가지는 않는다. 종교가(宗敎家)에 비추어 보자면 상제(上帝)는 곧 무한이다. 상제(上帝)는 인격적이다. 인격적 신(personal God)이다. 객관적이다. 그리고 초월적이다. 높고 높아 저 위에 있다. 그는 만능(萬能)이고 무소부지(無所不知)이며, 무소불능(無所不能)이다. 도가에서는 이렇게 생각하지 않는다. 도가에서도 무한을 생각한다. 그러나 「무한」(無限)을 인격화하여(personify) 하나의 객관적 개체 존재(objective individual being)로 하지는 않는다.

종교가는 일종의 무한적 인격화된(personify) 객관적 개체 존재(objective individual being)를 바라고 향하여 간다. 종교가는 유한 위에서 무한의 능력을 향하여 나아간다. 왜냐하면 상제(上帝)는 하나의 개체이기 때문이다. 그는 하나의 개체이지만 단 그는 또 무한이다. 이것은 보통 사람들이나 종교가들이 생각하는 무한이다. 그것을 가지고 현실 인생의 유한을 보충하고 구원하려 한다. 이것은 중국인의 지혜가 아니다. 중국인은 이렇게 생각하지 않는다. 중국 민속 중에 일반 사람들은 마치 하나의 신(神)이 있는 것 같이 생각하는 경우도 있다. 그것 역시 이러한 생각이다. 그렇지만 그것은 민속학이다. 사람은 유한하다. 무한을 향하여 가려고 한다. 그러므로 신(神)이 오게 된다. 「신」(神)이라는 이 관념은 이렇게 하여 나온 것이다. 이것은 원시의 종교이다. 기독교는 원시의 종교를 따라서 그 것을 순결화하고 전형화하였다. 순결화는 일신론(一神論)이다. 순결화하지 않고 전형화하지 않으면 다신론(多神論)이다. 고대 그리스에서는 다신론의 전통이 있었다. 거기에는 신(神)이 많고 많다. 중국인 역시 그러하다. 천둥이 치면 우레신(雷神)을 이야기했고 나무에도 나무신(樹神)이 있다고 생각했다. 아무튼 신(神)은 사람보다 능력이 크다.

그러나 중국의 사상, 뒷날 중국문화의 주류가 된 유가, 그 가지 (旁支)인 도가, 뒤에 흡수되어 들어온 불교 모두 이러한 일신교(一神敎)-다신교(多神敎)의 형태는 아니다. 유(儒)-석(釋)-도(道) 삼교(三敎) 발전의 최고 지혜 형태는 모두 그런 모식(模式)은 아니다. 그들도 무한을 향하여 나아간다. 단 모두 사람 위에 무한한 개체가 있다고 생각하지는 않았다. 예를 들어 도가의 「도」(道)는 하나의 객관적인 것을 가지고 도(道)라고 부르지는 않았다. 이 「도」(道)를 인격화할 수는 없다. 하나의 개체 존재(individual being)일 수는 없다. 「도」(道) 역시 무한이다. 단 이 「무」(無)는 먼저 동사로 사용한다. 그것은 「유」(有)의 한정성을 부정하고 무한성을 드러내 보이는 것이다. 「무한성」(無限性)은 무한의 묘용(妙用)이다. 그것은 객관적인 것에 낙착될 수 없다. 그것은 당신의 마음에 낙착된다. 바로 이러한 의의에서 더욱 주관성이 더 중시된다. 그러므로 당장에 곧 체인(體會)된다. 도(道)가 있음(有道)-도(道)가 없음(無道)이 당신이 있는 지금 바로 여기에서 결정된다. 이것은 하나의 가장 실제적이고, 가장 절실한 생각이다. 가장 절실하고 또 가장 유용하다.

개인으로 말하자면 만약 내가 매일 날마다 여기서 잡고 있고, 교착되어 있어서 곁에 있는 사람과 얼굴을 맞대지 않으며, 한번 보기만 해도 곧 싸운다면 당신은 사람답지 못한 사람이고 경지가 높지 않다. 도(道)가 없다. 도(道)의 경지는 적어도 당신에게 이런 것을 초월하게 한다. 물론 당신은 말하기를 현실에서 당신은 당신의 개성을 보존하고 있다고 말할 것이다. 그것은 이미 괜찮은 것이다. 당신이라는 사람은 아직도 좋은 사람이다.

뭉뚱그려 말하여 먼저 그 「유」(有)의 한정성을 없애는 것이다. 도(道)에는 이중성이 있다. 한편으로는 「유」(有)이니 「유」(有)의 지향

(徼向)은 곧 한정성이다. 다른 한편으로 「유」(有)의 한정성을 없애는 것이다. 그러므로 주관 심령 방면의 영활(靈活)을 지녀야 한다. 「유」(有)는 곧 하나의 방향이다. 단 그러나 그것은 이 방향에 빠져(陷) 있지 않다. 언제든지 능히 튀어나온다. 한정(限定) 중에서 초발(超拔)해 나온다. 수시로 초탈해 나온다. 이렇게 될 때 심령(心靈)의 허령(虛靈)을 지닌다. 허령은 곧 한정을 초탈하는 것이다. 한정을 초탈하는 것은 곧 무한이다. 양(量)의 무한이 아니다. 상제(上帝) 또한 질(質＝qualitative)의 무한이다.

이것은 뭉뚱그려 말한 「유」(有)이다. 당신이 다시 이 뭉뚱그려서 말한 「유」(有)를 구체적인 생활 속에서 찾아보라. 어떤 것이 뭉뚱그려서 말하는 「유」(有)에 속하는가? 당신은 가장 저변에 있는 생리의 감성에서 곧장 최고도의 그 의식형태까지 가서 봐라. 도가에 비추어 보자면 그것은 모두 「유」(有)이다. 구체적으로 말할 수도 있고, 생활상에서도 열거할 수 있다. 생리감성은 가장 저층(底層)이다. 그것은 곧 『도덕경』에서 말하는 다음의 구절에서 알 수 있다. 「오색영인목맹; 오음영인이농; 오미영인구상; 치빙전렵, 영인심발광; 난득지화, 영인행방.」(五色令人目盲; 五音令人耳聾; 五味令人口爽; 馳騁畋獵, 令人心發狂; 難得之貨, 令人行妨. ＝ 오색(五色＝화려한 색깔)은 사람의 눈을 멀게 하고, 오음(五音＝현란한 소리)은 사람의 귀를 멀게 하고, 오미(五味)는 사람의 입을 상하게(爽＝맛을 알지 못하게) 하고, 말(馬)을 달려 사냥하는 것은 사람의 마음을 광폭하게 하고, 얻기 어려운 물건은 사람의 행위를 궤도에서 벗어나게 한다. ─『도덕경』 제12장) 감성(感性) 아래층에 있는 관능(官能)마다 모두 요구하는 바가 있다. 눈은 보려고 (요구)하며, 모두 좋은 것을 보려고 한다. 아무도 보기 싫은 것을 보려고 하지 않는다. 사람마다

모두 들으려고 한다. 모두 좋은 것을 들으려고 한다. 이것은 감성에
서 인정(人情)의 정상적인 것이다. 성인(聖人)도 당신에게 보지 마
라, 듣지 마라 하지 않는다. 그러므로 왕필은 「성인에게도 감정이
있다」(聖人有情)라고 하였다.

그러나 공자(孔子)께서는 「예가 아니면 보지 말고, 예가 아니면
듣지 말고, 예가 아니면 말하지 말고, 예가 아니면 움직이지 마라.」
(非禮勿視, 非禮勿聽, 非禮勿言, 非禮勿動. —『논어』「안연편」顔淵篇)
라고 하였다. 희(喜)-노(怒)-애(哀)-락(樂)은 사람 사람마다 모두
가지고 있다. 성인(聖人)이 당신에게 보지 마라-듣지 마라 하지 않
는다. 단 당신이 여기에 빠지지 말라고 한다. 당신이 「색」(色) 여기
에 빠지게 되면 당신은 그만 「색」(色)에 제한을 받는다. 당신이 오
히려 눈을 크게 뜨고 보게 되면 눈을 버리게 된다. 이렇게 하면 안
되는 것이다.

도가는 당신에게 보지 못하게 하는 것이 아니다. 도가는 당신에
게 당신의 심령이 보는 방향에 빠지지 말라고 가르친다. 도가가 없
애려고 하는 것은 일정한 방향으로 향하는 그 한정성을 없애려고
하는 것이다. 그러한 한정성의 가장 저층(底層)을 감성이라고 한다.
다시 위로 올라가면 심리의 정서이고(희노애락) 생물본능이며(이익
을 추구하고 해로움을 피한다) 그리고 이데올로기이다. 이러한 것
이 모두 도가(道家)가 없애려고 하는 범위이다. 모아 두지 않으면
모두 저 「유」(有)이다. 이러한 「유」(有)의 한정성을 모두 없애려는
것이다. 없앤다는 것은 곧 변화시켜 버린다는 것이다.

「이데올로기」는 곧 의식형태이다. 사상(思想)에 속한다. 곧 관념
형태(觀念形態)이다. 영문으로는 「ideology」이다. 이 이데올로기는
매우 좋지 않은 것이다. 그래서 나는 이데올로기(意底牢結 = 의식의

밑바탕이 감옥에 매어 있다)라고 번역했다. 「이데올로기」로부터 허다한 사람 사이의 재해(災害)가 발생한다. 이것을 관념의 재해라고 부른다. 이 시대가 곧 관념의 재해가 아니겠는가? 그러므로 영미 사람들은 이데올로기를 가장 싫어한다. 이 단어는 하나의 좋지 못한 자(字)이다. 일반인들은 「의식형태」(意識形態)라고 번역한다. 헤겔(Hegel)이 처음 사용하던 「의식형태」라는 이 말은 consciousness forms이었으니 의식의 변화(move of consciousness)를 말한다. 의식은 종종 변화가 있다. 이것은 일컬을 바가 아니다. 전문적으로 말하면 의식이 종종 변화한다는 것이다. 이것은 이렇게 말할 수 있는 것이다. 헤겔은 『정신현상학』에서 우리의 정신현상을 고찰하였다. 헤겔은 가장 낮은 데서부터 가장 높은 데까지 모두 의식의 변화로 설명하였다. 종합해서 의식의 변화를 연구하는 학문을 한 것이다. 헤겔은 이름하여 이데올로기라고 하였다. 즉 「의식형태학」(意識形態學)을 말한다.

「이데올로기」는 가장 재해성(災害性)을 갖추고 있다. 도가에서는 그 「유」(有)의 병폐를 없애려고 하는 것이다. 그 높은 경지가 바로 여기에 있다. 기타 방면의 죄악은 매우 쉽게 발현된다. 이데올로기의 죄악은 쉽게 발견되지 않는다. 지금 이 세계는 바로 이러한 이데올로기의 문제를 가지고 있다. 이데올로기를 말하면서 리(理)를 이야기할 수 없다. 그들은 당신과 더불어 리(理)를 이야기하려 하지 않는다. 이것이 곧 비극이다. 하나의 관념의 계통을 가지고 사람의 사상을 제어하려고 한다. 사람의 사상을 어떻게 제어할 수 있는가? 당신은 어떻게 하나의 사상을 가지고 천하(天下)를 통치하려고 하는가? 그러므로 도가의 최고 지혜-최고 경지는 곧 이러한 관념계통을 없애려고 하는 것이다. 하나의 관념계통이 있게 되면 곧장 입장이 있게 되고 문호(門戶)의 견해가 생기게 마련이다.

도가도 하나의 관념계통이다. 유가도 하나의 관념계통이다. 불교 역시 하나의 관념계통이다. 종교는 더더욱 하나의 계통이다. 배타성이 매우 강하다. 유가의 입장에서 말하자면 불노(佛老)는 이단이고, 종교의 입장에서 말하자면 당신들은 모두 도(道)의 바깥 길이다. 기독교의 입장에서 말한다면 당신들은 모두 이교(異敎)이다. 그들에게는 이교(異敎) 재판소가 있었다. 도가의 지혜에 비추어 보자면 그러한 것은 모두 관념계통이다. 모두 재해(災害)가 된다. 도가에서는 이것에 대해서 대단히 절실함을 가지고 있었다. 도가에서 말하는 「무」(無)는 곧 이러한 것을 없애려는 것이다. 「무」(無)는 서양철학 안에 있는 하나의 범주(category)가 아니다.

도가는 중국문화에서 생겨난 것이다. 외래의 것이 아니다. 중국사람은 쉽게 안다. 그러나 현재의 중국인은 잊어버렸다. 알지 못한다. 이것은 가장 중국화된 것인데 그런데 현재는 아무도 알지 못한다. 도가는 주(周) 문화, 즉 주문(周文)에 대하여 피어난(發) 것이다. 그것은 귀족 정치의 예악(禮樂)에 대하여 피어난(發) 것이다. 주문(周文)은 곧 주공(周公)이 예(禮)를 만들고 악(樂)을 제작한 것이다. 귀족사회의 예악(禮樂)은 생명이 있음에 의거한다. 생명이 없으면 예악(禮樂)은 허문(虛文)이 되고 만다. 허위(虛僞)인 것으로 되고 만다. 허위는 우리 생명에 좋은 점이 하나도 없다. 그것은 질곡(桎梏)을 만들고 우리를 묶고 방해하고 장애를 일으킨다. 이렇게 되어 예악은 곧 나쁜 것으로 되고 말았다. 형식주의가 되었다. 이것에 대해서 도가에서는 매우 절감하였고 도가의 원시적 근원은 바로 여기서부터 발단된 것이다.

선진(先秦)에서 몇 개의 큰 학파는 모두 주(周) 문화의 피폐(疲

弊) 때문에 피어난(發) 것이다. 도가-유가-묵가-법가 모두 주(周) 문화 때문에 피어난(發) 것이다. 도가는 한눈에 주공(周公)이 제작한 저 예악-인의도덕이 모두 외재적(external)인 허구의 가짜(虛假)임을 알아보았다. 우리 생명에 대한 질곡(桎梏)이었다. 사람으로 하여금 자재(自在)하지 않게 하였다. 이것은 매우 쉽게 이해할 수 있는 것이다. 도가의 지혜는 모두 여기서 피어난(發) 것이다. 그것은 무한성을 바라고 나아간다. 그렇지만 무한의 신(神)으로 나아가지는 않았다.

생명-예악이 있는 것은 물론 좋은 것이다. 생명-예악이 없는 것은 헛된 문화(虛文)이다. 그러므로 도가에서 보자면 인의도덕-예법은 모두 좋지 못한 것이다.『도덕경』제38장에서는「상덕부덕, 시이유덕; 하덕불실덕, 시이무덕. 상덕무위이무이위, 하덕위지이유이위. 상인위지이무이위, 상의위지이유이위. 상례위지이막지응, 즉양비이잉지. 고실도이후덕, 실덕이후인, 실인이후의, 실의이후예. 부예자, 충신지박, 이란지수.」(上德不德, 是以有德; 下德不失德, 是以無德. 上德無爲而無以爲, 下德爲之而有以爲. 上仁爲之而無以爲, 上義爲之而有以爲. 上禮爲之而莫之應, 則攘臂而扔之. 故失道而後德, 失德而後仁, 失仁而後義, 失義而後禮. 夫禮者, 忠信之薄, 而亂之首. = 상덕(上德)은 덕이라 하지 않는지라 이로써 덕이 있다. 하덕(下德)은 덕을 잃지 않으려 하는지라 이로써 덕이 없다. 상덕은 (무위(無爲)인지라) 자연에 맡기고 그리고 무심히(以) 해 나갈 뿐이다. 하덕은 (무위인지라) 자연에 맡겨 둔다고 하면서도 마음 쓰면서 해 나갈 뿐이다. 상인(上仁)은 작위했어도 했다고 여기지 않고, 상의(上義)는 작위해서 해 놓은 것이 있다. 상례(上禮)는 하려 할 뿐만 아니라 그에 응함이 없으면 팔을 걷어붙이고 끌어당긴다. 그러므로 도를 잃은 뒤에 덕이 있고,

덕을 잃은 뒤에 인이 있고, 인을 잃은 뒤에 의가 있고 의를 잃은 뒤
에 예가 있다. 무릇 예라고 하는 것은 속마음의 진실과 신뢰가 박해
진 것이며, 어지러움의 머리이다.) 이것은 도가의 관점이다. 이렇게
크게 한 무더기를 말한 것이 완전히 틀린 것은 아니다. 즉 말하자면
당신이 말하는 인의도덕 - 예법 모두 빈 것으로 말하는 것이다. 생명
이 없다. 도가에서는 이렇게 말할 수도 있다.

유가에서 도덕(道德)과 인의(仁義)를 이야기하는데 거기에는 참
생명이 있다. 인의예지(仁義禮智)는 허문(虛文)이 될 수 없다. 생명
이 없는 것은 허문이 된다. 그것은 곧 빈 시렁(孔架)이다.『장자』
「전자방」(田子方)에서 중국의 군자를 놀리면서 풍자하여 말하기를
「중국의 사람들은 예의에 밝으나, 다른 사람의 마음을 이해하는 데
는 치졸하다. 조금 전에 나를 만나러 온 그 사람은 진퇴(進退)에서
완전히 규구(規矩)에 들어맞고, 움직임이 마치 용(龍)과 호랑이(虎)
같았다.」(中國之民, 明乎禮義, 而陋乎知人心. 昔之見我者, 進退一成規,
一成矩. 從容一若龍, 一若虎. ─『장자』「전자방」)라고 하였다. 그때
의 중국은 노(魯) 나라를 가리켜서 말하는 것이다. 도가는 남방에서
부터 생겨났다. 남방은 초(楚)에 속한다. 거기는 중원(中原)이 아니
다. 중원 문화의 중심지는 노국(魯國)이다. 장자의 이 한 단락의 문
장은 곧 저런 형식주의를 풍자하여 놀리는 것이다. 그러므로 도가
는 여기서 매우 낭만적이다. 어느 한 사람이라도 시작할 때에는 도
가를 읽기를 좋아하고, 유가를 싫어한다. 왜냐하면 유가에는 낭만성
이 충분하지 않다.

낭만성은 부정(否定) 중에서 드러난다. 지금 모두 다 좌경(左傾)
인가? 좌경(左傾) 역시 낭만성을 드러낸다. 그들은 자산계급의 사회
를 부정한다. 이 사회는 문제가 너무 많다. 차라리 이것을 부정하는

데서 보면 부정 이후에 무엇인가? 더더욱 나빠진다.

최고의 재해(災害)는 이데올로기이다. 사람들은 모두 하나의 관념계통을 만들려고 생각한다. 사상계통 이것은 사람이 첫걸음으로 가고자 하는 바인데, 가고자 할수록 더욱 고집하게 된다. 고집하면 할수록 재해성(災害性)이 더욱 커진다. 종교를 믿거나 하나님(上帝)을 믿는 것은 본래 좋지 못한 일이 아니다. 단 그것이 발전하여 종교전쟁으로 되면 좋지 않은 일이다. 종교의 배타성을 좋게 볼 수는 없다. 관념계통은 곧 이치로써 살인하는 것(以理殺人)이니 이것이 얼마나 무서운가? 문화대혁명 때 얼마나 많은 사람을 죽였는가? 거기에는 법률 근거도 없었다. 근본적으로 함부로 하였다. 그러나 그들은 떨치고 일어나서 변명하였다.

『도덕경』 제51장 「도생지, 덕휵지, 물형지, 세성지」(道生之, 德畜之, 物形之, 勢成之)에서 「지」(之) 글자는 모두 「만물」(萬物)을 가리켜서 말하는 것이다. 천지(天地) 사이에 어떤 것 하나라도 모두 「도」(道)에 의지해서 생겨난다. 「도생지」(道生之)는 곧 그것으로 하여금 존재하게 하는 것이니, 이것은 도가의 실현원리이다. 이 「생」(生)은 뭉뚱그려서 말하는 것으로 이 「생」(生)에는 창생(創生)의 의미가 없다. 그러므로 도가의 실현원리는 소극적(negative)이다.

실현원리라고 하는 것은 뭉뚱그려서 말하는 것이다. 유가-기독교에서도 말할 수 있는 것이다. 다시 한 걸음 더 나아가서 보자면 도가에서 말하는 「생」(生)은 실현원리 아래서 어떻게 결정되는가? 이것과 유가에서 말하는 「창생」(創生)은 같은 것이 아니다. 기독교에서 말하는 창세기-하나님(上帝) 창조와 같은 것이 아니다. 기독교에 있어서 하나님(上帝)은 아버지(父)의 신분이다. 그것을 객관적으로 말하면 하나님(上帝)이다. 하나님의 아들이란 신분은 예수를 통

하여 이해된다. 그것은 주관적으로 말하는 하나님(上帝)이다. 이 둘
을 합하면 곧 성령이다.

　노자가 말하는 「도존이귀덕」(道尊而貴德.)이라는 이 구절은 유가
에서는 곧 「존건이법곤」(尊乾而法坤)이니 건(乾)은 부도(父道)이다.
왜 「존건」(尊乾)인가? 왜냐하면 「건」(乾)은 만물을 창조하였기 때문
이다. 「대재건원, 만물자시」(大哉乾元, 萬物資始 = 크도다 건원(乾元)
이여 만물의 밑바탕이요 시작이다 — 『주역』)이다. 「건원」(乾元)이
라고 말하는 것은 객관적으로 말하는 것으로 그것의 높은 지위를
제출하는 것이다. 「천지의 큰 덕을 생이라고 말한다」(天地之大德曰
生)라고 말하게 되면 그것은 곧 지덕(至德)으로 나아가는 것이다.
덕(德)이라는 것은 얻는 것(德者得也)이다.

　「도생지」(道生之)는 곧 도를 높이는 것이다. 유가에서 말하자면
그것은 곧 「그 통(通)함을 높여 그 생(生)을 크게 한다」(尊其通, 大
其生)이니, 일체(一切)의 것이 여기로 통(通)한다. 대생(大生)-광생
(廣生)으로 하나도 빠뜨리는 것이 없다. (옮긴이 주: 대생(大生)은
『주역』에서 건(乾)의 덕(德)이고, 광생(廣生)은 곤(坤)의 덕(德)이
다.) 단 이것은 뭉뚱그려서 말하는 것이니, 내용은 무엇인가? 즉 건
지대시(乾知大始)의 「지」(知)이다. 왕학(王學 = 왕양명의 학)에서 이
야기하는 것에 비추어 보면 이 「지」(知)는 곧 「양지」(良知)의 「지」
(知)이다. 이 「지」(知)를 강조하는 것은 곧 그 구체적 의의를 드러
내는 것이다. 뭉뚱그려 말해서 「건원」(乾元)이라고 하면 누가 알겠
는가? 이것은 유가에서 이야기하는 것이다.

　도가에는 유가의 그러한 이야기가 없다. 단 체현(體現)의 문제는
있다. 「덕」(德)이라고 말할 때에는 당신의 생활에서 체현되는 바가
있다. 당신이 어떻게 체현하는가? 즉 「무」(無)-「유」(有)를 통하여

한다. 당신은 상무(常無)하려 하며 또한 상유(常有)하려 한다. 그러므로 말하기를 「도생지, 덕휵지」(道生之, 德畜之)라고 하니 「생지」(生之)는 곧 창시(創始)이다. 이것은 곧 「무명, 천지지시」(無名, 天地之始), 「덕휵지」(德畜之) 즉 「덕」(德)을 가지고 그것을 기르는 것이다. 만물은 「덕」(德)에 의지하여 함육(涵育)-함양(涵養)한다. 「휵」(畜)은 곧 함육이다. 즉 말하자면 함양의 뜻이다.

「도생지」(道生之)는 곧 도(道)가 만물의 처음이 되니, 「무명, 천지지시; 유명, 만물지모.」(無名, 天地之始; 有名, 萬物之母.)이다. 이것이 곧 「도생지」(道生之)이다. 이것은 「덕」(德)에 의지하여 함육(涵育)-윤택(潤澤)하게 한다. 「덕」(德)이 없으면 곧 말라 버린다. 일체(一切)의 것은 모두 「덕」(德) 가운데서 함윤(涵潤)된다. 비록 「도」(道)가 객관적인 것에 속하여 이야기되고-형식적으로 이야기될지라도, 「덕」(德)은 주관적이고-내용적으로 이야기된다. 그렇지만 오히려 동일한 차원에 속한다. 이 차원은 초월적인 것에 속한다. 도생(道生)-덕휵(德畜) 이것은 매우 추상적이다. 「덕」(德)이 무엇인가 역시 아무도 알지 못한다. 오직 「유」(有)-「무」(無)-「현」(玄)을 통하여 이해해야 한다. 이 「덕」(德)은 현덕(玄德)이다. 이러한 비운 신령한(虛靈) 심경(心境)이 있어야 비로소 만물을 창생할 수 있고 만물을 함육할 수 있다. 이 사회에 이런 종류의 사람이 많고, 이런 종류의 정치가-철학가가 많으면 이 사회는 안정된다. 만물은 각각 그 생(生)을 얻으니 이것이 곧 생지(生之)가 아닌가?

만물은 각각 그 장소를 얻어야 비로소 길러진다. 이것이 곧 만물을 함육한다는 것이다. 이렇게 해야 생명이 폭발하여 분열되지 않는다. 사람의 생명이 완전히 함양되지 않으면 그것은 정말 무섭고 두려운 것이다. 그러므로 말하기를 「도생」(道生)-「덕휵」(德畜)이라고 말한다. 「도」(道)-「덕」(德)은 초월적 차원이다. 비록 「덕」(德)이 이미 내용에 속하는 것이라고 말하였더라도 이 「덕」(德)은 여전히 형상(form)에 속한다. 이 형식은 「도」(道)와 「덕」(德) 양 방면에 합해지고 공동적이다. 왜냐하면 「도」(道)와 「덕」(德)은 모두 초월 차원의 실현원리 중의 일이기 때문이다. 이것으로 하여금 존재하게 하는 것이다. 단 이것은 개체가 된다. 오직 「도」(道)와 「덕」(德)에만 의존하여서는 충분하지 못하다. 아직도 구체적인 것에 의지해야 한다. 그러므로 이어서 「물형지, 세성지.」(物形之, 勢成之.)라고 말한다.

「물형지, 세성지.」(物形之, 勢成之.) 이것은 「안으로 들어가는 차원」에 속한다. 평소에는 초월에 대해 말할 때 「내재」(內在)라고 한다. 이 「내재」(內在)는 「입내」(入內 = 안으로 들어가는)이다. 「internal」과 같은 것이 아니다. 이 「내재」(內在)는 「immanent」이다. 왜냐하면 「도」(道)와 「덕」(德)은 이것을 초월할 뿐만 아니라, 역시 이것 안에 내재한다. 「internal」은 「external」에 대해서 말하는 것이고, 「immanent」는 「transcendental」(초월)에 대해서 말하는 것이다. 이것은 상(上)-하(下)이다. 초월은 상(上)이고, immanent는 하(下)이다. 아래의 현상 안에 있다. 즉 현상 가운데에 내재한다.

하나의 분필이, 분필이 되기 위해서는 분필의 초월적인 면은 「도」(道)와 「덕」(德)에 의지하여 그것으로 하여금 존재하게 해야 한다. 그러나 그것의 자체(本身)로 말하자면 그것은 하나의 「물」(物)과 「세」(勢)에 의지하여 그것을 완성한다. 그러므로 「물」(物)-「세」(勢)는 형이하(形而下)로서 물리학에 속한다.

「물형지」(物形之) 이 「형」(形)은 동사이다. 물(物)에 의지해서 그것으로 하여금 형체가 있게 하는 것이다. 형체가 있으면 역시 형상을 포함한다. 「세성지.」(勢成之.)는 곧 어떤 힘에 의지하여 그것을 완성한다는 것을 말한다. 이것은 물리학에 속한다. 물리학에 속하는 것은 곧 「내」(內)이다. 분필 자체에 내재함을 말하는 것이다. 도가에 비추어 보자면 다만 사회만 이러할 뿐 아니라 온 자연물-천지만물이 모두 이러하다. 이것은 유가에서 말하는 참천지(參天地)-찬화육(贊化育)과 같은 것이다. 『중용』에서 말하기를 「천지가 그 자리에 위치하고 만물이 길러진다.」(天地位焉, 萬物育焉.)라고 하였다.

『중용』 첫 장에서 말하기를 「중(中)이라고 하는 것은 천하(天下)의 큰 근본이고, 화(和)라고 하는 것은 천하의 공통된 도(道)이다. 중(中)과 화(化)를 이루면 천지(天地)가 제자리하고, 만물이 길러진다.」(中也者, 天下之大本也; 和也者, 天下之達道也. 致中和, 天地位焉, 萬物育焉.) 이것은 유가의 말이다. 「도생지, 덕휵지; 물형지, 세성지.」(道生之, 德畜之; 物形之, 勢成之.) 이것은 도가의 말이다.

「이로써 만물은 도(道)를 높이고 덕(德)을 귀하게 여기지 않음이 없다.」(是以萬物莫不尊道而貴德.)에서 왜 「도를 높이고 덕을 귀하게 한다」(尊道而貴德)인가? 왜냐하면 「도」(道)-「덕」(德)은 초월적인 것에 속한다. 물(物) 밖에서 그것으로 하여금 존재하게 한다. 단 그것은 하나의 빈 존재가 아니다. 그것은 구체적인 것이다. 구체적인 것은 당연히 형체가 있다. 시간 안에서 완성된다. 형체가 있고, 시간 안에서 완성되는 것은 곧 「물형지, 세성지.」(物形之, 勢成之.)이다. 「정지, 독지.」(亭之, 毒之.)는 성숙(成熟)의 뜻이다.

「도의 높음과 덕의 귀함은 명령한 것이 없으나 항상 늘 저절로 그러한 것이다.」(道之尊, 德之貴, 夫莫之命而常自然.)라고 했다. 왜 도(道)를 높이고 덕(德)은 귀하게 해야 하는가? 저절로 그러한 것이다. 이것은 하나님(上帝)이 안배한 것이 아니다. 어떤 하나라도 그것에 명령한 것은 없다. 그러나 그가 저절로 이와 같다.

　종합해서 말하자면「고도생지, 덕휵지; 장지육지, 정지독지, 양지
복지.」(故道生之, 德畜之;　長之育之, 亭之毒之, 養之覆之.)이다.「도」
(道)는 그것으로 하여금 존재를 시작하게 한다.「덕」(德)을 가지고
그것을 함육한다. 그로 하여금 이 존재가 하나의 진실하고 윤택한
존재가 되도록 한다. 하나의 말라빠진 존재가 아니다.「덕휵지」(德畜
之) 다음에「물」(物)과「세」(勢)의 범위 안에서 자라나고, 길러진다.
「장지」(長之)라고 하는 것은 그것으로 하여금 생장하게 하는 것이
고,「육지」(育之)라고 하는 것은 그것을 발육-완성시키는 것이다.
「장지-육지-정지-독지.」(長之-育之-亭之-毒之.) 이것은 모두「물」
(物)-「세」(勢)의 범위 안에서 하는 말이고, 물(物) 밖으로 초월해서
말하는 그것은 곧「도생지, 덕휵지.」(道生之, 德畜之.)이다.

　마지막으로 다음 구절을 보자.「생이불유, 위이불시, 장이부재, 시
위현덕.」(生而不有, 爲而不恃, 長而不宰, 是謂玄德. = 생겨나게 하고도
소유하지 않으며, 잘되게 하고도 자랑하지 않으며, 자라나게 하면서
도, 주재(主宰)하지 않는다. 이것을 가마득한 덕(玄德)이라고 한다.)
이 세 구절은 다시 되돌아와서 초월적으로 당신에게 말하는 것이
다.「도생지」(道生之)에서「생」(生)은「생이불유.」(生而不有.)이다. 도
(道)는 이와 같이 찬연(燦然)하여 밝은 것을 갖추고 있다. 우리가
평소에 어떤 것을 창생했다고 말하는데 각각 소유권이 있다. 이것
은 내가 만든 것이기 때문에 그러하다. 이것은「생이유」(生而有 =
생겨서 소유하는)이다. 도(道)의 입장에 서면 도(道)는 만물을 생기
게 한다. 단 그는「생이불유」(生而不有 = 생겨나게 하고도 소유하지
않는다), 완전히 공덕(公德)이다.「위이불시.」(爲而不恃.) 이런 사정
(事情)은 그가 만들었으나, 단 그는 공(功)에 머무르지 않는다. 이것
은 나를 의지한 것이라고 말하지 않는다.「장이부재.」(長而不宰.) 즉

천지만물이 이것으로 말미암아 자라지만 단 그가 재제하지 않는다. 이러한 덕(德)은 곧 「현덕」(玄德)이다. 앞부분의 몇 장에서 모두 이러한 의미를 이야기하고 있다. 이 장에서는 이 몇 장들을 개괄하고 있다.

왕필의 「유명, 만물지모」(有名, 萬物之母. ─『도덕경』제1장)에 대한 주(註)를 보라. 「그것이 유형(有形) 유명(有名)의 때에 미치면 곧 자라나고 길러지고 펼쳐지고 돈독해진다. 그 어머니이기 때문이다.」(及其有形有名之時, 則長之育之亭之毒之, 爲其母也.) 왕필은『도덕경』제51장에서 말하고 있는 「장지육지, 정지독지」(長之育之, 亭之毒之)를 운용하여 「유」(有)의 범위 내에서 「만물지모」(萬物之母.)가 되는 것을 설명하고 있다. 그러므로 이것은 중요한 한 장이고, 중요한 관건이다.

당신이 능히 이 몇 장을 잘 이야기한다면 당신의『도덕경』에 대한 이해는 거의 완성된 셈이다. 다음에 우리는 다시 도가의 공부에 대하여 강의할 것이다.

제 9 장

『도덕경』제10장의 첫 구절을 보자.「재영백포일, 능무리호?」(載營魄
抱一, 能無離乎? = 정신(魂)과 육체(魄)를 한 몸에 싣고, 하나(도)를
껴안는데 능히 분리시킬 수 있겠는가?)

　도가의 수도(修道)의 첫걸음 공부는 당신으로 하여금 영혼이 백
(魄)과 나누어지지(離) 않게 하는 것이다. 혼(魂) 백(魄)을 하나로
껴안는(抱一) 것이다. 그러므로 도가의 공부는 정(精)을 연단하고
기(氣)를 변화시키고, 기(氣)를 연단하고 신(神)을 변화시키는 것이
다. 이것은 도가의 기본 공부이다. 당신의 혼(魂)과 백(魄)이 껴안는
공부에 종사함에 있어서 당신으로 하여금 영원히 나누어지지 않게
할 수 있는가? 아닌가? 가령 당신이 능히 그것으로 하여금 영원히
나누어지지 않게 한다면 당신은 매우 행복해지고 장생불로하게 된
다. 그것은 곧 대단한 수양이다.

　당신이 잠을 자려고 하면 금방 잠들게 된다. 이 공부는 매우 어려
운 것이다. 일상생활 안에서, 그리고 사람의 일생에 실면(失眠)하지
않는다면 그것은 매우 행복한 것이다. 당신들은 인생의 간난신고(艱
難辛苦)를 거치지 않았으니 실면이라는 이런 사정은 많지 않았을

것이다. 가장 쉽게 사람으로 하여금 실면하게 하는 것 중에 하나는 애정이며, 하나는 파산(破産)일 것이다. 당신이 실연하고도 능히 잠을 잘 수 있는가? 잠을 자지 않으면 곧 혼(魂)과 백(魄)이 서로 교류하지 못한다.

이 혼(soul, mind)은 자기가 하나의 방식을 이룬다. 하나의 조직(organic)을 이루어 그것은 영원히 그 안에서 활동한다. 그것은 멈추지 않는다. 그것은 곧 이러한 백(魄)과 합하지 않는가? 혼(魂)과 백(魄)이 합하면 그 자체가 활동하지는 않는다. 그때에 당신은 비로소 잠을 자게 된다. 전환하여 정면(正面)의 의미는 곧 소크라테스의 사망에 대한 이해이다. 소크라테스는 어떻게 「죽음」(死)을 규정하는가? 사망은 곧 혼과 몸이 분리되는 것이다. 「혼(魂)-「백」(魄)의 분리가 곧 「죽음」(死)이다. 비록 혼(魂)과 백(魄)이 분리된다고 하더라도 단 이 혼(魂)은 아직도 있는 것이다. 그래서 영혼불멸이다. 나는 천국에 올라간다. 그러므로 종교가는 반드시 영혼불멸(靈魂不滅 = immortality)을 긍정한다. 소크라테스의 변설은 매우 논리적(logic)이다. 당신은 반대할 방법이 없다. 사망은 혼(魂)과 백(魄)의 분리에 지나지 않는다. 그러므로 죽음은 두려운 것이 아니다. 해탈이다.

「재영백포일」(載營魄抱一 = 정신(魂)과 육체(魄)를 한 몸에 싣고, 하나(도)를 껴안는다)에서 「재」(載)는 즉 「재」(在)이다. 동사로 사용한다. 즉 전출(轉出) 종사(從事)의 의미이다. 「영백」(營魄)은 곧 혼백이다. 사람이 혼백(魂魄)의 합일(合一)에 종사하여 그것으로 하여금 영원히 분리하지 않게(不分離) 할 수 있는가? 왕필은 주(註)에서 「재(載)는 마치 처(處)와 같다. 영백(營魄)은 사람이 늘 거처하는 것이다. 일(一)은 사람의 진(眞)이다. 사람이 늘 머무르는(居) 집을 말한다. 정신을 하나로 포괄하여 분리함이 없다. 즉 만물이 저절로 손님이 된다는 것이다.」(載, 猶處也. 營魄, 人之常居處也. 一, 人之眞也, 言人能處常居之宅, 抱一情神能常無離乎, 則萬物自賓也.)라고 하였다.

「곧 만물이 저절로 손님처럼(순종의 의미) 한다」(則萬物自賓也)라는 이 구절은 왕필이 더 보탠 것이다. 실제로 이 구절은 없어도 되는 것이다. 노자는 묻기를; 당신이 「영백포일」(營魄抱一)의 공부를 하는데, 능히 떠나지 않는 「무리」(無離)의 자리까지 가는 일을 해낼 수 있겠는가? 결과는 어떠한가? 당신이 생각할 필요가 없다.

「재영백포일」(載營魄抱一) 이것은 하나의 기본 공부이다. 또 하나의 기본 공부는 바로 그다음 구절 「기(氣)를 오로지 하고 부드러움을 이루어 능히 어린아이와 같이 될 수 있겠는가?」(專氣致柔, 能嬰兒乎?)이다. 즉 말하자면 당신은 마치 어린아이와 같은 모양이 될 수 있겠는가? 「전기치유」(專氣致柔)는 곧 그 기(氣)를 전일(專一)하게 하여 당신으로 하여금 기(氣)를 흩어 어지럽게 하려 하지 않는 것이다. 도가의 첫걸음의 공부는 연정화기(練精化氣＝정(精)을 연마하여 기(氣)로 화하게 하고), 연기화신(練氣化神＝기(氣)를 연마하여 신(神)으로 변화시킴)이다. 가장 중요한 것은 기(氣)이다. 기(氣)는 통해야 하니 유통(流通)되어야 한다. 그래서 장자는 「마음으로 듣지 말고 기(氣)로 들어라.」(無聽之以心, 而聽之以氣. ―『장자』「인간세」人間世)라고 하였다.

「전」(專)은 산란(散亂)에 대해서 말하는 것이다. 그러므로 「전기」(專氣)는 당신의 기(氣)를 전일(專一)하게 하고, 당신의 기(氣)를 산란시키지 말라는 것이다. 젊은 사람들은 이러한 수양의 공부에 주의하지 않는다. 어릴 때부터 스물 몇 살이 되도록 당신의 이 20여 년의 생장이 모두 소비뿐이다. 소비하여 40~50세에 이르면 소비는 끝이다. 당신의 신체에서 여러 병들이 모두 나타난다. 50세 이후에는 신체의 건강에 주의해야 한다. 양생의 도(道)에 주의를 기울여야 한다.

영아(嬰兒)의 사지와 백체(百體)는 모든 생명의 기운(生氣)이 부드럽다. 연하고 부드러운 것은 약한 것이 아니다. 어린아이들은 모두 생기가 활발하다. 그러므로 도가의 공부를 닦는 것은 「유」(柔)의 경지에 이르는 것이다. 운동하는 사람들은 다만 근육의 발달에만 주의를 기울이지만, 실은 근육의 발달은 아무 쓸모도 없는 것이다. 그러므로 말하기를 「전기치유, 능영아호?」(專氣致柔, 能嬰兒乎?)라고 하였다.

「척제현람, 능무자호?」(滌除玄覽, 能無疵乎? = 씻어 내어 마음의 깊은 곳(玄覽 = 마음의 거울)을 능히 흠이 없게 할 수 있겠는가?) 「척제」(滌除)는 하나의 동사이다. 세척(洗滌)의 의미이다. 세척은 곧 더러운 것을 씻어 내는 것이다. 저 목적어(object)는 없는 것이다. 그러므로 말하기를 「척제」(滌除)에는 하나의 명사가 거기에 포함되어 있다. 「척제」(滌除)는 곧 동명사이다. 「척제현람」(滌除玄覽)은 「현람」(玄覽)을 씻어 내라는 말이 아니다. 「척제현람」(滌除玄覽)은 척제(滌除)하여 현람(玄覽)에 도달하라는 의미이다.

왕필은 다음과 같이 주(註)를 달았다. 「현(玄)은 물(物)의 궁극이다. 말하는 것은 사식(邪飾)을 씻어 제거하여 극람(極覽)에 이르면 물(物)로써 그 밝음에 개입하지 못하여 그 신령스러움에 하자가 있겠는가? 그러면 끝내 현(玄)과 더불어 같으리라.」(玄, 物之極也, 言能滌除邪飾, 至於極覽. 能不以物介其明疵之其神乎? 則終與玄同也.) 이 주(註)는 대단히 좋다. 「현」(玄)은 곧 「이 둘은 같은 근원에서 나오지만 이름을 달리 부른다. 둘 다 가마득한(玄) 것이라 한다. 가마득

하고 또 가마득하다. 이것은 모든 오묘한 변화의 문이다.」(此二者同
出而異名, 同謂之玄. 玄之又玄, 衆妙之門.)의 그 「현」(玄)이다. 「척제사
식.」(滌除邪飾.)은 그 「씻어 버릴」(滌除)의 목적어를 당신에게 더 보
태어서 그 사식(邪飾)을 씻어 버려 깨끗하게 한다. 「극람」(極覽)은
곧 현람(玄覽)이다.

「능불이물개기명자지기신호」(能不以物介其明疵之其神乎)의 「지」
(之) 글자는 의미가 없다. 이 구절은 마땅히 「능불이물개기명이자기
신호?」(能不以物介其明而疵其神乎?)라고 하여야 할 것이다. 「개」
(介)-「자」(疵)는 동사이다. 「개」(介)는 곧 개입-참여이다. 물(物)로
써 그 밝음에 참여하게 되면 이 명(明)은 곧 순순해지지 못하게 되
니 곧 박잡(駁雜 = 뒤섞임)이다. 그것이 곧 현람(玄覽)에 도달할 수
없는 것이다. 「척제현람」(滌除玄覽)은 우리의 정신으로 하여금 능히
현람(玄覽)에 도달하여 신명(神明)을 완전히 표현해 내어 그 신(神)
으로 하여금 깨끗하고(乾淨)-순일(純一)하여 섞임(雜)이 없는 것이
다. 즉 외물(外物)로 하여금 안으로 들어와 참여함이 없이한다. 「자
기신」(疵其神)은 곧 당신의 정신으로 하여금 문제가 있고, 하자(瑕
疵)가 있게 한다.

「애민치국, 능무지호?」(愛民治國, 能無知乎?)라 했다. 치국(治國)을
하는 데 지혜를 사용하는 것, 그것은 부자연(不自然)한 것이고, 도
(道)에 맞지 않는 것이다. 이 「지」(智)는 반드시 천착(穿鑿)이다. 자
연(自然 = 저절로 그러함)의 대도(大道)에 맞지 않는다. 이 「지」(知)
는 좋지 못한 의미이다. 중국인은 이 「지」(智)라는 글자를 좋아하지
않는다. 그러므로 이지주의(理智主義)는 하나의 나쁜 의미이다. 「이
지주의」(理智主義)를 말하게 되면 곧 천박해진다. 이성주의(理性主
義)는 좋은 것이고, 이지주의는 좋지 못한 것이다. 단 불교에서 말

하는 「전식성지」(轉識成智 = 식(識)을 전환시켜 지혜를 이룬다)라고
하는 저 「지」(智)는 좋은 것이다. 그것은 곧 지혜이다. 『논어』에서
말하는 「지-인-용」(智-仁-勇)에서 그 「지」(智)도 역시 좋은 뜻이
다. 유가에서 「인의예지」(仁義禮智)를 말하는데 「지」(智)가 비록 좋
은 것이라 하더라도 필경은 말덕(末德)이니, 본(本)이 될 수는 없다.

「애국치민, 능무지호?」(愛國治民, 能無知乎?) 즉 말하자면 당신은
지(智) 아닌 것을 가지고 애국치민을 할 수 있는가? 아닌가? 지(智)
로써 치국(治國)하는 것은 전문적인 천착(穿鑿 = 억지로 구멍을 파
는 것)이다. 온전한 사람같이 꾸미려는 것이다. 예를 들면 대륙(大
陸 = 중국 본토)에서 한자(漢字)를 로마 글자로 표기하고 발음하려
고 한다. 중국 사람들의 발음을 똑같이 하려고 생각한다. 단 비록
발음은 표준화될 수 있어도 그래도 다 잘된 것은 아니다. 음(音)은
같으나 글자는 같지 않다. 이러한 도리(道理)는 매우 자연스럽게 생
각해 낼 수 있으나, 단 그들은 한가하여 어떤 일을 찾아내어 모든
것을 무너뜨린다. (중문(中文)을) 로마 병음화하면 중문(中文)은 없
어진다. 중문(中文)은 로마 글자로 표기하고 발음할 수 없는 것이다.
중문(中文)은 들을 뿐만 아니라 또 봐야 한다. 이것이 곧 천착이다.
언젠가 천착을 방기(放棄)하면, 중국은 천하가 태평하게 된다. 중국
인이 이렇게 변하게 된 것을 나는 시종 이해할 수 없다. 왜냐하면
중국인은 본래 매우 총명하였다. 왜 이러한 이상한 현상으로 변했
는가? 당신이 생각하기에 한 번 불합리하고 두 번 불합리하면 곧장
고쳐야 한다. 이성을 회복하고 정상으로 돌아와야 한다. 중국은 돌
아오지 않고 있다. 이것은 불가사의한 일이다.

그러므로 노자는 「절성기지」(絕聖棄智 = 성(聖)을 끊고 지(智)를
버린다)를 말한다. 「애국치민, 능무지호?」(愛國治民, 能無知乎?) 이것

은 곧 「절성기지」(絶聖棄智)이다. 언제나 정치를 하는 사람들이 성
인(聖人)이 되려고, 신(神)이 되려고, 하늘을 대신해서 도(道)를 시
행하려고, 생각하지 않으면 중국은 곧 천하가 태평하게 된다. 정치
가는 모두 예(禮)를 제정하고 악(樂)을 만들려고 한다. 사회제도를
고치려고 한다. 중국의 이전의 말에 비추어 보자면 이렇게 예(禮)를
제정하고 악(樂)을 만들려고 하는 것이 말하기에 얼마나 쉬운가?
도가의 이러한 지혜는 춘추전국시대에 매우 절감한 문제였다. 왜냐
하면 춘추전국시대는 곧 사람을 다스리는 데 지혜로써 하였기 때문
이다. 가장 천착하는 시대였다. 허문(虛文)-부문(腐文)이 가장 많은
때였다. 물론 지금과 비교해서 커다란 차이가 있다.

　「천문개합, 능무자호?」(天門開闔, 能無雌乎?) 「천문」(天門)은 곧 자
연(自然)의 문(門)이다. 역사가 움직여 나아가는 것이 곧 「천문개
합」(天門開闔)이다. 이 「천문개합」(天門開闔)은 역사의 움직임과 사
회의 풍기(風氣)를 상징한다. 왕필은 다음과 같이 주(註)를 달았다.
「천문(天門)은 천하(天下)가 (그것으로) 말미암아 따른 바를 일컫는
다. 개합(開闔)이라는 것은 치(治)와 란(亂)의 사이(際)이니, 혹은
개(開)하고, 혹은 합(闔)하니, 천하에 통하여 지나간다. 그러므로 천
문개합이라고 하였다.」(天門, 謂天下之所由從也; 開闔, 治亂之際也. 或
開或闔, 經通於天下, 故曰天門開闔也.)

　역사적 운회(運會)는 오르막이 있고, 내리막이 있으며, 열림이 있
고, 닫힘이 있다. 이것을 일컬어서 「천문개합」(天門開闔)이라고 한
다. 왜 「천문」(天門)이라고 말하는가? 「천」(天)은 곧 자연인 것이다.
「역사」(歷史)의 운회(運會)는 직선적인 것이 아니다. 그것은 아무튼
굽고 굽어 돌고 돈다. 개합(開闔)-치란(治亂)의 사이(際)에 있다. 도
가에서는 사람들에게 소극적인 처세의 도(道)를 가르친다. 소극적

처세의 도는 하나의 보편적인 규율을 이룰 수가 없고, 이것은 반드시 사람에 따라서 다르다.

「천문개합, 능무자호?」(天門開闔, 能無雌乎?)는 즉 말하자면 역사의 운회는 다스려짐과 어지러움-오르막과 내리막의 때, 혹은 꼭 전환을 해야 할 관건(關鍵)의 때이니, 이때는 문제를 제기할 때이다. 이때에 당신은 암컷처럼 할 수 있는가? 그리고 수컷처럼 하지 않을 수 있는가? 이것은 도가의 태도이다. 유가에서는 이러한 태도를 반드시 찬성하지는 않을 것이다. 단 어떤 때는 이러한 태도가 옳을 수도 있다. 이것은 개인에 따라 서로 다르다. 어떤 때는 다스려짐과 어지러움의 사회에서 당신이 만약 능히 암컷처럼 할 수 있다면 능히 이 다스려짐과 어지러움의 운회(運會) 중에서 순조롭게 통과하며, 또 능히 성공하여, 이 운회의 좋은 방향으로 발전을 이끌어 가야 한다. 당신이 두각을 드러내고 영웅다움을 나타내어 강경하게 나온다면 늘 좋지 못한 결과를 가져온다. 이것은 반드시 그러한 것은 아니다. 이것은 개인의 태도를 봐야 하는 것이다. 당신은 궁극적으로 유가의 태도를 취하는가 아니면 도가의 태도를 취하는가? 유가의 태도는 일반적으로 비교적 적극적이고, 도가의 태도는 일반적으로 소극적이다.

당신은 왕필의 주(註)를 보라. 암컷처럼 자처(自處)한다고 말하게 되는가? 「암컷은 응(應)하나, 부르지는 않는다. 연유하나, 작위하지 않는다. 천문개합(天門開闔)하면서 능히 암컷같이 될 것인가? 라고 말하는 것은 사물이 스스로 손님같이(자발적이지 않고) 편안하게 처하는 것이다.」(雌應而不倡, 因而不爲, 言天門開闔, 能爲雌乎? 則物自賓而處自安矣.) 「응이불창, 인이불위.」(應而不倡, 因而不爲.) 이것이 곧 자부(雌婦)의 도(道)이다. 도가에서 가장 중요하게 이야기하는 것은 「인응」(因應)이니, 「인응」(因應)은 곧 따르고 순종하며, 제창하지 않는 것이다. 즉 천하에서 앞장서지 않는(不爲天下先) 것이다. 「창」(倡)은 곧 천하에서 앞장서는 것이다. 내가 어떤 것을 제창하는 것이다. 천하에서 앞장서는 것은 두각을 드러내고 영웅다움을 나타내는 것이다. 그러면 당신은 무너진다. 당신이 성공을 예비한다면 실패도 예비해야 한다. 이런 것들은 반드시 그런 것은 아니다.

「암컷답게 된다」(爲雌)는 것은 곧 암컷다움을 자처하는 것이다. 여기서 개인의 입장을 고려해야 하고, 역시 개인의 성격(性格)-재기(才氣), 개인의 사회에서의 위치를 고려해야 한다. 예를 들면 주은래(朱恩來)는 천하에 앞장서지 않는 전형적인 인물이다. 나는 기본적인 것을 제창한다. 완전한 황노(黃老)의 술(黃老之術)이라 할 수 있다. 현리(玄理)에서 보자면 천하에서 앞장서지 않는 것은 최고의 의경(意境)이다. 권술(權術)로 보자면 역시 권술로 볼 수도 있다. 매우 무서운 것이다.

「명백사달, 능무위호?」(明白四達, 能無爲乎? = 사방에 (미치는) 지혜가 있는데 마음을 쓰지 않을 수 있겠는가?) 당신이 능히 사방에 (미치는) 지혜가 있어서 즉 「명백사달」(明白四達 = 사방에 (미치는) 지혜가 있다)하여서 사회와 기(氣)를 통한다면, 모든 것은 툭 털어놓게 된다. 당신은 「한다」(爲)의 정신으로 그것을 하지 마라. 의지를 가지고, 조작한다는 생각으로 「명백사달」한다면, 당신은 「명백사달」할 수 없다. 그러므로 자유사회에서는 열린 사회(open society)라고 말한다. 즉 말하자면 이 사회는 통하는 것이다. 기(氣)가 통할 때에 사람마다 「명백사달」하게 되는 것이다. 저렇게 매일 갈고리 같은 마음으로 투쟁하는 것이 없으면, 저러한 공포는 없을 것이다. 무엇을 가지고 유위(有爲 = 무엇을 하려고 하는)의 정신으로 「명백사달」하다고 부르짖는가? 곧 특무(활동)이니 귀와 눈을 많이 집중시킨다. 그렇지 않으면 당신이 어떻게 「명백사달」할 수 있는가? 이전의 황제는 모두 「명백사달」을 생각하였다. 모두 특무(特務)를 채용하였다. 명(明) 나라에 동창(東廠)-서창(西廠)-태감(太監) 이런 것이 곧 특무를 사용하여 「명백사달」에 도달하려 한 것이다. 그렇다면 이러한 「명백사달」은 곧 위(爲＝하려는 것)를 가지고 해내는 것이니, 위(爲＝하려는 것)를 가지고 해내는 것은 「명백사달」할 수가 없는 것이다.

도가에서는 「천문개합, 능무자호? 명백사달, 능무위호?」(天門開闔, 能無雌乎? 明白四達, 能無爲乎?)라고 말한다. 이것은 마땅히 지혜로 간주하여 보아야 한다. 마땅히 현리(玄理＝가마득한 이치)로 보아야 한다. 그것은 곧 최고의 현리(玄理)이다. 가령 권술로 본다면 그것은 곧 권술이다. 여기서 노자는 우리에게 권술로 보지 말기를 가르친다. 군주전제 그것은 곧 위(爲＝하려는 것)를 가지고 해내는 것(以爲爲之)이니, 위(爲＝하려는 것)를 가지고 「명백사달」을 찾는 것이다. 그것은 곧 권술이다. 예를 들어 옹정(雍正＝청 나라의 황제)은 혈통으로 적자(嫡子)라는 것과 특무(特務)를 가지고 「명백사달」에 도달하고자 했다. 그래서 관(官)에 있는 사람들은 모두 마음이 조마조마하였다. 그 다음날 아침에 조정에 나갔다가 평안히 집에 돌아오는 것조차 쉽게 말하기 어려웠다. 당신이 밤에 어떻게 생활하는지 그들이 모두 알고 있었다. 이러한 「명백사달」은 물론 도리가 없는 것이다. 이것은 권력욕이다.

그러므로 니체는 말하기를 사람의 두 가지 기본 욕망은 천하를 크게 어지럽게 하는 것이니, 이러한 기본 욕망은 사람이 가장 쉽게 범하는 잘못으로 면할 수 없는 일이지만, 모두 이성적이지 못하다.

그러므로 중국 학문의 최고 경지는 사람으로 하여금 이성화(理性化)하게 하는 것이다. 니체가 말하는 두 종류의 기본 욕망에서 하나는 권력욕으로 이것은 정치를 하는 것이고, 다른 하나는 점유욕이니, 이것은 사람마다 다 가지고 있다. 이 두 종류의 기본 욕망은 천하를 크게 어지럽게 하고, 날마다 일이 생기게 한다. 그러므로 유가의 학문-성인(聖人)의 도리는 이 두 종류의 기본적인 욕망을 이성화(理性化)하는 것이다. 정치는 무엇을 있게 하려는 것이지만 종교는 여기서 당신의 권력욕을 범람하게 않게 하는 것이다. 그렇다면 가장 좋은 방법은 민주주의인데 민주주의는 유가에서 향하고자 하는 것을 제도화한 것이다.

이것 외에 또 미국의 제임스(William James)가 있다. 그는 신앙의 의지를 제시한다. 신앙의 의지 역시 번거로운 일이다. 단 사람은 신앙이 없을 수 없다. 단 이 신앙의 의지는 늘 말할 수 없는 재난을 일으킨다. 하나님(上帝)을 사랑하는 것은 본래 좋은 것이다. 그러나 결과는 서로 죽이는 것이 되었다. 이것을 하나님이 좋아하겠는가? 중국은 이 방면에서는 비교적 이성화(理性化)하였다. 종교전쟁이 없었다. 중국인은 신앙 의지의 열광을 즐기지는 않았다. 서양인은 신앙 의지가 높다. 중국에는 종교 신앙이 없다. 지금은 「천문개합」(天門開闔)의 때에 처해 있다. 천주교가 중국을 구원하려고 생각하였고, 기독교가 중국을 구원하려고 생각하였다. 기독교 교의로 중국문화를 대신해서 침(針)을 놓으려 하였다. 자극이 되려고 하였다. 그들에게 가장 좋은 것은 중국을 구하려고 하지 않는 것이다. 한번 침을 놓아 중독이 되면 망치는 것이다. 양수명(梁漱溟) 선생이 한 말이 옳다. 중국의 문화는 이성(理性)이 조숙한 것이다. 무슨 권력욕-신앙욕 이런 것들은 중국인이 일찍이 간파한 것이다. 본 것이 매우 분명하였다.

그러므로 『도덕경』에서는 「생지휵지, 생이불유, 위이불시, 장이부재, 시위현덕.」(生之畜之, 生而不有, 爲而不恃, 長而不宰, 是謂玄德. = 낳고 기른다. 낳으나 소유하려 하지 않고, 하지만 믿지 않고, 자라게 하지만 주재(主宰)하지 않는다. 이것을 현덕(玄德)이라고 일컫는다. ―『도덕경』제10장)이라 하였다. 여러분들은 왕필의 주(註)를 보라. 「불색기원야, 불금기성야: 불색기원, 즉물자생, 하공지유? 불금기성, 즉물자제, 하위지시? 물자장족, 불오재성, 유덕무주, 비현여하? 범언현덕, 개유덕이부지기주출호유명.」(不塞其原也, 不禁其性也: 不塞其原, 則物自生, 何功之有? 不禁其性, 則物自濟, 何爲之恃? 物自長足, 不吾宰成, 有德無主, 非玄如何? 凡言玄德, 皆有德而不知其主出乎幽冥. = 그 근원을 막지 않고, 그 본성을 금하지 않는다. 그 근원을 막지 않으면 물(物)은 자생하니, 어찌 공(功)이 있겠는가? 그 본성을 금하지 않으면 물(物)은 자제하니, 어찌 믿을(恃) 바가 있겠는가? 물(物)은 저절로 자라 만족하며, 내가 다스려(宰) 이룩된 것이 아니다. 덕(德)이 있고, 주재가 없으니, 현(玄)이 아니고 어찌함인가? 무릇 현덕(玄德)을 말함은 덕(德)이 있으나 그 주재를 알지 못하니, 그 주재는 유명(幽明)에서 나온 것이다.) 이 주(註)는 매우 좋다. 당신들은 외우고 지나가야 한다.

도가에서 「도생지, 덕휵지.」(道生之, 德畜之.)라고 말한다. 일체(一切)의 것들이 모두 도(道)에 의지해 생긴다고 하며, 덕(德)을 가지고 기른다고 한다. 「불색기원, 즉물자생, 하공지유?」(不塞其原, 則物自生, 何功之有?) 그러므로 나는 도가에서 말하는 「도생지」(道生之)의 「생」(生)을 불생지생(不生之生)이라고 한다. 이것은 자유주의의 열린 사회(open society)의 도리(道理)와 가장 잘 부합한다.

도가에서 말하는 「생」(生)은 불생지생(不生之生)이다. 그렇다면 왜 도(道)가 있다는 것이 대단한 수양(修養)인가? 그것은 곧 당신이 「불색기원」(不塞其原＝그 근원을 막지 않음)하기 때문이다. 우리의 천지 사이의 일체의 정치활동은 모두 그 근원을 막는 것이다. 도가에서는 당신에게 근원을 여는(開源)-펼쳐서 통하는(暢通) 공부를 하라고 한다. 단 우리 사람들이 하는 것은 모두 근원을 막는 짓이다. 하려는 것을 가지고 해내는 것이니 그 지혜는 천착(穿鑿)에서 온 것이다. 모두 그 근원을 막는 것이다. 도가에서 말하는 「불색기원」(不塞其原＝그 근원을 막지 않음)은 곧 당신 자신이 한 걸음 열어 놓고 조종하거나 붙잡지 말라는 것이다. 당신이 어떤 것을 조종하고 붙잡으면 곧 그 생기(生機)를 막아 버리는 것이고, 그 생명의 근원을 막아 버리는 것이다.

「불색기원, 즉물자생.」(不塞其原, 則物自生.)이라고 하는 것은 도(道)를 가지고 그것을 살리라고 말하는 것도 아니고, 하나님(上帝)으로 창세기(創世記)하라는 것도 아니다. 도가는 이러한 이야기를 취하지 않는다. 그러므로 「불색기원」(不塞其原＝그 근원을 막지 않음)이다. 당신이 한 걸음 양보해 두고 조종하지 않고 붙잡지 않으면 그것은 저절로 생장한다. 이것은 당신이 그것을 낳는 것과 같다. 왜냐하면 일반 사람들은 조종하고-붙잡는 것을 좋아한다. 그러므로 당신이 능히 조종하지 않고, 붙잡지 않으며, 능히 한 걸음 양보하여 열어 둔다면 이것이 가장 큰 수양공부가 아니겠는가? 이 가장 큰 수양공부는 도(道)에 있다. 당신이 도(道)가 있으면 이 사회는 능히 생장한다. 그것은 저절로 생장할 수 있다. 당신은 날마다 계획하지 마라. 경제를 계획하면 계획할수록 나빠진다. 경제에는 저 나름으로 규율이 있다. 자연적으로 조절된다.

그러므로 말하기를 「생이불유, 위이불시, 장이부재, 시위현덕」(生而不有, 爲而不恃, 長而不宰, 是謂玄德.)이라고 하였으니, 당신이 능히 이런 모양이라면 곧 당신에게 현덕(玄德)이 있음을 표시하는 것이다. 당신이 이렇게 정치를 영도(領導)한다면 이 정치는 비로소 도(道)에 합치된다. 그러므로 자유민주사회는 몇 백 년의 분투를 거쳐서 비로소 도달하는 것이니 헌법에 기초한 이 민주정치제도에서는 비교적 도(道)에 합한다.

도가에서 말하는 「현덕」(玄德)은 물론 인생의 정신 경지이다. 단역시 정치방면에 가서 운용될 수도 있다. 다만 정치상에서 하나의 제도를 열어 놓지 못하고, 제도화되지 못한다. 도가(道家) 의리(義理)의 제도화는 곧 민주정치이고 다른 형태는 없다. 엄복(嚴復＝청 말의 학자)은 당년(當年)에 이렇게 말하였다. 「무릇 황노(黃老)의 도(道)는 민주국가에서 사용하는 바이다. 그러므로 자라나게 하지만 주재(主宰)하지는 않는다. 억지로 함이 없기 때문에 하지 못하는 것도 없다. 군주국가에서는 황노(黃老)를 사용할 자가 없다. 한(漢)의 황노(黃老)의 모습을 답습하여 취할 뿐이다.」(夫黃老之道, 民主國之所用也; 故能長而不宰, 無爲而無不爲. 君主之國, 未有能用黃老者也. 漢之黃老貌襲而取之耳.)

오늘은 여기까지 강의한다.

나는 두 달이 넘도록 여러분에게 『도덕경』을 강의하였다. 약간의 중요한 경문(經文)이었다. 여러분들이 경문의 원문을 알게 되면, 그런 뒤에 나의 『재성과 현리』(才性與玄理)를 보라. 그러면 도가의 의리를 당신은 대체적으로 장악할 수 있을 것이다. 가령 당신이 참으로 도가를 이해한다면 당신은 유가도 이해할 수 있을 것이다. 가령 당신이 『도덕경』을 읽고, 『재성과 현리』를 역시 읽었는데, 다만 당신이 유가에 대하여 여전히 조금도 이해되지 않는다면 당신은 도가에 대해서도 참으로 이해한 것은 아니다.

여러분은 자기 자신의 독서 능력이 있어야 한다. 철학을 공부하는 데 가장 중요한 것은 당신의 이해력을 높이는 것이다. 이해력이 없으면 내가 여러 번 강의해도 소용이 없다. 여기까지 이야기하면 당신은 알 것이다. 이야기하지 않은 곳은 당신이 알지 못한다. 천하에 학문이 그렇게도 많은데 어떻게 모든 것을 이야기할 수 있겠는가? 마지막으로 제47장~제48장을 강의한다. 다음 학기에 나는 대만에 가려고 한다.

제47장~제48장 이 두 장은 함께 연결되어 있다. 이 두 장도 대단

히 중요하다. 하나의 중요한 관건이다.

不出戶, 知天下. 不窺牖, 見天道. 其出彌遠, 其知彌少. 是以聖人不行而知,
불출호 지천하 불규유 견천도 기출미원 기지미소 시이성인불행이지

不見而明, 不爲而成.
불견이명 불위이성

집 밖에 나서지 않아도 천하를 알며, 창문을 통하여 엿보지 않아도 천도
를 본다. 멀리 나아가면 나아갈수록 알게 되는 것은 적어진다. 이러므로
성인은 다니지 않고도 알며, 보지 않고도 밝고, 작위하지 않아도 (일을)
이룬다.(『도덕경』제47장)

爲學日益, 爲道日損. 損之又損, 以至於無爲. 無爲而無不爲. 取天下常以無
위학일익 위도일손 손지우손 이지어무위 무위이무불위 취천하상이무

事. 及其有事, 不足以取天下.
사 급기유사 부족이취천하

학문을 하는 것은 날마다 더 보태는 것이요, 도(道)를 하는 것은 날마다
더 덜어내는 것이다. 덜어내고 또 덜어내어 무위(無爲 = 작위함이 없음)
에 이른다. 무위(無爲)를 하면 무불위(無不爲 = 하지 못하는 것이 없음)
하게 된다. 천하를 차지하는 데는 항상 일을 만들지 않으므로 해야 하고,
일을 만들어 내면 천하를 차지하기에 부족하다.(『도덕경』제48장)

이 두 장은 왜 함께 연결되어 있는가? 그렇다면 우리는 먼저 제48
장을 보자. 「위학일익, 위도일손. 손지우손, 이지어무위.」(爲學日益,
爲道日損. 損之又損, 以至於無爲. = 학문을 하는 것은 날마다 더 보태
는 것이요, 도(道)를 하는 것은 날마다 더 덜어내는 것이다. 덜어내

고 또 덜어내어 무위(無爲 = 작위 함이 없음)에 이른다.) 이것은 원칙성의 말이다. 중요한 구절이다.

『도덕경』은 드러내어 놓고 천하(天下) 사이의 학문을 두 종류로 나눈다. 한 종류는 「위학」(爲學 = 학문을 함)이고, 다른 한 종류는 「위도」(爲道 = 도를 함)이다. 무엇을 「위도」(爲道 = 도를 함)라고 하며, 무엇을 「위학」(爲學 = 학문을 함)이라고 하는가? 우리 현대 사람의 눈에 비추어 볼 때 「위도」(爲道)-「위학」(爲學)은 별 차이가 없다. 단 『도덕경』에서는 나누고 있다. 그리고 「위학일익, 위도일손」(爲學日益, 爲道日損.) 이 둘은 바로 상반된다. 어디에서 상반되는가? 당신은 이해하는가, 이해하지 못하는가? 당신이 한번 말해 보지 않겠는가?

무엇을 가지고 「위학일익」(爲學日益)이라고 하는가? 우리의 지금 학문은 많고 많다. 또 과학이고, 또 철학이다. 과학 가운데도 또 자연과학이 있고, 사회과학이 있다. 자연과학 혹은 사회과학을 막론하고 그 안에는 모두 일종의 경험과학이 있고, 또 일종의 형식과학이 있다. 그렇다면 「위학일익」(爲學日益)은 어디에 속하는 학문인가? 노자는 이천 년 전 춘추전국시대에 이렇게 분명한 관념을 가지고 엄격하게 두 종류의 학문을 나누고 있으니 이는 대단한 것이다. 그러므로 『도덕경』은 경(經)이다. 하나의 커다란 학파를 열었다.

「위학」(爲學)과 「위도」(爲道)의 서로 같지 않은 점은 어디에 있는가? 「위학」(爲學)은 하루에 조금씩 보태어 가는 것이다. 당신이 도(道)에 종사하려고 한다면 곧 감손(減損)하여야 한다. 하루 조금씩 감손해야 한다. 덜어내고 또 덜어내어 어디에 가서 멈추는가? 곧장 가서 「무위」(無爲)에 이른다. 즉 감손해서 「무위」(無爲)에까지 이른다. 이어서 말하기를 「무위이무불위」(無爲而無不爲.)라고 말한다. 그렇다면 이미 「무위」(無爲)라고 말하였는데 왜 또 「무불위」(無不爲)라고 말하는가? 이것은 모순 아닌가?

노자는 당신에게 두 종류의 서로 같지 않은 학문이 있음을 알려 준다. 「위학」(爲學)이 하나의 학문이고, 「위도」(爲道) 역시 하나의 학문이다. 이러한 학문은 「위학」(爲學)과 같은 것이 아니다. 그렇다면 「일익」(日益 = 날마다 더 보태는)의 이러한 학문은 현대인이 말하는 것에 비추어 보면 어떤 종류의 학문에 속하는가? 즉 과학이다. 그렇다면 어떠한 학문이 「위도」(爲道)에 속하는가? 「위도」(爲道)는 날마다 덜어내는 것이다. 우리 일반의 생각에 비추어 보자면 과학이든-물리학이든 혹은 과학지식에 속하지 않는 것이든 마치 날마다 배워야 하는 것 같다. 즉 「위도」(爲道)도 배워야 한다. 배운다는 것은 곧 「일익」(日益 = 날마다 더하는 것)이다. 왜 노자는 「위도일손」(爲道日損)이라고 하는가? 그렇다면 이 「위도일손」(爲道日損)은 어떤 종류의 학문에 속하는가? 이런 학문이 있는가? 없는가? 아마 이런 학문이 없을 가능성이 있다.

무엇이 「위학일익」(爲學日益)의 학문인가? 당신은 금방 그것이 과학이라고 말한다. 「위도일손」(爲道日損)은 어떠한 종류의 학문에 속하는가? 당신이 예를 들려고 한다면 당신은 예를 열거해 낼 수 없을 것이다. 비록 당신이 예를 열거해 내지 못한다고 하더라도 그래도 이 구절이 의미 없는 것은 아니다. 이러한 학문이 있는지 없는지 말하지 말고, 먼저 「위학일익」(爲學日益)이라는 이 구절의 의의를 이해하자. 당신이 이 구절의 확정된 의의를 이해한다면 이러한 학문이 있는지 없는지는 쉽게 해결될 것이다. 없다면 나는 그것이 있다고 할 것이고 내가 이렇게 해 내려가면 그것은 곧 있게 된다.

「위학일익, 위도일손」(爲學日益, 爲道日損.) 이것은 가장 기본이 되는 중요한 관념이다. 이것은 부회(附會)나 연상(聯想)이 아니다. 이것은 분명한 문장(明文)이다. 이것은 마치 『도덕경』 제1장에서 천하의 도리를 두 종류로 나누는 것과 같다. 하나는 말할 수 있는 도(可道之道)이고 하나는 말할 수 없는 도(不可道之道)이다.

「익」(益)은 증익(增益)이다. 「손」(損)은 감손(減損)이다. 「일손」(日損)은 하루에 조금씩 감손해 가는 것이다. 본래 하루에 조금씩 감소시킬 필요가 없다. 당신이 한꺼번에 모두를 없애 버리는 것이 더 좋다. 어떤 때는 당신이 한꺼번에 전부를 버릴 수 없을 것이다. 그러면 하루에 조금씩 적게 한다. 오늘 조금 적게 하고, 내일 조금 적게 한다. 곧장 마지막에 나아가면 모두 없어진다. 그러므로 「손지우손, 이지어무위.」(損之又損, 以至於無爲. = 덜어내고 또 덜어내어 무위(無爲)에 이른다.)이다. 「무위」(無爲)는 곧 「무」(無)이다. 그러나 당신이 「무」(無) 거기에 머물러 있으라고 말하는 것은 아니다. 그는 이어서 말하기를 「무위이무불위.」(無爲而無不爲.)라고 말한다.

「무위이무불위.」(無爲而無不爲) 이것이 모순되는 것이 아닌가? 이것은 모순되는 것이 아니다. 다만 「무위」(無爲)이다. 그것은 어떤 도(道)인가? 다만 「무위」(無爲)가 아니고, 「무위」(無爲)라고 말하면 반드시 「무위이무불위.」(無爲而無不爲.)가 이어져서 말해진다. 「무위」(無爲)는 곧 「무」(無)이다. 그리고 「무불위」(無不爲)는 곧 「유」(有)이다. 그렇다면 「위도」(爲道)는 왜 이러한가? 제1장에서 이미 여러분들에게 말하지 않았던가? 도(道)에는 이중성이 있다. 한쪽으로 치우치면 안 된다. 한쪽으로 치우치면 도(道)라고 할 수 없다. 그러므로 첫걸음은 「무」(無)로서 본(本)을 삼고 「유」(有)로서 용(用)을 삼는 것이다. 「본」(本)은 곧 체(體)이니 기본적으로는 「무」(無)이어야 한다. 「무」(無) 이후에 「무」(無) 여기에 머물러서는 안 된다. 그러므로 「무위이무불위.」(無爲而無不爲.)이어야만 한다. 이것은 제1장에서 말하는 도(道)의 이중성이다.

「상무, 욕이관기묘; 상유, 욕이관기요.」(常無, 欲以觀其妙; 常有, 欲以觀其徼.) 이것이 곧 도(道)이다. 이러한 「위도」(爲道)의 학문은 있는가, 없는가? 우리의 이 시대에 동양이든 혹은 서양이든 막론하고, 우리들 대학에서는 부문별하게 종류별로 각종 학과를 개설하고 있다. 어떤 학과의 학문이 「위도」(爲道)의 학문인가? 없지 않은가? 그렇다면 노자가 말한 이 말은 빈말 혹은 쓸모없는 말인가, 아닌가? 또한 빈말이나 쓸모없는 말이 아니라면 이러한 말은 어떠한 의미인가? 생활에 낙착되면 이러한 말은 어떤 의의를 대표하는가? 이러한 생활을 하는 사람들은 「위도」(爲道)라고 부를 수 있다. 즉 현재의 사람들은 모두 이 방면에는 주의를 기울이지 않는다. 각종 대학 교육에서 각종 학문에서 모두 도(道)는 없다.

현재 사람들에게는 도(道)는 없고 다만 학(學)만 있다. 학교 교육 외에 일반 사람들이 말하는 것에 비추어 볼 때 이러한 종류의 「도」(道)는 있는 것인가, 없는 것인가? 당신은 「위도일손」(爲道日損)이라는 이 구절을 어떻게 이해하는가? 이른바 「이해」(瞭解) 그것은 곧장 「위도일손」(爲道日損) 이 네 글자를 이해한다는 것은 아니다. 이 네 글자는 당신의 생활상에서 능히 인증(印證)해 내어야 한다. 이러한 생활은 무엇을 가리켜 말하는 것인가? 학교 교육 외에 이것이 생활상에서 어떤 의의를 가지는가? 가령 논리실증론에서 말하는 것에 비추어 보면 「위도일손」(爲道日損) 이 구절의 말은 반드시 의미 없다. 의의(意義)를 찾아낼 수 없다. 이 말은 zero와 같다. 있는 것이 하나도 없다.

그렇다고 우리가 말하는 이 구절은 쓸데없는 이야기는 아니다.

곧 우리가 이 구절을 우리 생활상에서 지적하는 요점은 어떤 경지를 가리킨다. 이런 경지는 어떤 생활에 속하는가? 우리는 「위학」(爲學)과 「위도」(爲道)의 절대적으로 상반되는 정신이 있다고 하였다. 단 「위도」(爲道)와 「위학」(爲學)은 늘 반드시 떨어져 있는 것은 아니다. 「위학」(爲學) 가운데에 곧 「위도」(爲道)가 있고, 「위도」(爲道) 중에 「위학」(爲學)이 있어 반드시 떨어진 것은 아니다.

「위학」(爲學) 외에 우리는 왜 또 「위도」(爲道)가 있어야 하는가, 그리고 「위도」(爲道)는 왜 또 「일손」(日損)이어야 하는가? 시작할 때부터 방향이 서로 다르다. 먼저 방향이 완전히 같지 않다. 방향이 같지 않다는 것은 각자의 영역-범위가 같지 않다는 것이니, 범위가 같지 않으면 방법도 같지 않다. 「위학」(爲學)은 「익」(益＝더 보탬)의 방법을 사용한다. 「위도」(爲道)는 「손」(損＝덜어 냄)의 방법을 사용한다. 「위학」(爲學)-「위도」(爲道)는 시작하면서부터 두 종류의 서로 다른 생활 방향이다.

배우지 않으면(학(學)이 없으면) 아무것도 알 수 없다. 당신이 배우게 된다면 당신은 곧 알게 된다. 내가 오늘 조금 배우게 되면 곧 조금 알게 된다. 내가 내일 다시 조금 더 배우면 아는 것이 더 많아진다. 우리가 평소에 말하는 학문이 곧 이러한 것이다. 이것을 가지고 사람들에게 외치는 것이다. 이른바 누군가가 학문이 있다고 하는 것이니, 곧 그가 아는 것이 많다는 것이다. 그렇지만 이러한 비교적 아는 것이 많다거나, 적다는 것을 제외하고 또 다른 것으로 비교할 수 있는 것이 있는가? 있지 아니한가? 「위학」(爲學) 방면에서 다소(多少)를 비교한다면 이것은 양(量)에 속한 것이다. 누가 더 많이 알게 되면 누가 더 학문이 있다고 하니 분명하고 절대로 혼돈된 것은 아니다. 단 많이 아는 그 사람은 또 하나도 모르는 것이다.

어떤 때 어떤 사람이 학문이 있는지 또는 있지 않은지, 한 사람의 정신생활의 경지가 높은지 또는 낮은지는, 양(量)으로 결정된다. 그렇지만 양(量)으로 높고 낮음을 결정하는 것은 유일한 표준이 아니다. 첫걸음은 양으로 비교하는 것이고, 다시 한 걸음 더 나아가서는 양을 비교하는 것이 아니고 질(質)을 비교하는 것이다. 질(質)의 의미는 또한 여러 가지 종류가 있으니 어떤 때는 질(質) 역시 반드시 「위도」(爲道)에 속하는 것은 아니다. 이러한 예를 따라서 당신은 한 걸음 한 걸음 안으로 들어갈 수 있을 것이다. 예를 들면 고거(考據) 전문가들은 아는 것이 매우 많다. 역사를 공부하는 사람들은 역사적인 자료와 사실을 많이 안다. 사실, 자료 모두 양화(量化)시킬 수 있다. 그러나 당신이 역사적인 사실과 자료를 많이 안다고 하여도 당신은 능히 역사를 이해한다고 할 수 있는 것이 아닌가? 즉 동일한 역사의 범위에도 두 개의 서로 다른 영역이 있다. 먼저 양(量)의 범위에서 결정하게 되니 그렇다면 누군가가 역사자료를 많이 알게 되면 누군가가 학문이 있다고 하게 된다. 그렇지만 어떤 때는 이 사람이 역사자료를 아는 것이 많아도 그가 역사를 이해하는 것은 아니다. 오히려 질(質)의 방면에서 비교할 수도 있는 것이다.

예를 들어 장래에 누군가가 신아(옮긴이 주: 新亞 = 모종삼 교수와 당군의 교수 등이 설립한 단과대학. 지금은 중문대학으로 흡수됨)의 역사를 쓰는데, 그가 처음 개교한 신아(新亞) 학교 주소를 알고, 그 거리의 신아(新亞) 범위 안에는 몇 개의 건물이 있다는 것도 알고, 어떤 건축물에는 이런 교실이 있고 저런 교실이 있는 것도 알고 있다면 이런 것은 모두 신아(新亞)의 역사적 사실(historic facts)에 속한다. 어떤 사람이 이런 면에서 자료를 알고 있는 것이 매우 많다. 또 그는 이 도서관을 지을 때에 얼마나 많은 벽돌이 들어갔다는 것도 안다. 나는 이 도서관이 벽돌로 지어진 것을 안다. 그렇지만 나는 얼마나 많은 벽돌을 사용해서 지은 것인지는 알지 못한다. 그렇다면 내가 아는 것은 저 사람보다 못하다. 여기에서 나는 저 사람보다 잘 알지 못한다. 「위학일익」(爲學日益)에 비추어 「일익」(日益)의 표준으로 말한다면 내가 아는 것은 적다. 단 당신이 그 벽돌을 기억하고 건축물-교실 모두를 기억한다고 하여 신아(新亞)의 정신을 이해한다고 할 수 있는가? 신아(新亞)에서 갖추고 있는 교육의 종지(宗旨)는 무엇인가? 당신은 반드시 안다고 할 수 없다. 그렇다면 이것은 역사적 사실에 속하는 것인가? 그러므로 하나의 어떤 것을 안다는 것은 매우 어려운 일이다. 그저 양(量)을 가지고 비교한다면 당신이 참으로 알았는지는 단정할 수 없는 것이다. 양(量)을 가지고 비교하는 것은 「위학」(爲學)이다. 신아(新亞)의 정신을 이해한다는 것은 신아(新亞)의 「도」(道)를 이해하는 것이다. 이것은 아직도 마지막은 아니다. 도가(道家)에서 말하는 그 「도」(道)는 아니다.

　신아(新亞)에서 교육에 힘쓸 때 학문을 하는 방향이, 곧 그것의 도(道)이고 그 원칙(原則)이다. 현재의 모든 신아(新亞) 사람들은 아무도 이 원칙을 알지 못하고, 모두 잊어버렸다. 더더욱 중문대학(中文大學＝신아를 흡수한 대학)은 자기가 본래 가지고 있던 도(道)를 모두 잊었다. 지금 신아(新亞)는 당년(當年) 신아(新亞)의 반도(叛徒)와 같다. 즉 자기부정(self negation)을 하는 것이다. 지금 신아(新亞)는 신아(新亞)의 도(道)가 하나도 없다. 그러므로 「위학」(爲學)-「위도」(爲道)는 서로 같은 것이 아니다. 그렇다면 당신이 이해하는 신아(新亞)의 정신을 이해하고-신아(新亞)의 방향을 이해하고 이러한 면에서 이야기한다면, 이것이 당신이 신아(新亞)의 역사적 사실을 얼마나 많이 알고 있는지를 결정하는 것은 아니다. 「위학일익」(爲學日益)은 사용할 수가 없다. 「위도일손」(爲道日損) 이 구절에 의미가 있다. 그렇지만 신아(新亞)의 정신-방향을 이해한다는 것은 오히려 아직도 도가에서 말하는 「도」(道)는 아니다. 내가 하나의 예를 들어서 말했으니 여러분들이 천천히 안으로 들어가는 데 도움이 되어 한 걸음, 한 걸음 안으로 들어가기를 바란다. 도가(道家)의 「도」(道)는 물론 학교를 개설한다든가 교육을 진행하는 것에 국한되지는 않는다.

내가 이야기한 이러한 예를 통하여 당신들은 「위학」(爲學)-「위도」(爲道)에 대해 천천히 하나의 관념을 형성하게 될 것이다. 「위도」(爲道)에 대해서 당신은 확실하고 분명한 관념이 있는가? 당신은 그저 근거 없이 하나의 관념을 형성하지는 않는지? 당신은 먼저 「위학」(爲學)을 이해해야 한다. 그쪽이 분명하다면 그러면 「위학」(爲學)에 대한 도(道)로 돌아와서 「위도」(爲道)에 대해서도 천천히 하나의 관념을 형성할 수 있을 것이다. 시작할 때는 당신에게 하나의 관념도 형성되지 않았으나, 그러나 내가 약간의 예를 들어 당신이 한 걸음 한 걸음 안으로 들어가는 데 도움이 되었을 것이고, 한 걸음 한 걸음 「위도일손」(爲道日損)이라는 이 구절의 의의를 이해하는 데 도움이 되었을 것이다.

내가 일찍 말한 바와 같이 고거가(考據家)는 역사를 이해하지 못한다. 그는 다만 역사를 기억할 뿐이다. 그는 결코 역사를 이해할 수 없다. 고거(考據)를 하면 할수록 나빠진다. 역사학과의 저들 전문가들은 중국 역사에 대해 조금도 알지 못한다. 이러한 말은 당연히 역사를 공부하는 학생들에게는 체면을 차리지 않는 말이다. 들으면 기분 좋은 것은 아니다. 그렇지만 사실이 그렇다. 전목(錢穆) 선생은 대 사학가(大 史學家)이지만 그분은 역사를 이해하지 못한다.

중국역사를 이해하려면 몇 단계(층)의 이해로 이야기할 수 있다. 물론 학문은 무궁무진하다. 아무도 완전히 이해했다고는 할 수 없다. 다만 그 하나의 범위 안에서만 말할 수 있다. 그 하나의 방향에서만 이해하거나 혹은 이해하지 못한다. 중국역사를 이해하는 데는 첫 단계의 이해가 있고 둘째 단계의 이해가 있다. 첫 단계의 이해는 먼저 하(夏)-상(商)-주(周)에서 시작해야 하는데 조대(朝代)마다의 대체적인 역사 사실을 모두 알아야 한다. 이것이 첫 단계의 이해이다. 지금 역사를 읽는데 모두 중국통사를 읽는다. 즉 이렇게 이야기하는 것은 역사적 사실을 이야기하는 것이다. 그렇지만 이렇게 이야기하는 것은 결코 중국의 역사를 참으로 이해했다고 할 수 없다. 그러므로 첫 번째 순서(basic order)를 제외하고는 두 번째 순서(secondary order)로 들어가야 한다. 두 번째 순서로 들어가야 처음 차례의 이 역사 사실이 드러내는 바의 이러한 중국역사는 어떤 하나의 형태를 대표하는 것으로 흘러간다는 것을 이해하게 된다. 이 형태에 대해서는 고대 그리스-유럽-미국의 역사와 역시 비교할 수도 있다. 그것은 왜 그러하며 중국은 왜 이러한가? 이러한 이해를 우리는 반성적 이해라고 부른다. 즉 첫 번째 순서(basic oder)의 기초적 사실 이해 이후의 하나의 반성이다.

두 번째 순서(secondary order)의 이해는 곧 중국 하(夏)-상(商)-주(周)에서부터 곧바로 지금 공산주의의 출현까지 이 삼천-사천 년의 발전은 왜 이런 형태로 발전했는가? 에 대한 것이다. 이것이 참으로 중국역사를 올바르게 이해하는 것이다. 그렇지만 역사가들은 이 문제를 이야기하지 않는다. 당신이 그들에게 물어보라. 그들은 말하기를 이 문제는 너무 크다. 우리는 알지 못한다. 우리는 다만 하나의 벽돌(磚)-기와 조각(瓦)을 알 수 있을 뿐이다. 그들은 사학가로 여긴다. 그들의 고거(考據)는 믿을 만하다. 당신들이 이야기하는 것은 빈말이다.

그러나 되돌려서 말하자면 한편으로는 양(量)의 관점에서 생각할 수 있으니 양(量)의 관점에서 보자면 당신들은 내가 말하는 이것이 너무 큰 말이고 빈말 같이 여겨질 것이다. 그러나 빈말이라고 하여도 반드시 진실을 대표하지 않는다고 말할 수 없다. 당신이 알고 있는 풀 한 포기 나무 한 그루 역시 반드시 진실을 대표하는 것은 아니다. 중국역사의 진상(眞相)을 당신은 완전히 이해하지는 못하는 것이다. 내가 묻는 문제는 나는 알고 당신은 알지 못한다는 것이다. 그러므로 나는 중국역사를 안다고 말한다. 그리고 당신들은 다만 중국역사의 사실만 기억할 뿐이고, 중국역사를 이해하지 못한다. 기억하는 것과 이해하는 것은 다르다. 대 역사가인 당신은 중국역사의 형태가 왜 이와 같이 발전해 왔는지 이해하지 못하고 있다. 당신의 이해가 잘못이라고 말하는 것이 아니고 당신은 근본적으로 알지 못한다는 것이다. 그렇다면 역사가는 어떤 쓰임이 있는가?

이전의 왕조(朝代)마다, 시대가 지나갈 때마다, 모두 이 왕조-이 시대에 대해 반성하였다. 그 반성은 곧 제 일층의 이해 이외에 또 제 이층의 이해를 하고 있다는 것을 표시한다. 반성해 보자. 왜 하(夏)-상(商)-주(周) 삼대는 소강(小康)의 다스림을 받았다고 하는가? 이것은 곧 제 이층에 속하는 이해이고, 반성적인 이해이다. 왜 이전에 중국에서는 진시황(秦始皇)에 대한 판단이 모두 좋지 않았는가? 진시황은 대단히 좋지 못하였다. 이러한 판단은 제 일층에 속하는 판단은 아니고, 제 이층에 속하는 이해이다. 제 일층의 이해는 다만 진시황 그 시대의 역사 사실만 알 뿐이다. 역사 사실로부터 보면 사건마다 모두 좋지 않은 것은 아니다. 단 왜 마지막 판단에 따르면 진시황이 아주 나쁜 사람이었던가? 이러한 판단과 이러한 이해는 곧 진(秦) 왕조를 제 이층의 방향으로 이해한 것이다. 왜 하(夏)-상(商)-주(周) 삼대는 왕도(王道)인가? 춘추시대는 왜 패도(覇道)인가? 진한(秦漢) 이후는 패도라고도 말할 수 없게 되었다. 그것을 군주전제라고 말한다. 곧장 내려와 신해혁명(辛亥革命)까지 이른다. 모두 군주전제이다. 역사는 이러하다. 당신이 다만 역사의 사실을 기록한다면 그러면 당신은 이러한 문제를 근본적으로 이해하지 못하는 것이다. 당신은 근본적으로 이러한 관념이 없다.

전빈사(錢賓四 = 錢穆) 선생은 지금까지도 오히려 중국 이전(以前)은 군주전제였다는 것을 반대한다. 그는 인정하지 않는다. 그는 말하기를 중국 이전에는 군주전제가 아니라고 한다. 일반적으로는 중국 이전에는 군주전제라고 말한다. 그렇다면 이 문제에 있어서 전빈사 선생이 이해를 올바로 한 것인가? 아니면 일반인이 올바로 이해한 것인가? 가령 중국 이전에는 군주전제가 아니라고 한다면 신해혁명(辛亥革命)은 왜 일어났는가? 당신은 이렇게 뒤집어진 사건의 문장은 만들어 낼 수는 없다. 그렇다면 일반적으로 중국 이전에는 군주전제였다라고 하는 말은 어떠한 의의(意義)인가?

중국 이전은 군주전제였다라고 하는 것은, 결코 이전에는 좋은 황제가 없었다는 것을 표시하는 것은 아니다. 이것은 개인의 문제가 아니다. 이는 제도에 속한 문제이다. 당신이 어떻게 반대할 수 있는가? 당신은 중국에서 이전에는 재상(宰相) 제도가 있었다고 말한다. 재상 제도는 지금의 내각 제도가 아니란 말인가? 당신은 황제가 일이 생기면 재상과 의논한다고 한다. 히틀러에게도 브레인 집단이 있었다. 이것으로 보아 「군주전제」(君主專制)라는 이 관념은 없다. 여기서는 양(量)을 가지고 결정할 수는 없다.

내가 이러한 예를 든 것은 역사에서 이야기한 것이다. 당신이 역사를 이해하려면 두 번째 단계에서 이해해야 한다. 그러나 당신은 반드시 도(道)를 이해한다고 할 수 없다. 그러나 여기서부터 한 걸음 한 걸음씩 앞으로 나아간다면 도(道)에 접근할 수 있을 것이다. 노자가 말한 「위도일손」(爲道日損)이라는 이 말의 의의를 이해할 수 있을 것이다. 역사를 이해하는 데도 이 말을 떠날 수는 없다.

「위도일손」(爲道日損) 이 구절의 의의는 무엇인가? 「위도일손」(爲道日損) 이러한 생활은 어떤 생활인가? 즉 우리가 이해하는 저 최고의 진리는 하나의 관념으로써 그것을 이해할 뿐만 아니라 또 이 관념이 표시하는 진리를 우리의 생활 중에 체현하려고 한다. 이 체현은 실천에 속한다. 「위학일익」(爲學日益)이 아니다. 이것은 저러한 방해를 당신의 실천에서 모두 없애 버리는 것이다. 왜냐하면 도(道)는 매우 간단하기 때문이다. 도(道)는 한 무더기의 어떤 것이 아니다. 도(道)의 최후의 본체(本體)는 「무」(無)이기 때문이다.

그러므로 나는 말하기를 당신이 먼저 「무」(無)를 동사(動詞)로 보라는 것이다. (옮긴이 주: 무(無)는 '없다'가 아니고 「없애라」라고 해석함) 없애야 할 것이 무엇인지 살펴보라. 노자는 말하기를: 「오색영인목맹, 오음영인이농, 오미영인구상; 치빙전렵, 영인심발광, 난득지화, 영인행방.」(五色令人目盲, 五音令人耳聾, 五味令人口爽; 馳騁畋獵, 令人心發狂, 難得之貨, 令人行妨. = 오색(화려한 색깔)은 사람의 눈을 멀게 하고 오음(현란한 소리)은 사람의 귀를 멀게 하고, 오미(五味)는 사람의 입을 상하게(爽 = 맛을 알지 못하게) 하고, 말달려 사냥하는 것은 사람의 마음을 광폭하게 하고, 얻기 어려운 물건은 사람의 행위를 궤도에서 벗어나게 한다. ―『도덕경』제12장)이라 하였다. 심리(心理)의 정서, 생리(生理)의 욕망, 생물의 본능, 관념의 형태 이런 것들은 모두 번거로운 것이다. 도가에서 없애라고 하는 것은 바로 이러한 것들을 우선한다. 「무」(無)는 곧 없애는 것이다. 이것은 당연히 「일손」(日損 = 날마다 덜어 냄)이다.

나는 감성(sensibility)에서부터 이야기하였다. 감성(sensibility)은 심리학적이고 철학적이다. 당신이 이 몇 층을 위로 올라가면서 모두 하루하루 조금씩 해 나아간다. 감성에서부터 말하자면 우리는 왜 날마다 힘써서 돈을 버는가, 그것은 감성의 욕망을 만족시키려는 것으로 좋은 것을 먹으려 하고, 좋은 집에서 살려 하는 것이다. 오늘 먹는 것이 부족하면 내일 하려고 생각한다. 금생(今生)에서 부족하다면 다음 생(生)에서 하려고 생각한다. 우리는 근본적으로 감성(sensibility)을 떠날 수 없다. 이 방면은 무궁무진하다. 물론 「위학일익」(爲學日益)이다. 이것은 「위도」(爲道)와 상반되는 것이므로 「위도일손」(爲道日損)이라고 말하는 것이다.

그러나 이 시대 사람들에게는 도(道)가 없다. 대륙(大陸 = 중국대륙) 사람들에게 도(道)가 없을 뿐만 아니라 모든(整個) 자유세계에서도 사람의 욕망을 만족시키려 한다. 사람들이 왜 배우려 하는가? 사람의 욕망을 만족시키려고 그렇게 한다. 어느 것이 「위도」(爲道)인가? 이것은 결코 자유세계에서 「위도」(爲道)로 나아가려는 경향이 없다는 것을 표시하는 것이 아니다. 거기에는 아직도 이러한 경향이 있다. 그렇지만 「도」(道)는 일종의 학문이 아니다. 당신이 나는 「위도」(爲道)한다고 말한다면 당신은 문을 닫고 집에서 위도(爲道)해라. 그러면 당신은 박사(博士)가 되지 못할 것이다. 박사가 되려면 위학(爲學)하여야 한다. 그러므로 말할 수 있는 것은 지금 이 세계에는 모두 모두 도(道)가 없다는 것이다. 그것들은 모두 위학(爲學)

일 따름이다.

「위학」(爲學) 외에 일종의 「위도」(爲道)는 없는가? 중국 이전에는 위도(爲道)로 나아가려는 경향이 있었다. 유가에서 나아가려고 한 것은 무엇인가? 유가를 가지고 말하자면 어느 구절이 도가에서 말하는 「위도일손」(爲道日損)과 같은 경지(境地＝境界)일까? 『대학』 첫 구절은 「대학지도, 재명명덕」(大學之道, 在明明德)이다. 지금 대학교육 어디에 「명명덕」(明明德)의 학과가 있는가? 「명명덕」(明明德＝밝은 덕을 밝힘)은 곧 도(道)이다. 즉 「명명덕」(明明德)으로 말하자면 당신에게 하루에 조금씩 많아지는 경험지식은 조금도 소용이 없다. 당신의 생명 중에 있는 명덕(明德)에 조금의 도움도 되지 않는다. 왜냐하면 「명덕」(明德)은 매우 간단하기 때문이다. 「명덕」(明德)은 고거(考據) 중에 있는 것도 아니고 고증을 해서 「명덕」(明德)을 찾아낼 수도 없는 것이다. 가령 고증이 유일한 학문이라면 그렇다면 「명덕」(明德)은 학문이라고 할 수 있는가, 그렇지 않은가? 지금 고증을 말하는 사람들, 즉 호적(胡適) 같은 부류의 사람들로서 하늘 아래 땅 위에서 자료만 찾는 사람들의 입장에서 보자면 「명덕」(明德)은 학문이 아니다. 그러므로 그들은 이러한 방식을 반대한다. 그들은 말하기를 현학(玄學)이라고 한다. 이러면 당연히 문제가 있는 것이다.

유가-도가-불교가 나아가고자 하는 것은 모두 도(道)라는 이 범위이다. 「위도」(爲道)라는 이 범위에 속한다. 단 당신은 「위도」(爲道)라는 이쪽 방면의 말을 이해해야 하고, 당신은 또 많은 것을 알아야 한다. 즉 말하자면 「위도」(爲道) 중에도 「위학」(爲學)이 있어야 한다. 비록 이 두 가지의 성질-방향-방법이 모두 상반되지만 이 두 가지가 서로 위배되고 배리(違離)되는 것이 아니다. 「위학」(爲學)

중에서 당신은 늘 「위학」(爲學)의 목표를 무엇을 위한 것으로 보는
가? 즉 말하자면 「위학」(爲學) 중에서 당신은 늘 「위도」(爲道)를 생
각한다. 「위도」(爲道) 역시 날마다 눈을 감고 어떤 것도 배우지 않
는 것인가? 이것 역시 『도덕경』에서 우리에게 말하는 것이 아니다.

불교에서는 폐관(閉關 = 닫음)을 말하는데 폐관도 일시적이다. 그
것은 일생 동안 영원히 폐관할 수 없는 것이다. 영원히 폐관하면 성
불할 수 없다. 불교의 위도(爲道)의 방향에서 가장 높은 표준은 성
불이다. 그렇다면 유가의 최고 표준은 성성(成聖)이다. 「명명덕」(明
明德)에서는 이 「명덕」(明德)을 밝혀(明) 최고의 가장 원만(圓滿)할
때가 곧 성인(聖人)이다. 불교에서 폐관은 우리가 성불하는 과정 중
의 한 방식이다. 우리는 이러한 방식을 사용할 수 있다. 또 그 방식
을 쓰지 않으면 안 된다는 것도 아니다.

중국에 있어서 유가-도가-불교가 나아가려고 하는 것은 모두
「위도」(爲道)라는 이 범위이다. 「위도」(爲道)의 방향 중에서 당신은
역시 「위학」(爲學)하려고 한다. 학(學)은 당신의 이 도(道)의 생명을
충실히 하는 것이다. 오로지 학(學)만으로는 안 된다. 학(學)에만 머
물러서도 안 된다. 기독교 역시 이와 같다. 형태가 같지 않을 뿐이
다. 도덕-종교의 최고 방향은 대체로 모두 「위도」(爲道)에 속한다.
동방의 종교 유가-도가, 서방의 종교 기독교는 형태가 같지 않다.
단 모두 「위도」(爲道)에 속한다. 왜냐하면 종교의 입장에서 말하면
「위학」(爲學)은 쓸모없는 것이다. 종교의 첫걸음은 구도(求道)이다.
「위학일익」(爲學日益)으로는 도(道)의 열매를 얻을 수 없다. 당신이
약간의 기독교적 생활체험이 있다면 당신은 이 도리(道理)를 알 수
있을 것이다. 예수에게는 「위학일익」(爲學日益)이 없다. 예수는 역사
학가(歷史學家)가 아니고, 역시 고거학가(考據學家)도 아니다. 예수

는 성인(聖人)이다. 이것은 그는 「위도」(爲道)의 방향 중에 있다는 것을 표시하니 그도 역시 「위도일손」(爲道日損)이다. 『사복음』(四福音) 중에서 예수가 손(損 = 덜어 내려고)하려고 한 것이 무엇인지 알 수 있다. 그것과 도가-불교에서의 손(損 = 덜어 내려는)과 비교하면 (기독교가) 더하다. 세속적인 것은 모두 버려야 한다. 그러므로 돈이 있는 사람은 천국에 들어가지 못한다. 처자와 자녀를 버리지 못하면 천국에 들어가지 못한다. 뒤를 돌아보는 사람도 천국에 들어가지 못한다. …… 이것으로 보아 천국에 들어가려면 큰 희생이 있어야만 비로소 가능하다.

그러므로 「위도」(爲道)하려면 「일손」(日損 = 날마다 덜어 내어야) 해야 한다. 왜 손(損 = 덜어 내어야)해야 하는가? 「일익」(日益 = 날마다 더 보태는 것)은 당신의 욕망을 증가시키는 것이다. 욕망이 너무 많으면 사람에게는 도(道)가 있을 수 없다. 이 도리(道理)는 매우 간단하다. 그러나 이 시대 사람들이 이 도리(道理)를 이해하기는 대단히 어렵다. 현대인에 의거해 보자면 내가 태어나면서 인위적으로 한 것은 무엇인가? 복(福)을 누리려 함이다. 이전 사람들은 이와 같지 않았다. 이전 사람들은 당신에게 이치(理)의 당연함을 중시하였다. 지금 사람들은 다만 세속적인 행복을 요구할 따름이다. 과학을 발명하고 원자탄을 발명한 것은 모두 행복을 위해서이다. 이 모든 것은 도(道)에 위반된다.

「위도」(爲道)와 「위학」(爲學)은 두 종류의 서로 다른 학문이다. 「위도일손」(爲道日損)-「위학일익」(爲學日益)은 두 종류의 정신이다. 이전의 학문은 이 두 종류의 정신에 대해서 분명한 관념이 있었다. 지금 사람들은 이러한 분명한 관념이 없다. 왜냐하면 현재의 학문은 과학을 표준으로 하기 때문이다. 과학의 표준은 바로 「위학일익」

(爲學日益)이고, 「위도일손」(爲道日損)이 없다. 그러므로 현대 사람들은 이 구절의 말을 이해할 수 없어서 이 구절은 의의(意義)가 없다고 여긴다.

당신이 능히 「위도일손」(爲道日損)과 「위학일익」(爲學日益) 이 두 종류의 상반되는 방향을 이해한다면 다시 제47장으로 돌아가자. 「불출호, 지천하; 불규유, 견천도. 기출미원, 기지미소. 시이성인불행이지, 불견이명, 불위이성.」(不出戶, 知天下; 不窺牖, 見天道. 其出彌遠, 其知彌少. 是以聖人不行而知, 不見而名, 不爲而成. = 집 밖에 나서지 않아도 천하를 알며, 창문을 통하여 엿보지 않아도 천도를 본다. 멀리 나아가면 나아갈수록 알게 되는 것은 적어진다. 이러므로 성인은 다니지 않고도 알며, 보지 않고도 이름을 알고(밝고) 작위하지 않아도 (일을) 이룬다. ―『도덕경』제47장) 이러한 학문이 곧 「위도」(爲道)이다. 이것은 「위학일익」(爲學日益)에 속하는 것이 아니다. 왜냐하면 「위학일익」(爲學日益)은 경험에 의존하기 때문이다.

「불출호, 지천하.」(不出戶, 知天下. = 집 밖에 나서지 않아도 천하(天下)를 안다.) 이러한 앎(知)은 무엇에 의거한 앎인가? 경험에 의거한 것인가 그렇지 않은가? 경험에 의거하지 않은 앎은 현대인들이 능히 알 수 있는가? 현재 사람들이 보기에는 앎은 모두 경험에 의거한다. 내가 보았는가, 아닌가? 증거가 있는가, 없는가? 단 노자는 아주 대단한 사람이다. 「불출호, 지천하.」(不出戶, 知天下. = 집 밖에 나서지 않아도 천하(天下)를 안다.)라고 하였다. 즉 이전 사람들은 말하기를 「수재불출문, 능지천하사.」(秀才不出門, 能知天下事. = 수재(秀才)는 문 밖에 나서지 않아도 능히 천하의 일을 안다.)라고 하였다. 이러한 앎은 경험에 의거하지 않는다. 이전의 도덕-종교, 동양이나 서양을 막론하고 모두 이러한 앎을 인정한다. 현재의 사람들

246 모종삼 교수의 노자철학 강의

은 승인하지도 않고, 알지도 못한다. 그들이 승인하지 않는 것은 그가 이해하지 못하기 때문이다. 즉 말하자면 이전 사람들이 「위도일손」(爲道日損)이라는 이런 학문을 인정하였다. 이런 학문은 곧 「불출호, 지천하.」(不出戶, 知天下. = 집 밖에 나서지 않아도 천하를 안다.)이다.

칸트의 『순수이성비판』 역시 「불출호, 지천하.」(不出戶, 知天下. = 집 밖에 나서지 않아도 천하를 안다.)이다. 온 지식이 모두 칸트의 『순수이성비판』 안에 있다. 과학-종교, 각종 영역의 지식이 모두 잘 안배되어 있다. 그렇다면 이러한 앎은 어떠한 앎이라고 간주할 수 있는가? 이러한 앎은 문 밖에 나서도 알 수 없는 것이다. 칸트의 『순수이성비판』을 알려고 도처로 뛰어다녀도 알 수 없는 것이다. 이러한 「앎」(知)도 있다.

그렇다면 『도덕경』에 비추어서 말해 보자. 「위도」(爲道)는 「도」(道)를 알려고 하는 것이다. 「도」(道)를 알려고 하면 경험에 의거해서는 안 된다. 문 밖에 나서서 왔다 갔다 하는 것에 의거해서는 안 된다. 당신이 이리 뛰고 또 저리 뛰어도 「도」(道)를 알 수는 없다. 그래서 말하기를 「불출호, 지천하.」(不出戶, 知天下. = 집 밖에 나서지 않아도 천하를 안다.)라고 하였다. 「지천하」(知天下 = 천하를 안다)라는 것은 곧 천하의 도(道)를 안다는 것으로, 전체 우주(whole universe)의 도리를 모두 안다는 것이고 우주(universe) 안의 어떤 하나의 특수한 경우(particular occasion)를 안다는 것은 아니다. 어떤 하나의 경우(occasion)는 경험에 의거하여 비로소 알 수 있는 것이다.

「불규유, 견천도.」(不窺牖, 見天道. = 창문을 통하여 엿보지 않아도 천도를 본다.)라고 하였다. 우리는 창문을 통하여 하늘을 본다. 그것

은 비가 오는가, 오지 않는가를 보는 것이고, 천도를 보는 것은 아
니다. 당신은 창문을 통해 천도를 이해할 수 없다. 결론은 「기출미
원, 기지미소」(其出彌遠, 其知彌少. = 멀리 나아가면 나아갈수록 알
게 되는 것은 더욱 적어진다.)이다. 당신이 뒤로 가는 것이 멀어지
면 멀어질수록 아는 것은 더더욱 적어진다. 이것은 「위학일익」(爲學
日益)에 위반되는 것이다. 「위학일익」(爲學日益)이니, 당신이 다니는
곳이 많을수록 당신이 아는 것이 더욱 많아진다. 당신이 미국에 가
서 다니지 않는다면 당신이 어떻게 미국의 사정을 알 수 있는가?
그렇지만 당신이 미국에 갔다고 하여도 반드시 미국을 이해하는 것
은 아니다. 지금 서양에서 유학하고 있는 학생들이 서양 문화를 잘
이해하고 있는 것은 아니다. 예전에 서양에서 유학한 학생들은 외
국에 가서 다만 박사학위만 받아오려고 생각했을 뿐만 아니라 그들
은 서양에 가서 풍속을 관찰하고 서양 문화는 어떤 형태인가를 알
려고 하였다 그래서 예전 유학생들은 서양 문화를 알았다. 이것이
옛날과 지금의 서로 같지 않은 점이다.

　「시이성인불행이지, 불견이명, 불위이성.」(是以聖人不行而知, 不見
而明, 不爲而成. = 이러므로 성인은 다니지 않고도 알며, 보지 않고도
밝고, 작위하지 않아도 (일을) 이룬다.)이라 하였다. 성인의 앎도 역
시 경험의 지(知)가 아니다. 그러므로 제47장과 제48장을 연결시켰
으니 즉 두 종류의 학문-두 종류의 지(知)를 승인하는 것이다. 유가
의 말로는 곧 「견문지지」(見聞之知)와 「덕성지지」(德性之知)이다.
「견문지지」(見聞之知)는 「위학일익」(爲學日益)에 속하는 것으로 이
것은 밖으로 뛰어나갈 필요가 있다. 「덕성지지」(德性之知)는 문 밖
에 나가지 않아도 능히 천하를 안다.

　도가의 말에 의거하면 「불출호, 지천하.」(不出戶, 知天下. = 집 밖

에 나서지 않아도 천하를 안다.)이다. 이러한 「지」(知)는 「현지」(玄智)이다. 심(心)에서부터 말하자면 곧 도심(道心)이다. 가령 「위학일익」(爲學日益)이라고 한다면 그것은 곧 장자가 말하는 「성심」(成心)이다. 아무튼 두 개의 영역이다. 그렇다면 불교에 비추어서 말하면 어떠한가? 이러한 「지」(知)는 곧 「반야지」(般若智)이다.

이 두 장과 제1장의 「도가도, 비상도; 명가명, 비상명.」(道可道, 非常道; 名可名, 非常名.)은 서로 호응한다. 이것은 원칙성인 것이고 견인견지(見仁見智)가 아니다. 어떤 말은 견인견지(見仁見智)이니 각 사람의 이야기는 같지 않은 것이다. 단 『도덕경』의 이러한 말은 반드시 그러한 것이어서 반대할 수 없고 또 다르게 해석할 수도 없다. 당신에게는 당신의 말이 있고 나에게는 나의 말이 있다고 할 수 없다. 서로 같지 않은 해석법은 없다. 즉 당신이 아느냐 알지 못하느냐 하는 것이다.

도가에는 또 하나의 진리의 도리가 있으니 이 도리는 제19장에 있다. 이 방면에 대해서는 유가에서 이야기하고 있지 않다. 그러나 도가-불교에서는 가장 좋아하는 이야기이다.

絕聖棄智, 民利百倍; 絕仁棄義, 民復孝慈; 絕巧棄利, 盜賊無有. 此三者, 以
절 성 기 지　민 리 백 배　절 인 기 의　민 부 효 자　절 교 기 리　도 적 무 유　차 삼 자　이

爲文不足, 故令有所屬. 見素抱樸, 少私寡欲.
위 문 부 족　고 영 유 소 속　견 소 포 박　소 사 과 욕

성(聖)을 끊고, 지(智)를 버리면 백성들의 이익이 백배나 된다. 인(仁)을 끊고, 의(義)를 버리면 백성들이 다시 효도하고 자애로워진다. 기교(巧)를 끊고 이익을 버리면 도적들이 있지 않게 된다. 이 세 가지는 글로는 부족하므로 타이르는 바가 있게 한다. 깨끗함을 드러내고 순박함을 껴안

아 사사로움을 줄이고 욕심을 적게 한다.

이것은 『도덕경』 제19장의 구절이다. 이어서 제20장의 첫머리에서 「절학무우」(絕學無憂.= 학(學)을 끊으면 근심이 없다.)라고 하였다. 그래서 「절성기지」(絕聖棄智) - 「절인기의」(絕仁棄義) - 「절교기리」(節巧棄利) - 「절학무우」(絕學無憂) 이것을 일컬어서 「사절」(四絕)이라고 한다. 이것은 도가의 정신이다.

다시 제18장을 보자.

大道廢, 有仁義; 智慧出, 有大僞; 六親不和, 有孝慈; 國家昏亂, 有忠臣.
대 도 폐　유 인 의　지 혜 출　유 대 위　육 친 불 화　유 효 자　국 가 혼 란　유 충 신

큰 도(道)가 파괴되면 인의(仁義)가 나타나 있게 되고, 지혜가 나오면 큰 거짓이 있게 된다. 육친(六親)이 불화(不和)하면 효도와 자애가 있고, 국가가 혼란스러우면 충신(忠臣)이 나타난다.

이러한 말은 한 방면의 도리를 표시한다. 유가에서는 이 방면의 도리를 말하는 것을 좋아하지 않는다. 단 유가에서도 반대할 수는 없다. 이 방면에 대해서 잘 이해하여야 한다. 이것은 도가를 이해하는 데 하나의 중요한 주제(subject)이다.

우리는 집중적으로 「절성기지」(絕聖棄智) - 「절인기의」(絕仁棄義) - 「절학무우」(絕學無憂)를 강의하려고 한다. 인(仁) - 의(義)를 어떻게 끊을 수 있으며, 어떻게 버릴 수 있겠는가? 이 학(學)을 어떻게 끊을 수 있겠는가? 도가에서는 「위학일익」(爲學日益)의 그 「학」(學)을 끊어야 한다고 한다. 당신은 절대로 이 「학」(學)을 끊을 수 없다면 도(道)를 할(爲道) 수 없다. 위도(爲道)의 입장에 서서 말하자면 저

러한 종류의 학(學)은 끊어야 한다.

「절성기지」(絕聖棄智)-「지혜출, 유대위.」(智慧出, 有大僞.) 이 두 구절의 「지」(智)와 「현지」(玄智)의 「지」(智)는 같은 것이 아니다. 성(聖)-지(智)를 어떻게 끊을 것인가? 이것은 쉽게 이야기할 수 있는 것은 아니다. 우리는 잠시 이것을 놓아두고 먼저 「절인기의」(絕仁棄義)를 이야기해 보자. 이 인(仁)-의(義)를 어떻게 능히 끊을 수 있고 버릴 수 있는가? 가령 이 구절을 합당하게 이해하지 못하게 된다면 도가(道家)는 그만 반동(反動)이 된다. 반동이 될 뿐만 아니라 대단히 두렵기도 하다. 어찌 이러한 이치가 있을 수 있는가. 일반적인 유가에서는 이러한 도리를 알지 못한다. 그래서 도가는 이단(異端)이라고 한다.

그렇다면 노자가 말하는 「절인기의」(絕仁棄義)라는 이 말은 어떻게 합당하게 이해해야 하는가? 당신은 제18장을 통하여 이 화두를 이해해야 할 것이다. 내가 먼저 여러분에게 하나 물어 보자. 도가에서 이 화두를 말할 때에, 그것은 원칙상으로 이 인의(仁義)를 부정하는 것인가? 아닌가? 원칙상으로 인의를 싫어하여 그래서 그것을 부정하려는 것인가? 도가에선, 이런 것이 아니다. 단 표면상으로는 이러한 말을 하고 있다. 그렇다면 이러한 말을 당신들은 마땅히 어떻게 이해해야 하는가?

노자는 「대도폐, 유인의.」(大道廢, 有仁義.) 「육친불화, 유효자; 국가혼란, 유충신.」(六親不和, 有孝慈; 國家昏亂, 有忠臣. = 큰 도(道)가 파괴되면 인의가 나타나 있게 되고, 육친(六親)이 불화(不和)하면 효도와 자애가 있고, 국가가 혼란스러우면 충신이 나타난다.)이라고 하였다. 그가 왜 이러한 말을 하였는가? 이렇게 되면 육친이 불화해야 비로소 효자(孝慈)가 나타난다. 당신이 효자라는 이 미덕(美德 =

moral virtue)을 드러내기 위해서 먼저 육친이 불화하여야 된다. 이
것은 대단히 골치 아픈 일이다. 국가가 혼란해야 비로소 충신이 있
게 된다. 국가가 혼란하지 않으면 어디에 충신이 있는가? 큰 도(道)
가 파괴되어야 인의(仁義)가 있게 된다. 그렇다면 이런 의미에서 도
가에서는 원칙적으로 효자(孝慈)를 부정하고 원칙적으로 충(忠)을
부정하고 원칙적으로 인의(仁義)를 부정하는가? 노자가 이런 말을
하는 의미는 무엇인가? 이것은 곡선적 지혜이다. 이런 말은 직선적
으로 이해해서는 안 된다. 그는 이런 의미로 말한 것이 아니다. 당
신은 그(노자)가 원칙적으로 성지(聖智)-인의(仁義)-충효(忠孝)를
부정한다고 말할 수 없다. 이것은 도가를 이해하는 하나의 중요한
과제이다. 누군가가 이 하나의 관문을 이해하게 된다면 누군가는
비로소 도가를 이해하게 된다. 유가(儒家)-이학가(理學家) 또 많은
사람들이 잘 이해하지 못한다. 그래서 도가를 반대한다.

무엇을 곡선적 지혜라고 하는가? 당신은 『도덕경』에서 이런 의미
를 표현하는 문구를 찾을 수 있을까? 직선적으로 말하면 우리는 인
의를 긍정한다. 단 어떤 때에는 그것을 끊어야 한다. 이렇게 표시하
는 것이 『도덕경』 안에서는 많고 많다. 이것은 도가에서 말하는 이
른바 역설(paradox)이다. 가장 분명하게 곡선적인 의미를 표시하는
구절은 바로 「시이성인후기신이신선, 외기신이신존」(是以聖人後其
身而身先, 外其身而身存.＝이런 까닭으로 성인(聖人)은 그 자신을
뒤로 물리므로 (오히려) 그 자신이 앞서게 되고, 그 자신을 밖으로
도외시하므로 (오히려) 그 몸이 있게 된다.—『도덕경』 제7장)이다.

무엇을 「외기신이신존」(外其身而身存＝그 자신을 밖으로 도외시
하므로 (오히려) 그 몸이 있게 된다)이라고 하는가? 즉 몸(身)을 몸
밖의 물(身外之物)로 보고 날마다 머릿속에 놓아두지 않는다는 것

이다. 이것이 곧 곡선적인 지혜이다. 그는 원칙적으로 이 몸을 부정하지는 않는다. 그는 우리가 일종의 지혜를 통하여 우리 몸을 보존해 두려고 하는 것이다. 최고의 지혜는 「외기신」(外其身 = 몸을 도외시함)이다. 그것은 자살하라는 것이 아니다. 당신들은 모두 다 자기를 보존하려고 생각한다. 우리가 과학(科學)-의학(醫學)의 발명을 말하는데, 우리들로 하여금 자기를 잘 보존하게 한다고 말한다. 도가에 비추어서 말하자면 이것은 가장 좋은 방법이 아니다. 도(道)의 원칙에 비추어 보자면 이것은 기술적 방식으로 최고가 아니다. 도(道)의 원칙에 비추면 하나의 가장 좋은 방식은 곧 「외기신이신존」(外其身而身存 = 그 자신을 밖으로 도외시하므로 (오히려) 그 몸이 있게 된다)이다. 당신의 과학(科學)-의학(醫學)이 얼마만큼의 높은 수준에 도달했다고 하더라도 당신은 이러한 경지에는 도달하지 못하고 당신은 영원히 도(道)가 없다.

「외기신」(外其身)은 곧 당신 자신을 잊는 것이다. 이 「신」(身)은 곧 자기(自己)이다. 육체(physical body)를 가리켜서 말하는 것이 아니다. 고문(古文)에서 말하는 「신」(身)은 곧 자기(self)이다. 당신이 자기를 이 세상에서 보존하려고 생각한다면 먼저 자기를 잊어야 한다. 이것이 가장 최고의 몸을 위한 원칙-양생(養生)의 도(道)이다.

모든 사람이 사회에서 두각을 드러내려 하고 앞에 서려고 한다. 그렇지만 당신이 다른 사람 앞에 서려고 한다면 가장 좋은 것은 당신이 뒤로 한 걸음 물러서는 것이다. 이것이 곧 「후기신이신선」(後其身而身先)이다. 당신이 자기를 뒤에 두면 당신은 곧 앞설 수 있다. 당신이 날마다 앞서려고 생각한다면 당신은 앞설 수 없다. 이것이 곧 곡선지혜(曲線智慧)이다. 당신이 그것은 권술(權術)이라고 말한다면 권술이 될 수도 있다. 당신이 그것을 지혜로 본다면 그것은 곧 지혜이고, 권술이 아니다. 당신이 이것을 권술로 여긴다면 그것은 당신이 정신이 없다는 것이다. 지혜로 여긴다면 그것은 곧 생명이다. 이전에 대(大) 황제들은 이것을 권술로 여겨서 사용했으니 거기에는 도(道)가 없었다. 그럼으로 도가에서는 권술로 여겨서 이용하고 있다. 그러나 그 자체는 권술이 아니고 지혜이다. 이것을 당신은 분별해서 갈라야 한다. 이것은 분별해서 갈라놓을 수 있다. 그렇지 않으면 당신은 도가는 권술이라고 하게 되고 그러면 사람들로 하여금 싫어하게 되는 것이다. 평소에 일반 사람들이 황노지술(黃老之術)을 욕하는 것은 곧 그것을 권술로 여겼기 때문이다.

　사람들의 생명이 생장하는 과정에서 즉 어린아이에서부터 자라나서 어른이 되는 과정에서 당신은 주의력을 신체의 각 부분에 집중시키지는 않는다. 당신이 어디서 당신의 신체의 각 부분을 아는가? 당신은 당신의 각 세포가 건강한 것인가를 아는가? 어느 세포는 건강하지 않은가? 모두 알지 못한다. 그렇지만 우리는 그러한데도 자라났다. 당신이 오늘 병원에 가서 신체검사를 받는다면 당신이 병이 없어도 병을 검사해 낸다. 이것은 곧 그 몸을 잊어버리지 못한 까닭이다. 최고의 양신(養身)의 도(道)는 여기에 있는 것이 아니고 「외기신」(外其身 = 몸을 도외시함)에 있다. 여기에 도리가 있다.

　「후기신이신선, 외기신이신존.」(後其身而身先, 外其身而身存. = 그 자신을 뒤로 물리므로 (오히려) 그 자신이 앞서게 되고, 그 자신을 밖으로 도외시하므로 (오히려) 그 몸이 있게 된다.―『도덕경』제7장) 내가 이러한 예를 드는 것은 이 예를 바로 「절성기지」(絶聖棄智)-「절인기의」(絶仁棄義)에 적용하면 당신들이 도가의 곡선적인 지혜를 이해하는 데 도움이 될 것이기 때문이다. 「절성기지」(絶聖棄智)-「절인기의」(絶仁棄義) 역시 곡선적 지혜이다. 그러므로 거기(도가 =『도덕경』)에서는 원칙적으로 성(聖)-지(智)-인(仁)-의(義)를 부정하는 것은 아니다. 이 도리(道理)에 대해서 왕필은 아주 아름다운 표현을 하고 있다. 「성(聖)을 끊은 뒤에도 성공(聖功)은 존재하고, 인(仁)을 버린 뒤에도 인덕(仁德)은 두터워진다.」(絶聖而後聖功存, 棄仁而後仁德厚.—왕필의『노자미지약례』老子微旨略例)

노자가 성(聖)을 하지 않으려고 하는 것은 아니다. 그리고 말하기를 당신이 어떻게 당신의 성공(聖功)을 보존할 것인가? 「공」(功)은 공화(功化)의 공(功)이다. 유가에서는 「참천지, 찬화육.」(參天地, 贊化育. —『중용』)이라고 하는데 이것이 곧 성공이다. 「성공」(聖功)은 곧 성인(聖人)의 공능(功能)이다. 도가에서 말하는 것에 비추어 보면 원칙적으로 이러한 성공을 부정하는 것은 아니다. 그 문제는 우리가 어떻게 이 성공을 표현해 내느냐 하는 것이다. 그는 무엇이 성(聖)인가, 무엇이 인(仁)인가, 무엇이 의(義)인가에 대해서 대답하지 않는다. 이러한 것은 유가에서 이미 당신에게 말하고 있다. 도가에는 이런 문제가 없다.

유가에서는 먼저 인의(仁義)가 무엇인지 말해 준다. 그러므로 맹자는 「측은지심, 인야; 수오지심, 의야; 공경지심, 예야; 시비지심, 지야.」(惻隱之心, 仁也; 羞惡之心, 義也; 恭敬之心, 禮也; 是非之心, 智也. = 측은한 마음은 인(仁)이다. 수오의 마음은 의(義)이다. 공경의 마음은 예(禮)이다. 시비(是非)의 마음은 지(智)이다. —『맹자』「고자장구상」告子章句上)라고 했다. …「사단지심」(四端之心)을 통하여 인의를 이해하는 것은 「무엇인가」(是什麽 = what)의 문제에 속하는 것이다. 맹자는 먼저 당신에게 무엇이 성(聖)인가를 말해 준다. 「대인(大人)이면서 저절로 화(和)한 것을 성인(聖人)이라 하고 성(聖)스러워 알 수 없는 것을 신(神)이라 한다.」(大而化之之謂聖, 聖而不

可知之之謂神.ㅡ『맹자』「진심장구하」盡心章句下) 무엇이 지(智)인가? 유가 경전 안에 「지」(智)-「인」(仁)-「용」(勇) 삼달덕(三達德)이 있다.『논어』에는 인(仁)과 지(智)를 아울러서 펼쳐 낸다. 공자의 말, 맹자의 말은 모두 인(仁)-의(義)-성(聖)-지(智)에 대해서 분석적으로 표현한다. 우리에게 무엇이 인(仁)이며, 무엇이 의(義)이며, 무엇이 성(聖)이며, 무엇이 지(智)인가를 말해 준다.

도가에서는 어떤가? 그것은 곡선적 지혜이니, 거기에는 「무엇인가」의 문제는 없다. 도가에서는 유가에서 말한 것에 대해서 하나의 문제를 제기한다. 당신은 어떻게 하여 당신이 말한 인(仁)-의(義)-성(聖)-지(智)를 어떻게 가장 좋은 방식으로 표현해 내는가? 어떻게 하면 잘 표현하는가? 이 문제는 「어떻게」(如何 = how)의 문제이다. 도가의 근본문제는 「어떻게」의 문제이다. 도가는 이것을 중시한다. 그러므로 도가에서 말하는 「절성」(絕聖)은 「어떻게」의 문제에서 「절」(絕)이고, 「무엇인가」의 문제에서 「절」(絕)은 아니다.

「어떻게」(如何)의 문제는 어떤 문제에 속하는가? 「무엇인가」(是什麽)의 문제는 어떤 문제에 속하는가? 이 「어떻게」(如何)의 문제는 공부(功夫) 문제에 속한다. 「무엇인가」(是什麽)의 문제는 존재의 문제에 속한다. 존재에 미친다. 도가에는 존재의 문제가 없다. 다만 체현(體現)에서의 문제이다. 체현은 곧 공부의 문제이다. 그러므로 도가에서 말하는 「절」(絕)은, 공부에서의 「절」(絕)이고, 존재에서의 「절」(絕)이 아니다. 「절성기지」(絕聖棄智)-「절인기의」(絕仁棄義)에서 「절」(絕)-「기」(棄)는 공부에서의 「절」(絕)-「기」(棄)이고 존재에서의 「절」(絕)-「기」(棄)는 아니다. 이것은 반드시 잘 구분해야 한다. 이것은 두 차원(層次)의 문제이다. 이 이름을 사용하면 허다한 표현하기 어려운 것들을 생략할 수 있다. 이전의 사람들은 「공부」(功

夫 = 실천)에서의 「절」(絕)-「존재」(存在)에서의 「절」(絕)이라는 이 두 이름을 사용할 줄 몰랐다. 이것에서 얽힘이 분명하지 못하였다. 도가에서 말하는 「절」(絕)-「기」(棄)는 곧 공부에서의 부정(否定)이고 존재에서의 부정은 아니다. 요점은 존재에서의 인(仁)-의(義)-성(聖)-지(智)를 부정한다면, 그것은(공부(功夫 = 실천)의 부정(不定)을) 크게 망치는 일이다.

　공부에서의 부정은 유가에서도 반대하지 않는다. 단 유가에서 긍정하는 것은 존재에서의 긍정이다. 어떤 사람들은 도가의 말을 용인하지 않는다. 그들은 곧 공부에서의 절(絕)을 존재의 절(絕)로 보기 때문이다. 존재에서의 「절성기지」(絕聖棄智)-「절인기의」(絕仁棄義), 어디에 이런 이치가 있겠는가? 도가에서는 이와 같지 않다. 곧 공부의 문제와 존재의 문제의 차원은 서로 다르다. 이학가(理學家)들은 주자(朱子)부터 그 뒤로 계속해서 이 문제를 혼돈하고, 분명하게 하지 못하였다. 그래서 불교와 노자를 물리치려 하고, 불노(佛老)를 기휘(忌諱)한다. 그들은 한번 「절」(絕)-「무」(無)라고 말하는 것을 보자마자 불노(佛老)라고 배척하며, 성인(聖人)의 도(道)에 합치하지 않다고 본다. 뒤에 이학가(理學家)들은 가장 쉽게 이러한 오류를 범하고 있다. 그래서 이 문제에서 계속해서 쟁론(爭論)을 일으켰다. 이것은 중국철학사(中國哲學史)에서 가장 해결하기 어려운 하나의 문제였다. 우리가 지금 이야기하는 중국철학에서 바로 이 문제를 분명히 이야기해야 한다. 그렇지 않으면 영원히 멍청하게 될 것이다.

　존재의 문제와 공부의 문제-경지의 문제는 분명하게 구분해야 한다. 예를 들면 내가 여러분에게 묻기를 「천명지위성」(天命之謂性 —『중용』) 이 구절에서 말하는 「성」(性)은 어떤 의의인가? 「솔성지위도」(率性之謂道 ─『중용』) 이 구절을 당신은 어떻게 이해하는가?
「천명지위성」(天命之謂性) 이것은 존재의 문제에 속한다. 그렇다면
「솔성지위도.」(率性之謂道.)는 어떤가? 이것은 곧 체현의 문제이다.
「천명지위성.」(天命之謂性.) 이 구절에서 말하는 것은 「성」(性)의 개
념이다. 어떻게 「성」(性)이 출현했는가를 말하는 것이다. 그러므로
이 구절은 「성」(性)의 존재 의의를 말하는 것이다. 내가 제시하는
이 이름은 큰 공헌을 하고 있고 큰 도움을 주고 있다. 그렇지 않으
면 멍청해진다. 이렇게 되면 일반 사람들도 모두 분명해진다.

　도가-불교에서는 곡선적인 말을 하기 좋아한다. 유가에서는 좋아
하지 않는다. 당신이 이런 말을 하게 되면 꾸미는 모양이 된다. 유
가는 비교적 평범하고 실제적(平實)이다. 역설(paradox ＝ 弔詭)은 곧
꾸미는 모양이다. 성인(聖人)은 이렇게 꾸미는 모양으로 나타나지
않는다. 성인(聖人)이 말하는 말은 대단히 성실하다. 왜냐하면 너무
성실하므로 모두 인(癮) 밖이지 않는다. 그러므로 반드시 불가-도
가를 읽어야 한다. 사실상 어떻게 능히 불가-도가를 이해할 수 있
을까? 당신이 참으로 불가-도가를 이해하려고 하면 당신은 또 성인
(聖人)을 이해해야 한다.

　『도덕경』에 관해서 우리는 마지막으로 이 두 개의 제목을 강의했
다. 이 두 개의 제목은 매우 중요한 논제이다. 이전에는 분석적으로
본체론적 체험-우주론적 체험을 이야기했고, 마지막으로 여기로 돌
아왔다. 도가는 마지막으로 생활로 돌아온다.

　문헌(文獻)을 이야기하게 되면 시간을 매우 많이 써야 한다. 여러
분 자신들이 문헌을 숙독하기를 바란다. 중국철학을 말할 때는 문
제를 가지고 이야기한다. 여러분들은 지금 철학과에서 공부하고 있
다. 나는 이러한 철학 문제를 가지고 여러분과 토론하였다. 이것은

대단히 어려운 것이다. 왜냐하면 여러분들이 재료에 익숙하지 않고 평소에 이 방면에 대해 훈련이 없기 때문이다. 예를 들어 「성선」(性善)의 문제를 이야기한다고 하자. 여러분들이 문헌을 읽지 않았다. 『맹자』의 「고자편」을 읽지 않았다면 어떻게 아무 근거 없이 성선(性善)-성악(性惡)의 문제를 토론할 수 있는가? 함부로 의론(議論)을 내어놓는 것은 쓸모가 없다. 근거 없이 어떻게 유가를 강의하며, 근거 없이 어떻게 도가를 강의하는가? 문헌을 강의하려면 시간이 걸린다.

예를 들어 맹자철학을 강의한다고 하자. 당신은 먼저 『맹자』 안에서 어떤 것이 철학적인 문헌이고, 어떤 것이 철학적인 문헌이 아닌지 알아야만 비로소 강의를 할 수 있다. 도가를 강의하는 것도 역시 이와 같다. 노자는 비교적 간단하고 집중되어 있다. 장자는 매우 복잡하니 먼저 『장자』 「소요유」-「제물론」 두 편을 분명하게 이야기해야, 비로소 『장자』를 이해할 수가 있다. 가령 이 두 편을 한 구절이라도 알지 못하고 여기서 한 구절 인용하고 저기서 한 구절 인용하면서 마음대로 몇 구절 인용하면 쓸모없는 일이다.

『장자』 내칠편(內七篇)은 매우 중요하다. 그렇지만 당신이 「소요유」-「제물론」 두 편을 이해하면 되는 것이다. 당신이 내칠편 중에서 「덕충부」(德充符)-「대종사」(大宗師)-「인간세」(人間世) 모두를 이해하면 더욱 좋다. 내칠편 중에서 가장 어려운 것은 「제물론」이다. 그러므로 나는 다만 여러분이 「제물론」을 이해하도록 도울 뿐이다. 내칠편 모두를 강의할 수 없다.

모종삼 교수님의 노자 『도덕경』 강의의 핵심은 체회(體會)이다. 이 말을 어떻게 가장 적당한 한국어로 번역할 수 있는가? 여러 학자들에게 물어보았다. 「몸으로 직접 겪어서 하는」 혹은 「몸으로 경험해서 해내는」 등등의 번역이 가장 적합하다고 한다. 그러나 모종삼 교수님께서 매번 사용하는 이 말을 「몸으로 직접 겪어서 하는」이라고 번역하기는 적당하지 않았다. 체회라는 말에 아주 가까우면서 그 의미를 잘 살리는 아주 적당한 번역어는 없는가? 또 여러 사람에게 물어보았다. 체득(體得), 체인(體認) 등의 의견이 있었다. 그래서 체인으로 번역하면서 괄호 안에 체회라는 말을 붙이기로 하였다. 체회는 경지로 통한다.

　대만대학에서 석사 과정 중에 모종삼 교수님을 처음 뵈었다. 방동미(方東美) 교수님께서 대만대학에서 은퇴하시고, 보인대학(輔仁大學)에서 강의를 하시다가 몸이 불편하시어 강의를 그만 두시고, 얼마 뒤에 돌아가시자, 대만대학 철학과에서는 홍콩에 계시는 당군의(唐君毅) 교수님을 모셔 왔다. 1976년의 일이다. 얼마 뒤에 당군의 교수님 역시 돌아가시고 모종삼 교수님이 대만대학에 오셨다. 1977

년으로 기억된다. 모종삼 교수님을 뵙고 「선생님 노자가 말한 도
(道)는 …」(老師, 老子說的 道 …) 하는 질문을 미처 끝내기도 전에,
모종삼 교수님께서는 「쓸모없는 소리」(廢話)라고 단호히 말씀하셨
다. 나는 속으로 내 질문에 무슨 잘못이 있는가? 하고 생각했다. 감
을 잡을 수가 없었다. 두 주쯤 지나서, 「선생님 노자의 도는 … ?」
하고 다시 여쭤 보았다. 「자네는 한국 사람이니 한국 노래나 불러
보게!」 선생님은 왜 질문에 대답하지 않으시고, 이른바 동문서답을
하실까? 또 얼마를 지나 다시 「선생님 노자의 도(道)는 …?」 하고
여쭤 보자, 「우리 재미있는 영화나 보러 가세. 나는 무협(武俠)영화
를 좋아한다네.」 하고 답하셨다. 그리고 중국 동학(同學)들과 극장에
가셨다. 나는 선생님이 왜 그렇게 하시는지 알 수가 없었다.

세월이 몇 년 더 흐른 뒤에 책을 통해서, 친구들의 이야기를 통해
서 모종삼 교수님께서 노자를 이해하는 것은 「경지형태의 형이상
학」(境界形態的形而上學)이라는 것을 알게 되었고, 그분께서 『중국
철학십구강』(우리나라에서는 『중국철학특강』이라고 번역되어 있음)
을 강의하실 때, 그분의 무릎 아래에서 들었다. 언어가 익숙하지 않
던 때이어서 바짝 곁에 앉아서 들어도 잘 이해하기 어려웠다. 그분
의 산동(山東) 사투리 또한 매우 심한 편이었다.

대략 10년의 세월이 흐른 뒤에 (1986년 가을) 모종삼 교수님을
뵙고, 선생님 「당군의 선생님의 노자(이해)도 잘못된 것입니까?」라
고 여쭈었다. 당군의 교수님의 노자 이해를 「실유형태의 형이상학」
(實有形態的形而上學)이라고 한다. 모종삼 교수님께서는 「자네는 읽
었는가?」 하고 물어보셨다. 나는 「읽지 못하였습니다. 선생님의 『재
성과 현리』(才性與玄理)는 이해하기가 참 어렵습니다. 아직 확실히
이해하지 못하여 읽었다고 할 수 없습니다.」 하고 답했다. 「이 사람

읽었구먼!」 이것이 내가 선생님과 직접 나눈 대화이다.

그 뒤 나는 모종삼 교수님의 저작이나 강의(강연)에서 노자 『도덕경』에 관한 것이 없는지 매우 세심하게 찾다가 드디어 대만에서 발행되는 『아호』(鵝湖)라는 철학잡지에서 이번에 번역한 모종삼 교수님의 「노자 『도덕경』 강연록」을 찾았다. 그리고 모종삼 교수님의 노장철학(老莊哲學)을 좀 더 이해하기 위해서 번역을 시도하였다. 우리가 어떻게 노자철학을 보는 것이 가장 타당한 노자철학 이해인가? 하는 물음에 대한 또 하나의 길잡이가 될 것을 확신한다.

모종삼 교수님의 저작이나 강연록 중에서 이미 한국어로 번역된 것은 『중국철학특강』(中國哲學十九講) 외에도 『중국철학의 특질』(中國哲學之 特質), 『동양철학과 아리스토텔레스』(四因說演講錄), 『심체와 성체』(心體與性體)(종론편)가 있으며 지금도 계속하여 그분의 중요한 저작들이 번역되는 과정 중에 있는 것으로 안다.

나는 모종삼 교수님의 「노자 『도덕경』 강연록」을 번역하면서 『도덕경』 원문이 인용될 때 대체로 「한글독음」(한자 = 번역)의 순서로 하여 젊은 세대들이 읽는 데 어려움이 없게 하였고, 또 『도덕경』을 강의하는 것이기 때문에 『도덕경』 원문을 옮겨 왔다. 그 외 다른 책을 인용할 때는 「번역」(한자)의 형식으로 정리하였으나, 몇몇 곳에서는 한글독음도 넣었다. 모종삼 교수님께서 우리의 희망대로 81장 전체를 축자적으로 해석하지 않고, 우리가 해석하기 쉽지 않으면서 가장 핵심적인 부분을 이른바 경지의 철학으로 유도하는데 그 논리의 엄밀함과 치밀함은 우리로 하여금 노자를 다시 읽도록 한다.

2011년 9월
옮긴이 임수무

【감사의 말】

먼저 번역의 허락을 주선해 주고, 서문을 써 준 양조한(楊祖漢) 교수에게 감사드린다. 양조한 교수는 모종삼 교수님의 학문세계를 소상하게 잘 파악하고 있을 뿐만 아니라, 모종삼 교수님의 길을 따라 칸트철학에 대한 이해가 깊고, 특히 송명철학(宋明哲學)에 밝아 적지 않은 한국 학생들을 지도했으며, 그 자신이 직접 많은 우리 선현(先賢)들에 관한 논문을 저작했으니, 퇴계학, 율곡학, 간제학 등에 밝은 학자이다. 대만과 한국에서 자주 만나 학문적 교류를 깊이 나눌 수 있는 좋은 친구이다.

어려운 여건 속에서도 기꺼이 출판을 승낙해 주신 서광사 김신혁 사장님께 감사드린다. 김신혁 사장님의 젊을 때의 정열을 기억한다. 막 출판사를 시작하시고 여러 젊은 학자들을 격려하면서 한국 학문의 한 모퉁이인 출판의 길을 고독하게 걸으셨다. 건강의 회복을 기원한다.

아주 흔쾌하게 연구실을 제공해 주신 대덕건설 성창환 사장님께 감사드린다. 이 어려운 상황에서도 학문하는 사람을 좋아하고, 학문하는 사람을 우대하고 잘 대접하는 성창환 사장님 같은 분이 많으면 학문하는 사람들이 신날 것이다. 이런 인품을 지닌 성창환 사장님을 만난 것이 매우 큰 행운이다.

한문(漢文) 투성이이고 중국어와 서양철학 개념들이 혼재하는 문장을 세련되게 만들어 준 서광사 편집부 직원들에게도 감사드린다. 또한 계명대학교 철학과 박사 과정의 추재엽 군과 중문과 이혜란 양에게도 감사한다.

2011년 9월
옮긴이 임수무